KB202543

상호문화적 글로벌시대의

종교와 문화

상호문화적 글로벌시대의

종교와 문화

김동석, 김종만, 박수영, 박종식, 박혁순,
이명권, 조재형, 최현주 공저

열린서원

상호문화적 글로벌시대의

종교와 문화

지은이   김동석, 김종만, 박수영, 박종식,
             박혁순, 이명권, 조재형, 최현주

발행처   열린서원
발행인   이명권
초판발행일 2022년 1월 10일

주 소   서울특별시 종로구 창덕궁길 117, 102호
전 화   010-2128-1215
팩 스   02) 2268-1058
전자우편 imkkorea@hanmail.net
등록번호 제300-2015-130호(1999년)

값 13,000원
ISBN 979-11-89186-15-9 03200

※ 잘못 만들어진 책은 구입한 곳에서 교환해 드립니다.

※ 이 도서에 국립중앙도서관 출판사 도서목록은

   e-CRP홈페이지(http://www.nl.go.kr/ecip)에서 이용하실 수 있습니다.

차 례

머리말

박 수 영

실재를 존재(being) 아닌 생성(becoming)의 과정으로 이해하는 화이트헤드(Alfred North Whitehead, 1861-1947)의 유기체 철학(philosophy of organism)에서 전개된 우주론의 저변에 깔려있는 문제의식은 기본적으로 문명의 진보다. 그에 따르면 "진보하는 문명의 전제조건은 사회조직을 지속시키는 책임감, 즉 윤리의식이며, 사회조직의 지속에 대한 책임감이야말로 문명의 근본 과제로서 모든 도덕의 기초이다"(Dialogue 259). 이와 관련하여 "전체적으로 볼 때 종교들은 인류 전체에 봉사해 왔다. 종교 기관들에 의해 사회적 유대감과 사회적 책임감이 촉진되었다. […] 그러나 역사의 어떤 단계에 이르러서는, 비록 그것들이 여전히 사회 구조의 보존에서 한 요소들이긴 하지만 사회 발전의 동력이 되는 것을 멈추었다. 그들의 과업이 끝나 버린 것이다"(Religion in the Making 27). 그리고 "과거와 현재를 비교해서 판단한다면 불교와 기독교, 이 두 종교는 퇴보의 위치에 있다. 그들은 세계에 대한 과거의 위력을 상실하고 있다"(Religion in the Making 33).

코리안아쉬람 인문연구소에서는 화이트헤드의 표현처럼 "종교는 이제 안락한 생활을 장식하는 점잖은 형식 신앙으로 전락해가는 경향"(Science and the Modern World 233)이 있는 현대에, 특히 기존의 가치체계가 붕괴되면서 이른바 뉴노멀(new normal)로 전환되는 현재의 팬데믹 시대에 종교의 본질과 역할에 대하여 다시 재검토하고자 세 번째 시리즈 기획물을 출간하였다. 코리안아쉬람 안팎에서 활동하는 여덟 명의 학자들이 종교와 문화의 관계를 다양한 관점에서 탐구하였는데, 인도, 중국, 서양, 기타 일반 및 응용종교의 순으로 실린 글들을 간단히 소개하면 다음과 같다.

첫 번째, 이명권 교수의 글은 힌두인들이 죽음과 환생의 문제를 어떻게 생각했는지에 대하여 고대 인도인의 사상적 뿌리이자 그들의 삶과 밀접한 경전이었던 리그베다를 중심으로 연구한 논문이다. 최근 우리나라의 코로나 일일 확진자가 8천명에 육박하고 있고, 연말·연초에는 2만 명까지 도달할 것이라는 예측이 있다. 더욱이 일일 사망자가 100명을 넘어서 죽음의 의미에 대하여 다시 생각해보는 지금, 이미 지난 5월에 일일 확진자 40만 명, 사망자 4500명까지 이르렀던 인도인들의 사생관을 들어보는 것도 의미 있는 일일 것이다. 영적 수준에 따라 새로운 생명의 길이 결정된다는 그들의 윤회와 환생관은 우리에게도 익숙한 관념이지만 이명권 교수의 글을 통하여 독자들은 그 원전의 근거를 탐색할 수 있을 것이다.

두 번째, 박수영의 글은 힌두이즘의 기원에 대하여 재조명한 연구 논문이다. 마살라 차이(masala chai)를 많은 이들이 인도 고유의 차로 알고 있지만, 사실은 20세기 전후에 영국 식민당국의 의도적 정책 하에 만들어진 '현대차'이다. 더 나아가 힌두이즘을 구성하는 핵심적 요소 중의 하나인 카스트제도를 포함하여 우리가 인도의 전통이라고 인정하는 것들 중 상당수가 식민지 시대에 영국의 직간접적 영향 하에 구체화 또는 제도화된 것들이다. 그렇지만 힌두이즘을 구성하는 주요 경전의 뿌리는 불교와 자이나, 유대교와 기독교 이전까지 소급되는 것으로 알려져 있으며, 더 멀리는 인더스 문명에 그 기원을 두는 것으로 주장되기도 한다. 필자는 상반되는 두 가지 주장의 타당성을 검토하기 위하여 동인도회사가 무역회사에서 식민행정기관으로, 전래 관습문화인 힌두이즘이 종교적 뉴노멀로 전환하는 시기인 18세기 후반의 인도 및 동인도회사(EIC)의 정치적 상황, 지적 분위기, 사법정책과 그 영향 등을 살펴보았다.

세 번째, 최현주 박사의 글은 이정용과 김흥호가 역(易)을 다르게 해석하고 이에 따라 신도 다르게 이해한 신관에 대하여 분석한 논문이다. 재미 신학자 이정용에게 주역은 동양에 나타난 계시의 한 형태였고 태극 안에 숨어있는 신(hidden God)을 통찰하는 방법이지만, 김흥호는 역을 우주에 대한 관(觀)이자 성인의 길을 제시하는 수행 덕목으로써 주목한다. 이정용의 역에 대한 관점을 비판한 김흥호의 사유는 1980년대 당대 동양 사상을 이해하는 사고를 반영하는데, 역의 신학에서 나타나는 '시간, 변화, 존재, 생성' 등의 주제는 포스트모더니즘 신학과 철학에서 주로 논의되는 사안이지만, 기존의 가치체계가 뉴노멀로 전환되는 현재의 팬데믹 시대에는 더욱 관심을 가질만한 주제이다.

네 번째, 박혁순 박사의 글은 '무로부터의 창조'가 '하나님으로부터의 창조'일 수 있는 신학적 개연성을 탐색한 연구 논문이다. 필자에 따르면 이른바 '무로부터의 창조론'(Cre atio ex nihilo)은 하나님의 전능성, 자기 충족성, 자존성, 불변성 등을 표방하는 신학적 진술로써, 교회로 하여금 신에게 찬양을 드리게 만드는 신앙고백의 기능을 겸하는데, 창세기의 창조기사와 교부들의 신학을 다시 고찰하고, 논리적 정합성을 함께 고려할 때 이 교리가 과연 확정적일 수 있을지 묻지 않을 수 없다. 그리고 유와 무, 입자와 파동, 물질과 에너지 사이의 이원론이 무력해지는 이 시대에 신학 역시 영과 육, 정신과 물질 사이의 이원론에 대해서도 깊이 재고할 필요가 있다고 한다. 박혁순 박사의 글을 통하여 생명의 수여자, 생명의 기식(氣息), 근원적 장으로서의 성령에 대한 이해를 넓히고, 새로운 삼위일체에 대한 이해로써 무로부터의 창조론을 재검토하는 것도 의미 있는 일일 것이다.

다섯 번째, 김동석 박사의 글은 현대 한국 개신교회의 이탈 현상, 즉 1980년대부터 90년대의 급격한 부흥기를 지난 후 '젊은이들의 교회 이탈'로 상징되는 급격한 쇠퇴를 보이는 최근 개신교의 현상을 분석하고 이에 대하여 대안을 제시하는 논문이다. 이탈 현상의 원인을 기독교적 우월감, 신앙의 교조주의, 순종을 강요하는 억압적 구조로 이해한 필자는 새로운 기독교적 인식론적 구조를 형성하기 위하여 설교 중심의 신앙교육, 주입식, 일방적인 신앙교육에서 관계 중심적이고 공감하는 신앙교육으로 전환할 것을 역설한다. 한국의 개신교회들 안에 존재하고 있는 부정적인 현상들이 교회 내적으로 머물러 있지 않고 교회 외적으로 물의를 일으키는 상황에서 기독교인들이 교회의 문제들을 내부에서 단순히 덮고 조용히 넘어가려는 방식을 멈추고, 그것들을 보다 더 명확히 규명하고, 수정하고, 발전시키려는 노력을 해야 할 것을 주장하며, 이러한 시도가 보다 더 확실한 방향으로 나아가기 위하여 철학적 깨달음을 추구하고, 반성하는 인식론적 성찰을 제안하는 그의 주장은 기독교인뿐 아니라 모든 종교인들이 들어도 좋은 일일 것이다.

여섯 번째, 조재형 박사의 글은 요한복음 서론(1:11-18)에 반영된 요한 공동체의 정황에 대하여 연구한 논문이다. 요한복음의 서론과 나머지 부분과의 관계는 많은 논쟁이 있었던 주제인데, 불트만 등 앞선 시대의 연구들은 문체와 분위기 등의 차이에 초점을 맞추어 서론과 본문은 그 근원이 다른 별개의 것으로 보았다. 이에 비하여 최근의 연구는 비록 서론이 후대에 본문에 추가된 것일지라도 문학비평의 관점에서 보면 그것은 복음서 작품 전체의 구도 속에서 요한복음 저자의 문학적 의도에 의해서 이뤄진 것이고, 그 저자는 자신이 속해있는 공동체의 정황을 서론에 반영한 것으로 본다. 필자도 이런 관점에서 서론을 나머지 부분과 독립된 단위로 다루지 않고, 앞으로 전개될 요한복음의 모든 것을 암시하는 것으로 보고 서론에 반영된 요한 공동체의 정황을 탐색하였다.

일곱 번째, 김종만 박사의 글은 2013년 데뷔하여 우리나라뿐만 아니라 전세계적 인기를 누리고 있는 '방탄소년단'(BTS)이라는 아이돌 그룹의 글로벌 팬덤 현상을 종교적으로 분석한 논문이다. 아이돌 그룹의 성공 요인, 팬덤 형성, 예술성 등을 사회적, 경제적, 철학적, 심리적, 예술적 측면에서 다룬 일반적 연구와 달리 막스 베버(Max Weber)의 종교 이론을 통해 BTS의 음악성에 나타난 종교적 함의를 다룬 글이다. 특히 베버가 종교를 이해하는 틀인 사제형과 예언자형을 중심으로 BTS의 음악에 나타난 사제적 특징과 예언자적 특징이라는 '종교성'을 탐색하여 종교와 문화의 관계를 규명하고자 한 연구 논문이다.

마지막 여덟 번째 글은 COVID-19라는 새로운 괴질이 난데없이 등장하여 세상을 어지럽히는 팬데믹 상황에서 종교가 담당해야할 역할과 기능에 대하여 봉은사 교육국장인 만종공일 스님이 분석한 에세이적 논문이다. 그에 따르면 코로나 팬데믹 이후의 세계는 가족들에게조차 임종의 순간을 대면하며 작별하는 것이 허락되지 않는, 죽음이 온전히 애도되지 못하는 불온한 시대이다. 필자는 인간의 탐욕을 꾸짖기라도 하듯 SARS, MERS, AI에 이어 COVID라는 신종 인수공통감염병이 우리들 곁에 자리 잡은, 코로나로 사망한 시신이 폐기물 또는 위험물처럼 처리되기도 한 괴이한 시대가 도래 한 이 시점이야말로 인문학이나 철학에 대한 검토는 긴요한 일이 되고 있다고 주장한다. 기본적 검토 방법으로써 불교 및 인도철학과 관련된 종교적 의미 지평의 토대를 바탕으로 팬데믹 시대의 문제점들을 정리한 스님의 글을 읽어보는 것도 의미 있는 일이 아닐까?

이상 여덟 편의 글들이 독자 제현님들의 인식의 지평을 넓히는데 조금이라도 도움이 되었으면 하는 마음으로 머리말을 대신하고자 한다.

저자 소개

이 명 권

연세대학교에서 신학을 전공하고, 감리교 신학대학원 및 동국대학
교 대학원 인도철학과에서 각각 석사과정을 마친 후 서강대학교
에서 종교학박사 학위를 받았다. 중국 길림사범대학교에서 중문학
석사와 길림대학교에서 중국철학으로 박사학위를 받았고, 길림사
범대학 교수와 동 대학의 동아시아연구소 소장을 역임했다. 서울
신학대학교에 초빙교수를 역임한 이후 현재는 동 대학에서 〈동양
사상의 이해〉를 강의하고 있으며, 〈코리안아쉬람 대표〉로서, 〈코
리안아쉬람TV〉(유투브)를 통해 '동양철학'을 강의하고 있다.
저서로 『노자왈 예수가라사대』, 『예수 석가를 만나다』, 『무함마드
와 이슬람 그리고 예수』, 『우파니샤드』, 『베다』 외 다수
이메일: imkkorea@hanmail.net

박 수 영

연세대학교에서 지질학과 철학을 공부하고, 10여 년간 공기업에
서 직장생활을 하였다. 이후 회사를 휴직하고 KAIST 비즈니스
스쿨에서 경영학석사과정(MBA)을 잠시 공부하였고, 동국대에서
불교학으로 석사, 인도철학으로 박사학위를 취득하였다. 현재는
동국대에서 강의중이며, 한국불교학회에서 인도철학 담당 편집위
원으로 일하고 있다. 주요 논저로는 산스끄리뜨어의 기원에 대한

"Proto-Indo-European 오그먼트의 기원과 역할: 오그먼트는 어떻게 과거를 지시하는가?"(인도철학 42집), 빠니니 문법의 구조를 분석한 "『아슈따디아이』 따디따(taddhita) 부분의 구조"(인도연구 21권1호), 바르뜨리하리의 인도사상사적 위치를 다룬 "바르뜨리하리(Bhartṛhari)의 재조명"(남아시아연구 25권1호), 힌두이즘의 기원 문제를 다룬 "힌두이즘의 기원에 대한 재조명: 힌두교는 동인도회사(EIC)의 발명품인가"(인도철학 57집), 『포스트코로나 시대의 새 종교지평』(공저) 등이 있다.

이메일: souyoung@naver.com

최 현 주

한국학중앙연구원 종교학과에서 종교철학 전공으로 박사학위를 받았다. 박사논문은 〈An Intellectual Inquiry into Jung Young Lee's Theology of Marginality: Focisung on Lee's Understanding of Divine Pathos〉이며, 〈이정용의 주변성 인식에 대한 연구〉(장신논단, 2020) 등이 있다. 주요 연구 분야는 동서양 비교 사상, 종교철학, 아시아신학 등이다. 현재 인문학 전자출판사, 독립출판 CB (Crossing Boundaries Publications) 대표를 맡고 있다.

이메일: religiosan@gmail.com

박 혁 순

충남대학교 국어국문학 전공 (B.A)
한일장신대학교 신학대학원 교역학 전공 (M.Div)
대만 Tainan Theological College and Seminary 상황화신학 수학(수료)
장로회신학대학교 일반대학원 조직신학 전공 (Th.M, Th.D)
한일장신대, 창신대 겸임교수
『바르트와 몰트만의 정치신학 비교연구』(박사논문, 2015)

「현대 삼위일체론 재구성을 위한 모색」 (한국기독교신학논총, 2015)
「탈형이상학의 시대, 신학의 길」 (한국조직신학논총, 2016)
이메일 : peram@naver.com

김 동 석

연세대학교 신과대학에서 신학을 전공하고 동대학 연합신학대학원에서 신학석사와 목회학 석사를 마친 후 일반대학원 신학과에서 기독교교육학을 전공하여 신학박사 학위를 받았다. 연세대학교와 서강대학교, 나사렛대학교, 서울신학대학교 등에서 학생들을 가르쳤으며, 현재 한국기독교교육학회의 '교육과정과 방법분과'의 분과장, "믿힘연구원"의 원장과 "기독운동 하늘바람"의 대표를 맡고 있다.
이메일: meethim@yonsei.ac.kr

조 재 형

현재 케이씨(그리스도)대학교의 강사로 신약성서를 가르치면서 연구재단 연구과제로 영지주의와 나그함마디 서고에 대한 연구를 하고 있다. 그리스도대학교를 졸업하고, 연세대 연합신학대학원에서 신약성서 전공으로 석사(Th.M)를, 미국 하딩신학대학원에서 문학석사(M.A)와 시카코 신학대학원에서 목회학 석사(M.Div)를 마쳤으며, 클레어몬트 대학원대학교(CGU) 종교학과에서 신약성서 전공으로 박사학위(Ph.D)를 받았다. 주요 저서로는 *This Is My Flesh: John's Eucharist and the Dionysus Cult* (Wipf&Stock, 2021), 『그리스-로마종교와 신약성서-그리스도교 기원에 대한 사상사』, 개정증보판(서울: 감은사, 2021), 『초기 그리스도교와 영지주의』(서울: 동연, 2020), 『그리스-로마종교와 신약성서』(서울: 부크크, 2018)가 있다. 공저로는 『요한복음연구』(서울: 이레서원, 2020), 『李信의 묵시의식과 토착화의 새 차원-술리얼리스트 믿음과 예술』(서울: 동연, 2021)과 *An Asian Introduction to the New Testament* (Fortress, 2022) 등이 있고, 20 여 개의 논문들 (KCI)을 게재하였다. 스톤-캠벨 운동을 연구하는 환연연구회 회장과 요한문헌학회 총무로 봉사하고 있으며, 한국기독교학회, 한국신약학회, 한국복음주의신약학회 정회원이다. 또한 유튜브 채널 '기독교의 기원에 대한 이야기'를 운영하고 있다.

이메일: disciples.cho@gmail.com

김 종 만

김종만은 고려대학교에서 한국사(B.A.)를 공부하고 서울신학대학교에서 교회사 전공으로 석사학위(M.A.)를 받았으며 서강대학교에서 종교학으로 박사학위(Ph.D.)를 받았다. 고려대학교 포닥연구교수를 역임했으며, 현재는 경희대학교 종교시민문화연구소(종교생태거버넌스연구단) 전임연구원으로 재직하고 있다. 강의는 현재 고려대학교, 서강대학교, 배재대학교에서 하고 있고, 영남신학대학교 신학대학원에서도 강의했다. 한국신종교학회 편집위원으로 있으며 연구 관심은 종교 간 대화, 불교, 그리스도교, 한국종교 등에 관심을 가지고 후속 연구를 진행하고 있다. 저서로는 『평화의 신학』(공동), 『틱낫한과 하나님』(단독), 『포스트코로나시대의 새 종교 지평』(공동), 『한국종교의 진단과 전망』, 『포스트코로나시대의 평화사상과 종교』(공동), 『아신신학연구소의 정체성과 미래』(공동), 『직업으로서의 종교사회학』(공동), 역서로는 『틱낫한의 사랑이란 무엇인가』(단독), 『틱낫한의 깨어있는 마음수행』(단독) 등이 있고 그 외 다수의 연구 논문이 있다.

이메일: kjmif@naver.com

박 종 식 (법명 꽃타)

서울대학교에서 수의학을 공부했으며, 동국대학교 대학원에서 인도철학을 공부하여 철학박사 학위를 취득한 조계종 승려이다. 20대의 젊은 시절 구로공단에서 생활하였으며, 30대에는 백두산 언저리에서 발해와 고구려 유적지와 항일독립투쟁의 현장을 찾아 돌아다닌 적이 있다. 동물병원을 운영하며 공동체 관련 일에 관여하다가 덕유산 자락으로 옮겨 자연농법과 영성에 대한 다양한 실험을 하였다. 40대에 출가하여 서울 성북동의 길상사를 비롯한 여러 수행처에서 지냈다. 최근까지 설악산과 지리산 자락의 절집과 남해 바닷가의 토굴 등을 오가며 정진하다가, 2020년 겨울부터 서울 봉은사에서 교육과 관련된 업무를 담당하고 있다. 최근에는 문명비평에 초점을 둔 불교미학 검토, 생명현상을 검토하는 불교의학 연구, 그리고 선어록에 대한 신선한 해석작업 등을 하고 있다. 동국대학교 객원교수인 그는 찾아오는 사람들에게 차(茶) 마시기를 권하곤 한다.
이메일: jyotisa33@daum.net

힌두교의 죽음과 환생

이 명 권

힌두교의 죽음과 환생
-〈리그베다〉를 중심으로-

이 명 권

I. 들어가는 말

'죽음 이후에 인간은 어떻게 되는가?' 이 문제는 모든 종교를 포함하여 크게 3가지 범주로 요약될 수 있다. 첫째, 소멸(消滅, annihilation)론, 둘째, 천국과 지옥에서의 영원한 보응(報應, eternal retribution), 셋째, 윤회(輪廻, transmigration)다.[1] 이러한 문제에 대해 인도인들은 고대로부터 어떤 생각을 하며 살아 왔을까? 고대 인도인들의 사후(死後)에 관한 문제의식은 오늘날의 힌두인에게도 여전히 중대하고 그들의 삶에 큰 영향을 미치고 있다.

힌두인의 죽음과 재생에 대한 의식과 신념은 그들이 죽은 자를 장사지내는 의례 속에 잘 표현되고 있다. 그들은 장례의례에서 죽은 자의 과거 행적에 대해 말하지 않고, 직접적으로 그의 '영혼'에 대해 "떠나시오, 오래된 우리의 조상의 길로 떠나시오."라고 말한다. 영혼은 파괴되지 않는 불멸의 존재라고 생각하기 때문이다.[2] 인도의 전통 장례식에서 화장

---

1) Paul Deussen, *The Philosophy of The Upanishads*, (New York: Dover Publications, 1966), p.314.

(火葬)을 하는 이유도 '불(agni)'이 죽은 자의 '영혼'을 다음의 생으로 안내해 준다고 보기 때문이다.

힌두인의 장례 의례는 고대 힌두인의 신앙과 신념이 잘 담겨 있고 오늘날도 그 전통이 계승되고 있는 고전적 경전인 〈리그베다〉(Rig Veda)3) 에 잘 나타나 있다. 〈리그베다〉에 나타난 죽음과 그 이후 죽은 자가 가게 되는 사후의 세계에 대한 묘사는 고대 힌두인의 의식을 잘 반영하고 있다. 하지만 〈리그베다〉에서 보여 주는 죽음과 환생의 문제는 후기 베다시대의 사상적 결정체인 〈우파니샤드〉의 죽음과 환생의 문제로 계승 발전되면서, 브라만(Brahman)4)과 인간의 내면적 실재인 아트만(Atman)이 하나임을 말하는 '범아일여(梵我一如)'의 신념체계 속으로 삶과 죽음

---

2) Richard Waterstone, *India: Belief and Ritual, The Gods and The Cosmos, Meditation and The Yogic Arts,* (London: DBP, 1995), p.126.

3) 인도 종교전통에서 가장 오래되고 중요한 문헌은 1028개의 노래로 수록된 '리그베다 상히타'(Rigveda Samhitā)이다. 이것은 오랜 구전전승의 과정을 거쳐서 편집되면서, 희생제의와 관련된 노래 형식의 베다문헌들(Sāmaveda, Yajurveda, Atharaveda)이 증가되게 되었다. cf. Arthur Berriedale Keith, *The Religion and Philosophy of the Veda and Upanishads,* Part I, (Delhi: Motilal Banarsidass Publishers, 2007), p.1. 이 밖에 〈리그베다〉와 아리안 민족과의 관계에 대한 설명으로는 이 책의 서론 부분을 장식하는 1-15쪽을 참조하라.

4) 브라만은 인도 사상체계에서 다양한 형식으로 설명된다. 특히 우파니샤드의 사상에 의하면, 브라만은 '숨'(prāna)이나 '바람'(Vāyu) 등의 상징적인 표현으로 설명되기도 하고, 본질적인 측면에서는 존재(Being), 비존재(not-Being), 실재(Reality), 혹은 비실재(not-Reality)로 구분하여 설명하는가 하면, 순수의식(cit), 순수 환희(ānanda)로 브라만의 속성을 말하기도 한다. 브라만이 우주론적으로 설명될 때에는 유일한 실재(Sole Reality)로서 우주적 원리나 정신적 원리가 된다. 또한 우주적 원리 가운데서도 인격적인 신(īśvara)으로 설명된다. 그런가 하면 브라만은 우주의 창조자이자 보존자이며 파괴자이기도 하다. cf. Paul Deussen, *The Philosophy of The Upanishads,* pp.101, 128-225. '브라만'에 대한 다양한 설명으로서, 만물의 근원으로서의 실재, 초월적 지식, 브라만의 상징들, 브라만과 아트만의 관계 등에 대한 고찰로는 다음의 책을 참고하라. cf. 이명권, 『우파니샤드』, (한길사, 2011), pp.80-143, 168-231, 258-283.

의 문제는 새롭게 전개된다.

특히 〈우파니샤드〉에서의 종말론이라고 할 수 있는 윤회(samsāra)와 해탈(moksa)의 교리는 죽음 이후에 인간은 어떻게 되는가 하는 문제를 다루는 인도 사상의 중심적 사상을 이루고 있다.5) 〈우파니샤드〉에 의하면, 모든 인간의 행위와 고통은 한편으로는 피할 수 없는 전생(前生)의 행위의 결과이며, 한편으로는 그러한 행위의 조건에 따라 다음 생이 결정된다.6) 이러한 신념은 도덕적 이유로든 혹은 실제적인 신념으로든, 고대의 현자와 시인들이 잘 묘사하고 있는 고전적 〈리그베다〉문헌에서 넌지시 알 수 있다. 〈우파니샤드〉 이전의 〈베다〉문헌에서는 영혼의 윤회 문제가 어떻게 전개 되는지 분명히 밝혀 주는 곳은 찾아보기 어렵지만, 그럼에도 불구하고 〈우파니샤드〉는 여전히 〈리그베다〉에 그 윤회의 기원을 두고 있다.7)

본 논고에서는 힌두인의 죽음과 환생의 문제를 고대 힌두인이 어떻게 생각하고 있었으며, 그러한 신념이 오늘날도 여전히 영향을 미치고 있다는 점에서, 고대 인도인의 사상적 뿌리가 되면서 그들의 삶과 밀접한 경전이었던 〈리그베다〉 본문을 중심으로 그들의 죽음과 환생의 문제를 살펴보기로 하겠다.

---

5) Paul Deussen, *The Philosophy of The Upanishads*, p.313.
6) ibid., p.314, 317. cf, 〈브리하드아라냐카 우파니샤드〉6권 2장, 2절에 의하면, 사후에 신들에게로 가는 길과 조상에게로 가는 길의 2 가지 길이 언급된다.
7) ibid., p.317. cf. 〈브리하드아라냐카 우파니샤드〉1권, 4장, 10절에 의하면, 〈리그베다〉4권에 나타나는 현자 시인 '바마데바(Vāmadeva)'의 언급이 나온다. 예컨대, '영감(靈感)'에 의하여(sāstra-dṛishti) 바마데바는 자신이 브라만(Brahman)임을 깨닫고, 바로 그 브라만의 지식으로 그 자신의 전생이 '마누(Manu, 최초의 원형적 인간)'이자 '수리야(Sūrya, 태양/태양신)'라고 주장했다. "나는 한때 마누였다. 나는 한때 태양이었다."

II. 〈리그베다〉에서의 죽음과 환생에 관한 설명

힌두교(Hinduism)[8]에서 죽음과 환생의 문제는 〈리그베다〉 문헌에서 가장 먼저 살펴볼 수 있다. 인도의 가장 오래된 경전으로 여겨지는 현자들의 지혜 모음집이자 신들에 대한 찬가인 〈리그베다〉에는 죽음의 문제에 대한 다양한 언급이 나온다. 뿐만 아니라 죽은 시체를 화장하는 장례식에 관한 규정들 속에서도 힌두인의 죽음과 그 이후에 관한 사고를 엿볼 수 있다. 특히 장례의 방식에 따라 화장(火葬)식에서 부르는 노래와 매장(埋葬)식에서 부르는 노래가 각기 다르다. 이러한 장례 절차에 따른 사제의 노래 속에서 죽은 자들이 가는 사후의 길은 어떤 것인지 먼저 살펴보자.

1. 죽은 자들이 가는 다양한 길: 하늘 혹은 그 밖의 처소

〈리그베다〉 제10권에는 죽은 자의 가는 길이 몇 가지 다양한 길로 제시된다. 예컨대, 하늘나라로 가는 자가 있는가 하면(베다 10:14), 새로운 몸(베다 10:16)으로 다시 태어나는 자가 있다. 혹은 부활하거나(베다 10:58), 화신(化身, 베다 10:16)으로 나타나는 방식도 있다.[9] 죽음 이후에

---

8) 힌두이즘은 힌두교를 포함한 힌두문화 전반에 걸친 사상을 내포하는 개념이다. 힌두이즘은 인도와 네팔을 중심으로 하면서도 인도네시아 등, 그 밖의 여러 나라에 문화적 영향을 끼치면서, '종교가 생활의 중심'을 이루는 '종교-문화'적 시스템이다. 따라서 '힌두이즘'은 하나의 종교일 뿐만 아니라, 삶의 방식이다. 힌두이즘의 역사와 전통과 의례와 신학에 대한 전반적인 이해를 돕는 책은 다음을 참고하라. cf. Cavin Flood, *An Introduction to Hinduism*, (Cambridge: University of Cambridge, 1996), pp.1-249. 힌두교에 대한 정의는 이 책 6-8쪽에 상세히 기록되어 있듯이, 힌두이즘은 그 언어가 생성된 고유의 기반인 '인더스 강 유역의 문명'과 관련되어 있으며, 그것의 고전적 의미와 현대적 내용을 모두 포함하는 것이어야 한다.

가는 처소나 지위로서 가장 이상적으로 생각하는 곳은 하늘나라다. 그 이유는 그곳에는 벗들이 많고 의례가 풍성한 빛들의 세계라고 보기 때문이다.10)

〈리그베다〉에서 제시하는 죽음에 관한 본문을 살펴보면, 그 내용을 좀 더 자세히 알 수 있다. 우선, 하늘나라로 가는 자에 대하여 본문은 다음과 같은 내용을 언급하고 있다. "하늘나라로 가는 길을 찾아낸 자는 비바스반(Vivasvan, 태양)의 아들, 곧 죽음을 관장하는 신 야마(Yama)다." 그러므로 죽음을 당한 사람의 가족이나 추모하는 사람들은 야마에게 공물을 바치면서 공경해야 할 것이 요구된다. 야마는 죽은 자들에 앞서서 하늘의 길을 처음으로 발견했기 때문이다. 그리고 그 하늘나라는 영원히 없어지지 않는 곳으로 묘사된다. 야마는 처음으로 죽음을 맛보고 저승을 경험한 죽음의 신으로 인간을 심판하고, 죽은 자를 저승으로 안내한다. 힌두 신화에서 야마는 검은 물소의 등에 타고 갈고리가 달린 철퇴와 올가미를 지니고 있는 모습으로 형상화된다.11) 계속해서 본문은 이렇게 말한다. "그곳은 우리의 조상들이 건너간 곳이며, 앞으로 태어나는 모든 사람들도 각자의 길을 따라가게 될 것이다."12)

힌두교에서 죽음을 관장하는 신 야마(Yama)는 〈리그베다〉에서 태양신 비바스반의 아들로 등장하며, 스스로 죽은 자들이 가는 죽음 이후의 길

---

9) Wendy Doniger O'Flaherty, *The Rig Veda*, (New Delhi: Penguin Books, 1981), p.41.
10) 이명권, 『베다』, (한길사, 2013), p.145.
11) ibid. p.147.
12) H.H. Wilson and Bhasya of Sayanacarrya, 『Rig Veda Samhita』 X.14.1-2. (Varanasi: Parimal Publication, 2002), p.220.

을 개척하여 가장 높은 천상에 거하게 된 것이다. 불교의 염라대왕도 이
'야마'라는 산스크리트어에서 채용한 것으로서, 죽음을 관장하는 일은
같은 맥락이지만, 그 역할이나 지위는 차이가 있다. 예컨대 힌두교의 야
마는 천상의 위치에서 권한을 누리지만, 불교에서 염라대왕은 주로 지
옥의 일을 관장한다. 〈리그베다〉에서의 야마는 태양신의 아들로 지칭되
지만 그의 조상 앙기라스와 함께 종종 제사의 대상으로 초대되기도 한다.
이 제사의 주관자들은 현자이자 시인들로서 사제들이다. 〈리그베다〉 본
문 자체가 대부분이 신들을 찬미하는 시편으로 구성되어 있듯이, 현자
이자 시인이었던 이들이 동시에 사제의 역할을 담당했던 것이다. 시인
사제들이 죽음의 신, 야마를 초대하는 베다의 본문을 살펴보자.

> "야마여! 제의를 받으시기에 합당한 앙기라스와 함께 오소서! 이 제단
> 의 거룩한 잔디 위에 앉으셔서 바이루파(Vairūpa: 앙기라스와 관련된
> 다른 사제)와 함께 기뻐하소서. 나는 그대의 아버지 비바스반에게도 간
> 청하겠나이다."13)

이같이 죽은 자를 위해 장례를 주도하는 사제가 죽음의 신 야마를 제
의에 초대하면서, 그의 아버지 태양신 비바스반과 조상 앙기라스를 초
대하는 데에는 까닭이 있다. 사자(死者)의 사후의 영혼이 조상들에게로
혹은 하늘로 가는데 신들의 도움을 받기 위함이다. 그만큼 죽음을 장엄
하게 장사지내고, 야마를 포함하여 초대받은 신들이 찬미의 제사와 더
불어 제의를 흡족히 받음으로써 기쁨을 얻기 때문이다.
죽은 자들이 가는 길을 엿볼 수 있는 장면은 사제들이 부르는 노래 속
에서도 알 수 있다.

---

13) 『Rig Veda』 X.14.4-5.

　　"가시오. 가시오. 우리의 조상들이 건너갔던 그 옛길을 따라가시오. 그곳에서 그대는 제의의 음료를 즐기고 있는 야마(Yama)와 바루나(Varuna) 두 왕을 만날 것이오. 그대의 희생제의와 선행의 보답으로 지극히 높은 천상에서 야마와 함께, 조상들과 연합하시오. 모든 불완전한 것들은 남겨두고 영광스러운 몸을 입고 고향(하늘이나 땅)으로 돌아가시오."14)

　이러한 망자를 위한 노래에서 보듯이, 죽은 자들의 가는 길은 우선 일차적으로 조상을 따라 가는 길이다. 조상을 따라가는 길이지만 동시에 그 천상에는 죽음의 신 야마가 있고, 또 다른 세계의 통치자인 바루나 신이 있다. 여기서 우리의 눈길을 끄는 대목은 죽은 자가 살아있을 때의 선행(善行) 여부에 따른 보답이 있다는 것이다. 그렇다면 사후(死後)의 보답은 어떤 것인가? 그 높은 선행15)의 결과에 따라 가장 높은 하늘에서 야마와 더불어 조상들을 만나게 된다. 또 한 가지 주목할 것은 화장(火葬)과 함께 불꽃 속에서 '육체'와 나머지의 불완전한 요소들을 벗어버리고 '영광스러운 몸'을 입는다는 점이다. 여기서 '화신(化身)' 사상을 엿보게 된다. 그 '영광스러운 몸'의 형태가 어떤 것인지는 분명하지 않지만, 다시 환생을 통해 '고향'으로 표현되는 '하늘' 혹은 '땅'으로 다시 환생하게 된다는 것이다.

　2. 야마가 제공하는 '사자'의 안식처: 예비 된 처소

　〈리그베다〉 본문에 의하면, 야마는 망자(亡者)에게 안식처를 제공해

---

14) 『Rig Veda』 X.14.7-8.
15) 여기서 '선행(善行)'은 두 가지 측면이 있다. 하나는 죽은 자가 살아서 행한 선행을 뜻하고, 다른 하나는 죽은 자를 장사 지내는 동안에 행해지는 훌륭한 제사 행위도 '선행'의 일부다. 그러기에 사제들은 죽은 자를 위한 제의를 장엄하게 거행한다.

주는 것으로 나온다. 죽은 자를 장사지낼 때 화장터에서 시신을 태우는 순간, 사자를 먹으려고 달려드는 귀신들을 내어 쫓으며 부르는 노래가 있다.

> "물러 가거라. 썩 물러갈지어다. 여기서 꺼져라. 조상들이 사자를 위해 이곳을 마련했다. 야마가 그에게 낮과 물과 밤으로 장식한 안식처를 주었다."16)

사제가 장례를 집행하면서 귀신을 내어 쫓으며 소리치는 노래 형식과 내용을 보면 야마는 사자에게 "낮과 물과 밤으로 장식한 안식처"를 제공하는 것으로 묘사된다. 그렇다면 죽은 자가 가는 곳에는 영원한 어둠만이 있는 곳이 아닌 낮과 밤의 휴식이 있는 곳이다. 지상에서 살아있을 때와 이점은 차이가 없다. 거기다가 생명을 유지하기 위한 가장 소중한 요소인 물이 제공된다. 이것은 이슬람교의 꾸란에서도 천국은 생명의 강이 흐르는 생명수를 언급하고 있는 것과 유사하다. 성서의 요한계시록에서도 사후 세계의 '생명의 강'에 대한 이야기가 언급되는 경우도 마찬가지다. 흥미로운 사실은 고대의 인도인들이 죽은 자를 화장하는 자리에 귀신들이 사자의 타는 육체를 먹는다는 생각을 했던 것 같다. 그이유는 두 가지로 해석되고 있다. 하나는 귀신이 불에 타면서 새로운 형태의 몸을 입고 하늘나라에 가는데, 이때 귀신이 그 몸을 빌려 하늘에 가기 위해 경쟁적으로 달려든다는 점이다. 또 하나는 후대 힌두교에서 발견 되는 대로 귀신들이 단지 사자의 시체를 먹기 위해 달려든다는 생각이다. 이러한 두 가지 생각은 후대로 갈수록 두 번째의 이유가 보편화되기 시작했다.17)

---

16) 『Rig Veda』 X.14.9.
17) 이명권, 『베다』, op., cit., p.150.

3. 조상들을 만나러 가는 '사자'의 길과 그 과정

1) 문지기 개

죽은 자는 화장을 마친 후 조상들이 있는 곳으로 가게 된다. 사자의
영혼이 그곳으로 곧바로 달려가도록 사제는 축원의 노래를 다음과 같이
부른다.

> "사라마(Saramā)의 아들들로서 네 개의 눈을 가진 두 마리 개들을 지
> 나 곧바로 달려가시오. 그러면 야마처럼 축제를 즐기고 있는 조상들을
> 쉽게 만나게 될 것이오."18)

여기서 사마라는 천둥 번개의 신이자 초기 베다시대 최고의 권위를
누렸던 인드라(Indra) 신의 특사(特使)로서 암캐에 비유되고, 이 들 두 개는
죽음 너머의 다른 세계로 안내하는 문지기 역할을 하고 있다.19) 마치
단테의 '신곡(神曲)'에 등장하는 여러 개의 문을 통과할 때 나타나는 문
지기와 유사하다. 이 두 마리의 개는 사마라의 아들로서, 네 개의 눈을
가지고 사방으로 날카로운 감시를 하고 있다. 이 문지기 개들을 지나면
사자는 조상을 만나게 되는데, 장례를 주관하는 사제는 야마에게 두 마
리의 검은 개가 죽은 자를 호위하여 조상의 길로 나아가는데 어려움이
없기를 기도한다.

---

18) 『Rig Veda』 X.14.10.
19) Arthur Berriedale Keith, *The Religion and Philosophy of the Veda
and Upanishads, part I*(Delhi: Motilal Banarasidass, Pub., 2007),
p.97.

2) 조상에게로 인도하는 불의 신, 아그니

죽은 자가 화장을 통해 장례가 거행되는 동안, 사제는 노래를 부르며 야마에게 사자가 조상에게로 가는 길에 어려움이 없도록 귀신을 쫓아낸다. 이어서 전개되는 새로운 세계로 들어가는 입구의 문지기 개들을 통과하면, 조상에게로 안내되는 전 과정에서 가장 중요한 역할을 하는 또하나의 신이 있다. 그가 바로 불의 신 아그니(Agni)다. 아그니는 인도의 힌두 신화 가운데 가장 중요하게 언급되는 인드라 다음으로 〈베다〉에서 많이 호칭된다. 그 이유는 모든 제사에 아그니가 반드시 요청되고 있기 때문이다. 불의 신 아그니는 제물을 태우면서 그 향기로 제사를 받는 신들을 기쁘게 하기 때문이다. 이러한 제사의 불은 동서고금을 막론하고 신성시 되지만, 특히 인도에서는 아그니가 불의 신으로서 가장 존경받는 신 가운데 하나가 되고 있다.

이처럼 아그니는 죽음의 제의인 장례에서도 제사에 바쳐진 공물을 신에게 전달할 뿐 아니라, 죽은 자를 조상에게 보내는 역할도 한다.[20] 아그니에 대한 사제들의 찬가는 다음과 같이 이어진다.

> "오, 아그니여, 죽은 그를 완전히 태우지는 마소서. … 시신을 완전히 익힌 다음, 그 때에 조상들에게 그를 보내소서. … 그를 기다리는 생명의 길에 당도하게 될 때, 그는 신들의 의지에 따라 인도함을 받을 것입니다."[21]

이 찬가에서 사자는 또 어떤 경로를 거쳐서 조상들의 세계로 가는지

---

20) 이명권, 『베다』, op., cit., p.153.
21) 『Rig Veda』 X.16.12.

를 알게 된다. 일차적으로는 아그니의 불길 속에서 시신이 화장될 때 완전히 태워버리지 않고 적당히 시신이 고기를 굽듯이 잘 익혀진 상태에서 불과 연기 그리고 향기로 신들에게 흠향되는 것이며, 그때 이 아그니의 불길 속에서 사자는 '생명의 길'로 나아가며, 거기서 '신들의 의지'에 따라 최종적으로 인도를 받는다는 점이다.

4. 업(業)에 따라 정해지는 사자의 처소

인도 사상의 중요한 요소 가운데 하나가 '카르마(Karma, 행위業)'[22] 사상이다. 카르마, 곧 '업(業)'의 사상은 인도의 종교와 철학 모든 분야에서 깊이 내재되어 인도 문화에 깊은 영향을 주고 있다. 이러한 '업' 사상은 〈리그베다〉에서도 볼 수 있지만, 후대의 자이나교(Jainism)와 불교(Buddhism)에도 깊은 영향을 미친다. 특히 '업' 사상은 윤회(Samsāra, 輪廻)[23] 개념과 관련하여 더욱 깊은 연관을 가지게 된다. 이것은 다시 인

---

22) 'karma'는 '행하다', '만들다'를 의미하는 'kṛ'라는 어근에서 파생된 것으로, 정신적이거나 물질적인 모든 행위를 '카르마'라고 부른다. 이 단어가 '원인과 결과' 모두의 의미를 내포하게 된 것이다. 따라서 카르마는 산스크리트어에서 성스러운 행위와 속된 행위 모두의 개념을 포함한다. 이러한 개념이어떤 경우에 더욱 확장되어 오랜 과거에 일어난 행위의 어떤 결과를 언급하기도 한다. 이 같은 카르마의 개념의 다양성과 차이점은 브라만교와 불교혹은 자이나교에서 조금씩 차이를 보이고 있다. cf. Muni Shiv Kumar, *The Doctrine of Liberation in Indian Religion with Special reference to Jainism*, (New Delhi: Munshiram Manoharlal Pub., 2000), p.53.

23) 산스크리트 원문은 samsārah로서 'sam-sri'라는 어근에서 파생되었다. 이 어근의 뜻은 '어떤 것이 함께 따라가다', '여기 저기 돌아다니다', '어떤 것을 통과하며 걷거나, 배회하다', '일련의 상태를 지나가다', '살아있는 것들의 탄생과 재탄생'을 뜻한다. cf. Muni Shiv Kumar, p.77. 서양의 고대 철학가들인 피타고라스(Pythagoras)나 엠페토클레스(Empedocles)도 인도의 윤회 이론에 영향을 받은 것으로 일부 학자들은 주장하고 있다. cf. Muni Shiv Kumar, p.53.

간의 고통과 행복의 문제를 풀고자 하는 인도인의 열망과도 관계가 깊다. 행위의 인과관계(因果關係)를 도덕적으로 풀어보고자 하는 의도도 있겠지만, '업'과 그에 따른 종속성으로부터의 해방(Moksa, 解脫)이라는 문제와도 연관성이 있다.24)

이처럼 인도에서의 '업'사상은 인간이 살아있는 동안 행한 행위의 결과에 대한 보응의 문제와 관련하여 다시 다른 형태로 환생하는 윤회를 말해 주는 것이다. 따라서 죽은 자는 예외 없이 생존 당시의 행위의 결과에 대한 사후의 보응을 받게 되는데, 그 방향은 업에 따라 정해진다는 점이다. 죽은 자에 대해, 사제들은 〈리그베다〉에서 어떻게 말하고 있는가?

"그대의 눈동자는 태양으로, 그대 영혼의 숨결은 바람으로 떠나시오. 그대의 업(業)25)에 따라 하늘로 가거나 땅으로 가시오. 아니면 그대의 운명이라면 물로 가시오. 가서, 그대의 손발은 식물의 뿌리가 되어 터를 잡으시오."26)

이 노래에 실린 축원은 죽은 자의 가는 길을 시적으로 표현한 것이지만, 고대 인도인들의 사고를 잘 엿볼 수 있는 대목이다. 흔히 불교에서 인간이 죽으면, 지수화풍(地水火風)으로 흩어진다고 하듯이, 그 원형적인 힌두 신화에서도 바람 혹은 물 또는 식물의 뿌리나 태양으로 돌아가는 우주적 귀환을 보여주고 있다. 한 가지 분명한 것은 이 노래에서 죽은 자는 자신의 '업'에 따라갈 곳이 정해진다는 점이다. 업에 따라 "하

---

24) ibid., p.53.
25) 리그베다 본문의 산스크리트어 원문은 '다르마(Dhrma, 法)'로 표기 되어 있지만, 14세기의 저명한 인도 베다 주석 학자 샤야나(Sāyana)는 이 용어를 죽은 자가 생전에 받게 되는 업(業)으로서의 카르마로 해석했다. cf. Wendy Doniger O'Flaherty, *The Rig Veda*, op., cit., p.51.
26) 『Rig Veda』 X.16.3.

늘로 가거나 땅으로" 간다. 하늘로 가는 것은 야마가 있는 최상층의 천
상의 세계를 포함한다. 또한 그곳에서 동시에 야마가 누리는 동일한 축
제의 대우를 받기도 한다. 하지만 그렇지 못한 자들은 업의 결과에 따라
지상의 세계로 다시 돌아오기도 하고, 심지어는 식물의 뿌리가 되기도
한다. 다양한 계층의 재생, 곧 환생을 맛보게 되는 것이다. 다만 눈동자
는 태양으로, 숨은 바람으로, 손발은 식물의 뿌리로 돌아간다는 비유는
마치, 〈리그베다〉의 인도 신화에서 나타나는 거대한 우주적 원형의 인
간 푸루샤(Purusa)의 눈이 태양이 되고, 숨이 바람이 되었던 방식27)과
유사한 진술이다.

죽은 자를 화장하면서 사제가 부르는 기원의 노래 속에는 아그니가
사자를 향해 어떤 역할을 담당하고 있는지 더 자세히 알 수 있다. 다음
에서 〈리그베다〉의 본문을 살펴보자.

> "아그니여, 우리가 바치는 제의의 소마(Soma) 즙과 함께 죽은 자가 그
> 대에게 제물로 바쳐질 때, 그를 다시 자유롭게 하여 조상들에게 보내소
> 서. 그리하여 그가 새로운 생명의 몸을 입고 그의 자손이 번성하게 하소
> 서."28)

아그니는 사자를 화장하지만 사자의 시체를 제물로 여긴다. 거기에는
'술의 신'으로 불리는 소마 즙도 제물로 바쳐진다. 이러한 제물을 받은

---

27) "... 그(푸루샤)의 마음에서 달이 생겨났고/그의 눈에서는 태양이 생겨났
   으며/그의 입에서는 인드라(천둥 번개의 신)와 아그니(불의 신)가 생겨
   났고/호흡에서는 바람(바유)이 생겨났도다./그(푸루샤)의 배꼽에서는 대
   기가 생겨났고/그의 머리에서는 하늘이 생겨났으며/그의 발에서는 땅이
   생겨났고/그의 귀에서는 하늘의 사방 공간이 생겨났다./이와 같이 우주
   가 형성되었도다." cf. 『Rig Veda』 X.90.1-5, 12-14.
28) 『Rig Veda』 X.16.4-5.

불의 신 아그니는 사자를 조상에게 보내는 역할 뿐만 아니라, '새로운 생명의 몸'을 입게 하고 한 걸음 더 나아가서 사자의 자손을 번성하게 하는 '축복의 권위'도 가지게 된다. 이는 동아시아에서 조상 제사를 지내면서 조상의 은덕으로 후손이 잘 되기를 비는 행위와 같다.

한편 장례를 집행하는 사제는 죽은 자에 대한 기원의 말도 덧붙인다. "아그니의 맹렬한 화염 속에서(죽은) 그대를 보호하시오." 이렇게 기원하고 나서 사제는 다시 아그니에 대한 기원을 이어간다. "나는 육신을 먹어치우는 아그니의 불길을 멀리 보내나이다. 이 죽은 자가 부정(不淨)함을 떨쳐내고 그의 왕 야마에게 가게 하소서."29) 여기서 죽은 자의 '부정'한 몸이 아그니를 통해서 태워짐으로 '정화(淨化)' 된 상태로 야마와 그의 조상에게 가는 것이다. 화장을 마칠 즈음에 사제는 아그니에게 "이제 불을 끄시고, 그대가 그을려 태운 죽은 자를 재생시켜" 달라는 기원을 마친 후, 다시 '새로운 불'을 켜서 조상들을 초대하여 공물을 먹게 한다.

아그니가 하는 역할에는 이처럼 죽은 자를 제물로 삼아, '새로운 생명의 몸'을 입혀 사자를 조상에게 보내는 '재생(再生)'의 힘이 있다. 그렇다면 죽은 자가 화장의 장례를 거치지 못하는 경우는 '재생'이 불가능한 것인가? 힌두교의 신념에 따르면, 인간은 대 우주적 순환의 산물이기에, 어떤 형태로든 또 다른 몸을 입게 된다. 다만 힌두 신앙에 의하면, 정상적인 죽음의 경우에는 화장의 장례를 거쳐서 아그니의 도움으로 사자는 하늘이나 땅 그 어느 곳에 적합한 처소를 찾아가는 것이다. 〈리그베다〉 본문에 의하면, 화장한 그곳에서 수련(水蓮, kiyāmba)과 부드러운 풀(Pākadūrvā), 그리고 신선한 약초(Vyalkaśa)들이 자라나기를 기원한다.30) 이렇게 하는 이유는 맹렬한 불길이 지나간 이후에 시원한 청량제와

---

29) 『Rig Veda』 X.16.6-9.
30) 『Rig Veda』 X.16.13-14.

같은 식물이 초대됨으로써, 불과 물의 우주적 순환을 보게 된다. 불이 지나간 자리에 물이 초대되고, 불타는 중에도 소마 즙이 초대되며, 수련이 피어난 자리에 많은 자손의 번식을 상징하는 암개구리가 초대되는 것도 죽은 자가 다시 환생하여 많은 자손을 누리도록 복을 비는 은유가 담겨 있다.31)

이렇게 하여 화장의 장례는 끝나고, 다시 매장(埋葬)의 의례가 지속된다. 이 매장의 의례에서 사제는 다음과 같이 언급한다.

"죽음이여 떠나 가거라. 신들의 길과는 다른 너의 길로 떠나거라. 눈과 귀를 가진 너에게 말하노니, 우리의 자녀와 인간을 해치지 말라."32)

여기서 놀라운 것은 사제가 '죽음' 그 자체에 대하여 '산 자'와 일정 거리를 두면서, '죽음'을 멀리 배척하고, 그들의 자녀나 인간을 해치지 않기를 엄숙히 명한다. '죽음'의 길은 또한 '신들의 길'과는 다른 길이라는 것도 말한다. 이리하여 죽은 자는 '죽음'을 버리고 혹은 '죽음'을 떠나서 곧바로 아그니의 불길 속에서 '새로운 생명의 몸'을 입고 조상의 길로 가는 것이기에, '죽음' 그 자체의 길로는 갈 수 없음을 선언하는 것이다. '죽음'에 대하여 '눈과 귀를 가진 너'라고 인격성을 부여한 것도, '새로운 생명의 몸'을 입은 것과 차별하는 대조적 성격의 호칭이라고 볼 수 있을 것이다. 그리하여 사제는 죽은 자를 매장한 이후 유족들에게 위로의 말을 전하고 정결(淨潔)의 의례를 행한 후, 망자의 죽음과 동시에 더 이상 죽음에 대한 슬픔을 끝내고, 살아 있는 자들의 100세의 장수를

---

31) 이명권, 『베다』, op., cit., p.161.
32) 『Rig Veda』 X.18.1

비는 노래를 한다.33)

장례를 진행하는 사제는 마지막으로 죽은 자를 감싸는 대지에 대한 노래를 부른다.

> "광활한 땅, 온화한 어머니 땅 속으로 살며시 들어가소서. … 어머니 땅으로 하여금 날름거리는 '파멸'의 혓바닥으로부터 그대를 지키게 하시오. … 땅이여, 어머니가 아들을 치맛자락으로 감싸듯이 죽은 자를 감싸고 보호하소서."

이렇게 기원의 노래를 부른 다음, 이어서 무덤이 사자를 어떻게 보호해 줄 것인지를 말하고 있다.

> "땅은 가슴을 열고 견고하게 되어, 천개의 기둥으로 집을 지어 죽은 자에게 버터를 공급할 것이며, 여기서 그가 머무는 날 동안 내내 안식처가 되게 할 것이다."34)

여기서 죽은 자의 무덤에 땅은 "1,000개의 기둥"으로 견고하게 받쳐 줄 것과 버터를 제공해 줄 것이라고 노래한다. 이는 시적 상상력이라고 할 수 있겠으나, 죽은 자가 사후에 조상에게로 가거나 신들에게 가기 전에 무덤이 하나의 안식처로 제공된다는 것을 보여주고 있다.

5. 영적 수준에 따른 새 생명의 길

죽은 자가 사후에 가는 길은 그의 생전의 영적 수준에 따라가는 방향

---

33) 『Rig Veda』 X.18.3-4.
34) 『Rig Veda』 X.18.12.

이 달라진다. 이는 사제가 죽은 자를 장례지내고 난 이후에 부르는 장송곡의 가사를 통해서 알 수 있다.

> "거룩한 열정(고행, tapas)으로 무적의 용사가 된 자에게, 거룩한 열정으로 태양에게 간 자에게, 거룩한 열정으로 영광스러운 자리에 오른 자에게, 죽은 자로 하여금 곧바로 그들에게 가게 하소서. 전쟁터에서 영웅처럼 싸워서 그들의 몸을 희생한 자들에게, 혹은 무수한 봉헌을 한 자들에게, 죽은 자로 하여금 곧바로 그들에게 가게 하소서."35)

이 기원의 노래를 보면, 죽은 자가 가는 길이 여기서 다시 한번 더 분명해진다. 우선 '거룩한 열정' 혹은 '고행(tapas)'으로 그 선업(善業)의 결과에 따라, 과거에 훌륭하게 살 다 저 세상으로 먼저 간 무적의 영웅적인 용사에게, 혹은 태양으로, 혹은 영광의 자리로 죽은 자들의 길은 정해진다. 이렇게 죽음 이후 사자들이 찾아가는 마지막 여정까지 죽음의 신 야마가 관장하기에, 사제는 야마에게 최종적으로 한 번 더 탄원의 노래를 부른다.

> "질서(법칙)를 처음으로 따르고, 질서를 지니고 있으면서 질서를 더욱 거룩하게 강화시키는 자들, 그리고 거룩한 열기로 가득한 조상들에게, 오, 야마여, 죽은 자로 하여금 그들에게 곧 바로 가게 하소서. 천 가지 길을 알고 있는 영감에 가득 찬 시인들에게, 태양을 지키는 이들에게, 거룩한 열기로 가득 찬 현자들에게, 오, 야마여. 죽은 자로 하여금, 거룩한 열기(고행의 열정)를 통하여 다시 태어난 그들에게 가게 하소서."36)

여기서 죽은 자의 조상은 '질서'를 따른 자들이다. 이 '질서(rita)'는 우

---

35) 『Rig Veda』 X.154.1-3.
36) 『Rig Veda』 X.154.4-5.

주법칙을 뜻하기도 한다. 죽은 자들이 가는 사후의 세계도 먼저 간 조상들이 머물고 있는 세계로 간다는 신념이 이 '질서' 혹은 '법칙'의 관념 속에서도 반영되고 있는 것이다. 조상들이 머물고 있는 세계는 야마와 신들이 있고, "아름다운 나무 아래 음료를 마시는 곳"으로 "노래하는 자들이 있어 갈대 피리를 부는" 것으로 보면, 죽은 자가 가는 곳이 지옥과 같은 비극과 슬픔만이 있는 곳이 아닌 것으로 묘사되고 있다. 오히려 죽은 자들이 가는 천상의 장소는 '기쁨의 자리'요 신들과 함께 어울리는 '잔치 자리'로 묘사된다. 이러한 표현들은 〈리그베다〉의 본문보다 조금 후기의 작품들인 〈아타르바베다〉에서도 계속 나타난다.37)

또한 〈리그베다〉에서 죽은 자들이 가는 길은 더 이상 죽음을 맛보지 않는 영생의 길로도 묘사된다. 다음의 본문을 고찰해 보자.

> "무한한 빛의 나라,
> 태양의 광채가 나온 그곳으로 나를 안내 하소서.
> 영원한 죽음이 없는 그곳으로.
>
> 야마가 왕으로 보좌에 앉아 있는 그곳,
> 가장 거룩한 하늘의 세계 가운데 영원히 생명수가 흐르는 그곳
> 그곳은 나에게 불멸의 거처입니다.
>
> 그곳은 아무런 방해를 받지 않고 자유롭게 거닐 수 있는
> 둥근 돔의 가장 높은 3층천, 그곳은 빛으로 가득 찬 곳입니다.
> … 그곳은 나에게 불멸의 거처입니다.
>
> 그곳은 열망이 완성되는 곳
> 태양의 반대쪽이 보이는 곳
> 신선하고 만족감이 있는 곳

---

37) 『Rig Veda』 X.14.10. 『Atharva Veda』 18.4.10.

> 그곳은 나에게 불멸의 거처입니다.
>
> 그곳은 더할 나위 없는 축복과 행복이 머무는 곳
> 넘치는 기쁨이 있는 곳
> 갈망이 멈추는 곳
> 그곳은 나에게 불멸의 거처입니다."[38]

위의 찬가에서 보듯이, 사후의 세계는 빛으로 가득한 천상의 세계에 죽음이 없는 불멸의 처소로 영원한 기쁨을 누리는 복락의 세계다. 이러한 지복의 세계는 여타의 종교들이 묘사하는 장면과 유사한 점이 많다. 흥미로운 사실은 힌두인의 사후 세계는 다양한 신들과 조상들이 함께 머무는 곳이라는 점과 죽은 자들의 장례에도 이들 신과 조상들이 함께 초대되고 있다는 사실이다.[39]

6. 환생을 기원함과 브라만과 하나 됨

죽은 자를 화장하고 매장하는 등의 장례를 마치고, 야마에게 망자의 영혼을 조상이나 신들이 거하는 곳으로 안내하기를 비는 탄원의 노래를 한 후에도, 다시 사제는 죽은 자가 환생하여 자신의 몸을 다시 입고 돌아오기를 기원하는 노래도 있다. 〈리그베다〉에 나오는 다음과 같은 기원의 노래는 죽은 자가 가는 또 다른 다양한 모습을 언급하고 있다. 앞서서 살펴 본 리그베다의 본문은 주로 죽은 자가 야마에게로 가는 것으

---

38) 『Rig Veda』 IX. 113.7-11.
39) Paul Deussen, *The Philosophy of The Upanishads*, p.321. 〈리그베다〉 초기 문헌에 보면, 조상과 신들은 대체로 동일한 축복의 평등 상태로 묘사되지만, 간혹 조상들과 신들이 거주하는 장소는 다른 곳으로 지적되기도 한다. cf. 『Rig Veda』 X. 15.1-2.

로 묘사되고 있는 반면에, 〈리그베다〉 10권 58장에 언급되는 본문은 사자가 가는 처소를 다양하게 표현하고 있다는 점이다.

> "만일 그대(사자)의 영혼이 비바스반의 아들 야마에게로 멀리 떠나갔다면, 우리는 그 영혼을 다시 불러 여기 당신의 몸속으로 되돌아 와서 머물러 살기를 원하노라. 만일 그대의 영혼이 하늘로 혹은 땅으로 멀리 떠나갔다면, ... 네 땅의 귀퉁이로... 하늘의 사방으로... 바다 멀리... 번쩍이는 빛줄기 속으로... 물 속으로 ... 태양으로 혹은 새벽으로 ... 높은 산으로 ... 유영하는 전체 우주 속으로 ... 아주 아득한 곳으로 ... 늘 있던 곳으로 혹은 있어야 할 곳으로 떠나갔다면, 우리는 그 영혼을 다시 불러 여기 당신의 몸속으로 되돌아와서 머물러 살기를 원하노라."

여기서 고대 힌두인은 죽은 자가 가는 다양한 길을 상상하면서 그 최상의 길은 신들이 거하는 곳이지만, 살아있는 자들은 여전히 죽은 자가 다시 환생하여 돌아오기를 기원하고 있다는 점이다. 비록 이러한 염원이 상상에 그치는 것인지, 아니면 실제로 그렇게 믿은 것인지는 분명한 언급은 없지만, 적어도 사제의 기원에 따르면, 우주적 '질서' 혹은 그 '법칙'에 따라 사후의 세계도 결정된다는 굳은 신념이 있는 것으로 보아야 할 것이다. 그 대표적인 신념이 죽은 후에 조상들이 거하는 곳으로 가게 되고, 일정한 기간이 지나면 다시 환생할 것을 믿는 거대한 우주적 순환의 사이클을 믿고 있다는 점을 알게 된다.

죽은 자의 영혼이 하나의 몸에서 다른 몸으로 다시 환생하는 윤회의 과정은 인도 사상에서 마치 금 세공인이 금을 녹여서 다른 형태의 금장식물을 만들어 내는 것과 같이 이해된다.[40] 새로운 몸의 형태를 입게

---

40) 『Bṛhadāraṇyaka Upanisad』, 4.4.3.

하는 주체는 영혼이다. 그것은 마치 도공이 이미 존재하는 흙을 빚어서 새로운 항아리를 빚어내는 것과 같다. 인도의 자이나교에서는 윤회의 과정을 4단계로 구분하여 설명한다. 첫째, 천상(天上)의 존재 상태(devagati), 둘째, 인간의 상태(manusyagati), 셋째, 동물 상태(tiryaggati), 넷째, 열등한 존재 상태(narakagati)다.

〈리그베다〉에서의 윤회를 통한 환생은 점차 후대로 갈수록 더욱 분명해진다. 이른바 〈우파니샤드〉에서는 윤회의 형태를 다양하게 설명하고 있으나, 그 가장 초기형태의 설명은 〈찬도기야 우파니샤드〉(Chānd. U)와 〈브리하드아랴냐카 우파니샤드〉(Brih. U)에서 찾아 볼 수 있다. 〈찬도기야 우파니샤드〉에서는 다음과 같이 표현된다.

> "오, 가우타마여! 실로 '저 세상'은 하나의 (제의적) 불이다. 태양 그 자체는 연료이며, 광선은 그 연기이고, 낮은 불꽃이며, 달은 타오르는 광물이고, 별은 섬광이다. 이 불 속에서 신들은 신앙의 헌물을 제공하며, 이 헌물로부터 왕이신 소마(Soma, 달)가 떠오른다."[41]

여기서 '저 세상'(asau vāva lokah)은 '이 세상'을 넘어 사후의 세계를 가리킨다. 이른바 태양과 달 그리고 별들로 표현되는 '하늘' 공간이다. 이러한 '하늘 공간'의 비유가 사후의 '저 세상'을 '제의적 불'로 표현하고 있다. 태양은 그 자체의 연료를 태워 이 세상을 비춘다. 광선을 연기에 비유한 것은 연기가 연료에서 발생하는 것과 같은 이치 때문이다. 낮이 불꽃이 되는 까닭은 태양으로 인한 그 밝음 때문이다. 달은 불꽃이 사라진 이후에 밝게 빛나고, 별들도 섬광처럼 빛난다. 이러한 비유를 미루어 볼 때, 고대 힌두인은 사후에 '빛'으로 가득한 '하늘'로 가서 다시

---

41) *Chāndogya Upanisad*, V.4.1-2. cf. Radhakrishnan(ed. and trans.), *The Principal Upanisads*, (George Allen & Unwin Ltd, 1992), p.428.

환생한다는 신념을 가진 것으로 생각할 수 있다. 이와 동일한 표현이 〈브리하드아라냐카 우파니샤드〉에서도 나온다.[42]

반면에 사자들이 사후에 도달하는 곳은 '하늘' 뿐만 아니라, 지상으로 다시 돌아온다는 점이다. 일종의 살아있을 당시의 행위의 결과에 따라 '보상과 형벌'의 형태로 '지상에 재생'하는 것이다. 이러한 사상은 〈리그 베다〉의 초기 형태지만 후대에도 그대로 지속되고 강화된다. 〈브리하드 아라냐카 우파니샤드〉의 다른 본문에 의하면, 환생의 형태는 다양하게 언급된다.

> "풀잎 끝에 이른 애벌레가 다른 잎으로 건너가듯이, 자신의 몸을 버리고 무지를 떨쳐 버린 다음, 다른 몸으로 가게 된다. 금 세공인이 한 조각 금을 가지고 다른 형태의 금장식을 만드는 것처럼, 새롭고 보다 더 아름다운 형태로 조상들처럼, 혹은 간다르바(gandharvas), 혹은 신들이나, 프라자파티(Praja-pati), 혹은 브라흐마(Brahmā)나 다른 존재로 만들어진다."[43]

환생에 대한 〈브리하드아라냐카 우파니샤드〉의 진술에 의하면, 현자 야즈나발키야(Yājnavalkhya)가 설명하는 바와 같이, 영혼이 육처에서 분리되는 죽음 이후에는 '전생의 경험(pūrvaprajnā)에 따라', 무지(無知)을 떨어내고 새로운 형태의 몸을 입고, 마치 세공인이 금속을 다루듯이 저 세상에서 이 세상으로 환생하게 되는 것이다. 이때, 새롭고 아름다운 형태는 바로, 조상들이나, 간다르바(천상의 음악인)나, 창조의 주인 프라자파티나, 혹은 브라만과 그 밖의 형태가 된다는 것이다. 이러한 환생은 생전의 그 자신이 행동한 결과에 따라 환생의 형태가 달라지는 것이

42) *Bṛhad-āranyaka Upanisad*, VI.2.9.
43) *Bṛhad-āranyaka Upanisad*, IV.4.2-4.

다.44) 여기서 흥미로운 사실은 인간이 죽음 이후에도 〈우파니샤드〉가 말하는 궁극적 이상인 브라만이 될 수 있다는 점이다. "브라만이 된 자는 브라만에게로 간다(brahmaiva san brahmāpyeti)."는 구절(Brih.4.4.6)인데, 이는 앞 절의 "그 자아는 실로 브라만이다(sa vā ayam ātmā brahma)." (Brih.4.4.5)라는 선언에서 출발된 결정적 진술이다.

이러한 진술의 연속선에서 죽은 자의 가는 길은 궁극적인 이상인 브라만에게로 가는 '해탈'45)의 측면도 있지만, 여전히 그러한 결과에 이르지 못한 자는 다시 지상으로 환생한다. 욕망(kāma)으로 가득 찬 인간, 재량에 따른 욕망의 행사(kratu), 그가 수행한 업(karma)의 결과에 따라 지상의 환생의 조건이 결정되는 것이다. 죽은 자는 그의 영혼이 곧장 새로운 몸으로 들어가게 되는데, 그의 생전의 선악(善惡)간의 행동에 따라 다른 형태가 된다. 그것은 앞서 언급한 금속 세공인의 비유와 풀잎 끝의 애벌레의 비유에서 보는 바와 같다. 한 가지 분명한 것은 선한 행위의 결과로 받는 사후의 세계는 조상과 신들이나, 프라자파티 혹은 인격성을 가진 브라만(saguna brahman)이 되는 경우들을 포함한다. 후대로 갈수록 조상과 신들의 영역은 동일시된다.

---

44) *Bṛhad-āraṇyaka Upaniṣad*, IV.4.4-6. cf. Radhakrishnan(ed. and trans.), *The Principal Upanisads*, pp.271-272.
45) 여기서 말하는 '해탈'은 불교적 측면의 해탈과 다르다. 〈찬도기야 우파니샤드〉 III.14.1에 의하면, 개별적인 자아는 지고한 존재인 브라만과 하나다. 그 이유는 "실로 이 모든 세계는 브라만이다(sarvam khalv idam brahma)"라는 전제가 있기 때문이다. cf. *Chāndogya Upaniṣad*, III.14.1.

III. 나가는 말

〈리그베다〉에서 죽은 자의 길은 〈우파니샤드〉가 보여 주는 명백한 윤회의 이론처럼 분명하게 나타나지는 않고 있다. 하지만 인도 사상의 중심 개념 가운데 하나인 죽은 자의 사후세계와 관련된 윤회와 재생의 문제에 대한 맹아는 인도의 가장 오래된 경전으로서의 고전적 문헌인 〈리그베다〉에서 찾아볼 수 있다. 특히 죽은 자를 장사지내는 제의 가운데 사제가 신에게 부르는 기원의 노래 속에서 고대 인도인의 사후세계관을 엿볼 수 있는 것이다.

다만 〈리그베다〉에서 죽은 자의 영혼은 사후 세계를 관장하는 신 야마의 통제 아래 신들과 함께 혹은 조상들과 함께 살게 된다. 죽은 자가 신들과 함께 불멸의 삶을 살게 되는 길에 대하여 〈리그베다〉 10권에서 주로 많이 언급하는데, 그 가운데는 제의에서 가장 중시되는 불의 신 아그니의 역할이 중대하다. 아그니는 죽은 자의 시체를 화장하는 불로서, 그때 나는 연기와 불꽃을 통해 신들에게 죽은 자의 영혼을 보낸다. 그런가 하면 죽은 자의 영혼은 야마의 사신이자 하늘 세계로 가는 관문의 문지기인 눈이 번들거리는 개들을 통과해야 하는 모습도 있다. 이는 하나의 사후 심판의식으로 보여주는 예시가 된다고 할 수 있다. 죽은 자를 장례지내는 사제는 그리하여 사자가 개들을 지나 곧바로 신들의 세계로 갈 수 있기를 청원한다.

야마가 사후의 세계를 관장하는 지고의 권위를 갖게 된 이유는 그가 가장 먼저 사후 세계를 발견했기 때문이라는 〈리그베다〉의 본문도 흥미 있는 대목이다. 그리스도교의 〈성서〉에 의하면, "천국은 침노하는 자의 것이다."라는 대목과 비교하면, 상호 맥락은 전혀 다른 이야기지만, 고대 인도인의 신화적 상상력이 어떠했는지도 잘 알 수 있다. 문제는 그렇게 해서 불린 이름 '야마'는 다시 불교로 유입되면서, 동아시아불교 전통에서 '염라대왕'으로 크게 존숭되고 있는 것을 보면, 힌두교와 불교의 사후세계에 대한 상상력의 상호 연속성이 전혀 동떨어진 것이 아니라는 것도 알게 된다. 이러한 신화적 상상력은 후대로 가면서 점차 신념으로 굳어지면서 확고한 교리로 잡아가는 모습을 볼 수 있다.

한편 죽은 자들은 사후의 '천상의 세계'에서 신들과 함께 음료를 마시며 잔치자리에서 기뻐하는 모습으로 그려지는데, 이는 그리스도교에서 예수가 천국을 '잔치'에 비유한 것과도 유사한 맥락이다. 뿐만 아니라, 그곳은 더 이상 '약자가 강자에게 종속되지 않는다.'46) 이와 같이 지상에서의 '잔치' 같은 삶의 모습이 사후 세계에서도 반영되는 것은 단테의 『신곡』이나 밀턴의 『실낙원』에서도 볼 수 있는 바와 같은 일련의 보편적 '상상의 유추'를 보게 된다.

죽은 자의 장례 행위와 관련하여 죽은 자의 사후 세계와 그 영혼의 환생문제에 대한 담론들을 〈리그베다〉를 통해 고찰해 보았듯이, 사후 세계는 크게 하늘로 가는 길과 땅으로 귀환하는 길로 구분된다. 하늘의 영역은 조상들과 신들이 있는 영역이며, 야마가 통치하고 있고, 빛으로 가득한 세계다. 죽은 자가 생전에 지은 업에 따라 사후의 처소가 결정되는 형태 또한 〈리그베다〉에서 볼 수 있다. 영적 수준에 따라 새로운 생명의 길이 결정된다는 것이다. 이러한 사상들이 점차 베다의 마지막 시대인 〈우파니샤드〉에 이르러서는 죽은 자의 영혼인 아트만이 브라만과 하나 되는 범아일여의 해탈을 경험함으로써 더 이상의 윤회와 환생은 끝나게 된다. 〈우파니샤드〉의 죽음과 해탈의 문제는 다음 기회에 논의를 더 세부적으로 하고자 한다.

---

46) 『Atharva Veda』 3. 29. 3.

참고문헌

이명권, 『베다』, (한길사, 2013)

이명권, 『우파니샤드』, (한길사, 2011)

Arthur Berriedale Keith, *The Religion and Philosophy of the Veda and Upanishads*, Part I, (Delhi: Motilal Banarsidass Publishers, 2007)

Gavin Flood, *An Introduction to Hinduism*, (Cambridge: University of Cambridge, 1996)

H.H.Wilson and Bhasya of Sayanacarrya, 『Rig Veda Samhita』 X.14.1-2. (Varanasi: Parimal Publication, 2002)

Muni Shiv Kumar, *The Doctrine of Liberation in Indian Religion with Special reference to Jainism*, (New Delhi: Munshiram Manoharlal Pub., 2000)

Paul Deussen, *The Philosophy of The Upanishads*, (New York: Dover Publications, 1966)

Radhakrishnan(ed. and trans.), *The Principal Upanisads*, (George Allen & Unwin Ltd, 1992)

Richard Waterstone, *India: Belief and Ritual, The Gods and The Cosmos, Meditation and The Yogic Arts*, (London: DBP, 1995)

Wendy Doniger O'Flaherty, *The Rig Veda*, (New Delhi: Penguin Books, 1981)

힌두이즘의 기원에 대한 재조명

박 수 영

힌두이즘의 기원에 대한 재조명[1]

- 힌두교는 동인도회사의 발명품인가 -

박 수 영

1. 서론

마살라 차이(Masala chai)를 많은 이들이 인도 고유의 차로 알고 있지만, 사실은 20세기 전후에 영국 식민당국의 의도적 정책하에 만들어진 '전통차'이다. 더 나아가 힌두이즘을 구성하는 핵심적 요소 중의 하나인 카스트제도를 포함하여 우리가 인도의 전통이라고 인정하는 것들 중 상당수가 식민지 시대에 영국의 직간접적 영향하에 구체화 또는 제도화된 것들이다. 마찬가지로 현대에 구축된 정치적 통일체로서의 인도가 대영제국의 이념적 창조물이라는 설득력 있는 주장처럼, 한 나라 안에 존재하는 두 개의 국가, 즉 힌두 국가와 이슬람 국가도 영국의 의도적 기획하에 만들어진 것 또한 어느 정도는 진실이다. 본고에서 필자는 인도 아대륙에서 전개된 이슬람과 힌두의 반목과 분열의 뿌리의 일단을 18세기 후반 동인도회사(East India Company)의 대인도 정책에서 찾고자 한다.

윈스턴 처칠은 "인도라는 것은 존재하지 않는다"[2]라는 유명한 말을

---

1) 본 논문은 인도철학회 제49회 추계 학술대회(2019.11.23.)에서 발표하고, 『인도철학』 제57집(2019.12)에 게재한 논문 "힌두이즘의 기원에 대한 재조명: 힌두교는 동인도회사의 발명품인가?"를 수정·보완한 글이다.

한 바 있다. 마우리아, 꾸샨, 굽따, 무굴제국 등이 인도북부에서 아프가
니스탄과 벵갈 사이의 광활한 지역을 지배했었지만, 인도는 역사상 어
느 시기에도 하나의 통일된 국가로 존재한 적이 없다. 10세기말에 알-
비루니(Al-Biruni, 973-1050)는 히말라야에서 코모린 곶(Cape Comorin)
사이의 모든 땅을 인도 문명으로 보았고, 중세의 시인 쿠스로우(Amir
Khusrow, 1253-1325), 악바르의 전기(Akbarnāma)를 쓴 아부울-파즐
(Abu'l-Fazl ibn Mubarak, 1551-1602)도 신드어, 빤잡어, 벵갈어뿐만 아
니라 저 멀리 남쪽의 따밀어, 뗄루구어, 깐나다어를 쓰는 모든 사람들이
사는 광활한 지역을 하나의 지상낙원으로 본 적이 있지만, 그것은 문화
적 통일체였다.3)

인도를 정치적 통일체로 보는 개념을 처음으로 생각해낸 것은 바로
영국인들이었다. 영국의 제국주의 프로젝트 중 일부는 인도라는 개념

---

2) Wood, 2007: 278에서 재인용.
3) 인도학 및 불교학과 관련되어 우리가 자주 접하는 인도-아리안계 및 중앙아시
아 지역의 지역-언어에 대한 명칭도 대부분 영어식 표현에 기반한다. 예를 들
어 영문표기인 Sinhala-Sinhalese, Khotan-Khotanese (또는 Khotanian),
Saka-Sakan, Sogdia(또는 Sogdiana)-Sogdian을 우리는 싱할라-싱할라어,
코탄-코탄어, 사카-사카어, 소그디아-소그디아어라고 번역하여 표현한다. 그런데
유독 파생어미가 "-i"로 끝나는 Magadha- Magadhi, Gandhara-Gandhari
등의 경우에만 마가다어와 마가디어, 간다라어와 간다리어를 혼용하거나 심지
어 완전한 영어식인 "간다리"라고 표기하는 사례가 있다. 이미 언어의 의미가
포함되어 있는 영어 표현에 "어(語)"를 추가하여 코타니즈어, 소그디안어,
(Nepal의 언어 Nepali를) 네팔리어라고 표기하면 안되듯이 마가디어, 간다리
어라는 표현은 표준적 우리말 용법에서 벗어난 것으로 판단된다. 이는 다른
지역, 예를 들면 중동에 위치한 "Iraq"의 언어 "Iraqi"를 "이락키어"라고 하는
사례가 없는 것과 비교된다. 즉 우리의 부주의는 마라티어(Marathi), 구자라
티어(Gujarati), 벵갈리어(Bengali) 등의 예처럼 주로 인도-아리아 계통의 언
어명칭에 집중된다. Khotanese는 "코탄어"라고 하면서 Sinhalese는 "싱할리
즈어"라고 하는 사례처럼 오류 자체도 일관성이 없다. 후자의 경우 French를
"프랑스어"라 하지 않고 "프렌치어"라고 번역하는 것과 동일한 오류이다. 이와
관련된 내용은 박수영(2016) 참조.

자체와 관련되어 있었다. 영국 직할통치(British Raj)의 정점 시기에도 무려 675개나 되는 봉건적 독립왕국들(Princely States)이 인도 아대륙의 40%를 차지하고 있었고,[4] 그중 하이데라바드와 까슈미르는 유럽의 큰 나라들보다 영토가 넓었다. 그런데 인도를 영국의 세계무역시스템의 중심지로 이용하려는 식민지정책에 의해 이들 수많은 나라와 다양한 문화가 하나의 인도라는 정치적 개념에 통합된 것이다. 영국이 창조한 모더니즘과 합리주의의 산물로서의 환상적, 미학적, 윤리적인 인도라는 개념이 독립운동을 거치며 세속주의와 민주주의가 결합된 정치적 실체로 거듭난 것이다.[5]

오늘날 힌두이즘은 약 14억 명에 달하는 본토 인도인의 80프로 이상과 3천만 명에 이르는 해외 인도인 다수가 믿는 세계 종교(world religion)로 알려져 있다. 힌두이즘을 구성하는 주요 경전의 뿌리는 불교와 자이나, 유대교와 기독교 이전까지 소급되는 것으로 알려져 있으며, 더 멀리는 인더스 문명에 그 기원을 두는 것으로 주장되기도 한다.[6] 그런데 종교 또는 다르마이며 동시에 인도인의 생활방식이라는 힌두이즘의 사전적 정의가 시사하듯이, 힌두라는 말은 본래 종교적 의미가 없는 것이었다. 지리적 용어인 힌두가 험난한 과정을 거치며 종교적 의미를 갖게 되었으며, 영어 단어로서의 힌두이즘이란 용어 자체는 비교적 최근인 19세기 전후에 만들어진 신조어이다.[7]

---

4) 인도가 독립한 1947년에 파키스탄을 제외한 인도연방(Indian Union) 안의 군주국만도 565개에 이른다. 이들 군주국들은 자의로 또는 무력에 의해 순차적으로 인도연방에 합병된다.

5) cf. Wood, 2007: 277-278.

6) 막스 뮐러(Friedrich Max Müller, 1823-1900)도 유대교 또는 기독교보다 오래된 특이한 종교가 있다는 사실에 흥분하고, 이 종교가 많은 종교의 미스테리를 풀어줄 열쇠가 될 것이라고 생각했다. cf. Chaudhuri, 1974: 64.

7) cf. Lipner, 2006: 94.

잘 알려진 것처럼 힌두(Hindū)라는 말은 인더스강의 현지어인 "Sindhu"의 페르시아어 변형어에서 유래한다.[8] 슈티텐크론(Stietencron, 1989: 12)에 따르면 "힌두"는 이미 다리우스 1세 시대의 고페르시아어 설형문자 명문(Old Persian cuneiform inscriptions)에 나타나며, 이의 변형어인 아랍어 "al-Hind"가 중동 지역에서 폭넓게 사용되지만, 로밀라 타빠르(Thapar, 1989: 224)에 의하면 힌두인들 스스로 힌두라는 말을 사용한 것은 15-6세기에 이르러서였다. 즉 "Hindu"는 페르시아 무슬림의 영향하에 만들어진 지리적 용어로써, 토착민과 외국인을 구별하는 것 이상의 함축을 갖는 단어가 아니었다.

그런데 단지 지리적 또는 기껏해야 문화적 함축을 갖는 단어인 "Hindu"가 외부 세력, 특히 무슬림의 침략이라는 "험난한 역사(volatile history)"[9]의 과정을 거치며 어떤 자의식과 정체성을 내포하는 말로 변모하게 된다. 그리고 무굴제국의 외곽인 봄베이, 마드라스, 캘커타 등지의 무역거점(factory)에서 점차 내륙으로 세력을 확대해나간 영국의 동인도회사(East India Company)가 무역 및 간접지배에서 식민경영이라는 직접 지배방식으로 전환하는 19세기 전후에 "ism"이라는 접미사가 추가되며 종교적 함축을 갖게 된다. 이런 관점에 따르면 "19세기에 영국의 학자들과 식민지 행정관리들이 'Hinduism'이라는 개념을 구축·발명하기 이전에는 의미있는 차원에서의 힌두이즘이 존재하지 않았다"[10]고 한다.

이에 따라 "힌두이즘"이라는 두루뭉술한 포괄적 용어(catch-all term)로 지칭되는 단일한 종교가 고대에 실제로 존재했는지, 또는 그 용어는

---

8) "Hindū"는 인도-아리아어 "Sindhu"에서 기원하는데, BCE 850-600 경에 프로토-이란어(Proto-Iranian) 사용자들이 *s를 h로 발음하기 시작한다. 상세한 내용은 Parpola(2015) 제9장 참고.
9) Lipner, 2006: 94.
10) Lorenzen, 1999: 630.

상당히 최근에 서구학자들에 의해 만들어진 개념적 구성물인지에 대한 많은 논의가 지난 수십 년 동안 있어왔다. 다수의 학자들은 먼 친척이자 경쟁자 때로는 침략자인 페르시아인이 만든 "Hindu"라는 말처럼, "Hinduism"도 더 멀고 더 오래된 친척이자 식민지배자인 영국인 (또는 영국식 교육을 받은 어떤 인도인)이 만든, 사실상 서양의 발명품이란 주장을 해왔다.

이하에서는 동인도회사의 인도 식민지경영 초기에 기독교를 벤치마 킹하면서 만들어지는 힌두이즘의 형성과정을 검토하여 무슬림과 힌두 사이의 반목의 뿌리를 찾고자 한다. 특히 근대적 힌두이즘의 형성과정은 탤벗(Cynthia Talbot)의 논문 제목[11]이 시사하듯이 이슬람을 타자화하면서 힌두의 정체성을 확립해나가는 과정이었으므로 식민화 과정 전후의 힌두이즘 형성과정을 검토하는 것은 꼭 필요하다고 할 수 있다.

2. 유럽인이 만든 힌두이즘?

힌두이즘이 19세기 초에 유럽인, 특히 영국의 식민관리들 또는 동인 도회사에 고용된 학자들에 의해 만들어졌다는 주장들의 실질적 선구로 평가받는 W. C. 스미스(Smith, 1962: 61, 253)에 의하면 "Hinduism"이 란 용어가 처음 사용된 해는 1829년이다.[12] 그러나 킬링리(Killingley, 1993: 62-63)[13]의 연구에 따르면 인도 근대화의 아버지로 불리는 람 모한

---

11) "Inscribing the Other, Inscribing the Self: Hindu-Muslim Identities in Pre-Colonial India"
12) 캐나다의 종교학자 Wilfred Cantwell Smith(1916-2000)가 인용한 출처는 옥스퍼드 영어사전(Oxford English Dictionary)이므로 학술적 가치는 없다.
13) 1906년 처음 출간되고 1978년 재출간된 Ram Mohan Roy의 *The English*

로이(Ram Mohan Roy, 1772-1833)가 영어로 쓴 두 편의 글에서 더 이른 출전이 확인된다.14) 흥미로운 것은 로이가 1816년에는 "Hindooism"15)이라고 표기했는데 1817년에는 현대 영어와 동일한 "Hinduism"16)을 사용했다는 것이다. 19세기 초에 만들어진 신조어 "Hinduism"은 이후 점차 널리 사용되어 학술적 단행본 및 논문의 제목에도 등장하게 된다.17)

유럽의 발명을 지지하는 다수 학자의 일반적인 주장에 따르면 "거의 대부분이 동의하듯이 힌두이즘이란 용어는 힌두인 자신이 만든 말이 아니고,"18) "힌두인 스스로는 자신들을 지칭할 때 사용하지 않던 단어에 무슬림 통치하에서 종교적 함축이 추가되기 시작하였고,"19) 영국 동인도회사가 인도를 직접 통치하기 시작한 19세기 전후에 "Hinduism"이란 용어가 만들어지면서 힌두이즘이 탄생되었다고 한다.

이들의 주장에 따르면 단순히 용어만 새롭게 만든 것이 아니라 그것

---

*Works of Raja Rammohun Roy with an English Translation of 'Tuhfatul Muwahhidin'*에서 Killingley가 확인한 내용이다.

14) Merriam-Webster 온라인 사전에서는 Hinduism의 최초 용례를 1787년으로 기술하지만 출전은 명시하지 않았다.
    https://www.merriam-webster.com/dictionary/Hinduism
    (검색일: 2021/2/28)

15) "The chief part of the theory and practice of Hindooism, I am sorry to say, is made to consist in the adoption of a peculiar mode of diet."

16) "the doctrines of the unity of God are real Hinduism, as that religion was practiced by our ancestors, and as it is well known at the present day to many learned Brahmins."

17) Alexander Duff의 *India and India Missions: Sketches of the Gigantic System of Hinduism Both in Theory and Practice* (1839), Theodore Goldstücker의 *"The Inspired Writings of Hinduism"*(1864) 등이 초기의 대표적 저술이다.

18) Smith, 1989: 5.

19) Oberoi, 1994: 16.

이 함축하는 종교적 특성까지도 유럽인들, 특히 영국인들이 만들었다는 것이다. 힌두인들 스스로는 그들이 공유한다고 인식하지 않는 본질적 특성들, 즉 이질적인 각 종파, 교리, 관습 등이 "Hinduism"이라는 하나의 개념 아래 범주화되었고, 이러한 관념이 점차 힌두인들에게 채택되었다는 것이다. 그러므로 힌두이즘은 "영국 중산층 아버지와 인도인 어머니 사이에 태어난 사생아"[20]이고, 더 나아가 힌두이즘을 구성하는 핵심적 요소 중의 하나인 인도 고유의 카스트 제도조차 영국인의 발명이라는 주장까지 등장하게 된다. 덕스(Dirks, 1989: 43)에 따르면 "브라흐만을 명백하게 전면에 내세우는 카스트 제도를 포함하여 우리가 인도의 '전통'이라고 인정하는 것들 상당수가 식민지시대에 [영국인들에 의해] 만들어졌다."

3. 인도가 역수입한 힌두이즘

종교를 포함하는 인도 문화의 다양한 또는 이질적 특성들을 하나의 개념어 "Hinduism" 아래 통합할 수 있게 된 것은 서양 초기 오리엔탈리스트들의 어떤 편견에서 시작한다. 그들은 플라톤의 "본질"(essence 또는 nature)과 같은 의미에서 동질적인 인도인의 정신적 특성(homogenous Indian mentality)을 상정하고 그 테두리 내에서 인도의 이미지를 만들어낸다.[21] "유럽인들이 항상 그래왔듯이 힌두이즘도 그들만의 이미지로 창조한 것이다."[22]

---

20) Hawley, 1991: 20.
21) Inden, 1986: 402-403.
22) Marshall, 1970: 43.

오리엔탈리스트들이 상정한 문화적 에센스는 동양 전반을 관통하는 문화적 고정관념을 만들어낸다. 그것이 동양에 대한 찬양을 수반하는 긍정적 이미지이건 또는 혐오와 폄훼를 동반하는 부정적 이미지이건 결국은 사실에 대한 왜곡에 불과하다. 그럼에도 불구하고 이런 고정관념들은 서양의 동양에 대한 통제와 순화를 용이하게 하는 관념을 동양에 투사하게 된다. 역설적인 것은 인도에 대한 낭만적 이미지에서 가장 압도적 특징인 "신비적"(mystical) 또는 "영적"(spiritual) 이미지가 현대 서양의 인도에 대한 주된 테마일뿐만 아니라, 인도인 자신들의 자기 인식에도 큰 영향을 주었다는 것이다.23)

　　서구 독자들을 위한 인도 문헌의 유럽어 번역들은 오히려 교육받은 인도인들에게 오리엔탈리스트의 이미지를 광범위하게 제공했다. 영국화한 인도인들은 영어가 아닌 현지어로 말할 때조차 영어에 부가된 상징적 파워 때문에 식민지 담론에서 회자되는 (자신들이 만든 것이 아니라 서양인들이 저술한) 영어 번역서와 역사서들을 통하여 자신들의 과거에 접근하는 것을 선호했다.24)

역설적이지만 상기 인용문의 가장 대표적 사례는 힌두 개혁운동가 비베까난다(Swami Vivekananda, 1863-1902), 독립운동가 간디(Mahatma Gandhi, 1869-1948) 등이다. 초대받지 않은 시카고 세계종교회의(First World Parliament of Religions, 1893)에 참석하여 '자기가 이해한' 힌두이즘을 강연하여 대성공을 거두고 뒤이어 미국과 유럽에서 강연 투어를 시작하여 세계적 명사가 된 그가 이해한 힌두이즘은 다음과 같다.

23) King, 1999: 159-160.
24) Niranjana, 1990: 778.

인도를 드높이고, 당신의 영성으로 세계를 정복하십시오. 위대한 종교인 불교도 우리 종교의 반역아(rebel child)일 따름이고, 기독교도 우리 종교의 누더기 모방(patchy imitation)에 불과합니다. 유럽의 구원은 합리주의적 종교(rationalistic religion)에 달려있습니다. 그리고 불이론, 유일성, 비인격적 신의 관념을 포괄하는 아드바이따는 모든 지성인들을 포섭할 수 있는 유일한 종교입니다.[25]

그런데 비베까난다의 "인도의 정신으로 타락한 서양을 구원한다"는 발상은 사실 초기 오리엔탈리스트, 특히 독일 낭만주의자들의 발명품이다. 독일 낭만파의 창시자 중 한 명인 슐레겔(Friedrich Schlegel, 1772-1829)이 페르시아어를 배우러 1802년 빠리에 도착한다.[26] 처음에는 근대 초기 메트로폴리스의 위용을 과시하는 빠리의 경관에 압도되어 "우주의 수도"라고까지 칭송했지만, 곧 빠리를 환상, 예술, 사랑, 종교가 없는 도시라고 불평하며, 그 원인이 프랑스의 국민성에 기인하는 것이 아니라 전체적인 유럽의 타락과 퇴보 탓이라고 말한다. 그리고 당시 빠리 교도소에 수감 중이던 스코틀랜드 출신의 동인도회사 해군장교 해밀턴(Alexander Hamilton, 1762-1824)[27]에게 산스끄리뜨어를 배우게 되는

---

25) Swāmi Vivekānanda, Collected Works. Vol III, 275 and II, 139. (King, 1999: 160-161에서 재인용).

26) 당시 유럽인에게 페르시아어는 아직 덜 알려진 산스끄리뜨어보다 중요한 동방의 언어였다. 터키의 오토만(Ottoman), 이란의 사파비드(Safavid), 인도의 무굴(Mughal) 등 이른바 3대 "화약의 제국(Gunpowder Empire)" 중 2개 제국의 공식 언어가 페르시아어이다. 그리고 이들 세 제국의 영역에 선재했던 티무르제국(Timurid Empire, 1370-1507)의 언어도 페르시아어이다.

27) 미국 건국의 아버지(Founding Fathers of the United States) 중 한 명인 같은 이름의 미국 정치가 Alexander Hamilton(1755-1804)의 사촌 동생인 해밀턴은 동인도회사에서 해군장교로 복무하며 William Jones의 아시아협회에서도 활동했다. 해밀턴은 인도에서 영국으로 귀국하지 않고 프랑스 국립도서관(Bibliothèque nationale de France)의 산스끄리뜨 필

데,28) 1년 만에 산스끄리뜨어를 터득한 이후 일체의 사회적 교류 없이 빠리의 국립 도서관(Bibliothèque Nationale)에 처박혀 산스끄리뜨어 필사본만 연구한다.

슐레겔의 근대 프랑스에 대한 혐오와 무관심은 재미있게도 고대 인도에 대한 관심으로 전도된다. 빠리의 근대적, 자본주의적 도시생활을 혐오한 그는 고대의 인도에서 퇴보하기 이전 유럽의 본모습을 발견한다. 그에 따르면 (독일을 제외한) 서양 문명은 고전 그리스 이후 계속 퇴보하고 있으며, 그 결과 (특히 프랑스의) 근대에 이르러서는 이성의 독재, 과학과 진보의 숭배, 신앙의 단절로 이어졌다. 오직 오리엔트(인도)만이 세계를 전일적으로 온전하게 이해하고 있으며, 인도만이 서양을 치료할 수 있다.29) 이와 같이 초기의 낭만적 오리엔탈리스트들에게서 기원하는

사본을 수집하러 프랑스로 갔지만 영불전쟁(1803) 중에 스파이로 오인받아 잠시 감옥에 수감된다. 빠리에서 그는 슐레겔, Jean-Louis Burnouf(『묘법연화경(*Lotus Sutra*)』을 번역한 Eugène Burnouf의 아버지)에게 산스끄리뜨어를 가르쳤으며, 1806년에는 옥스퍼드대학교(Hertford College)에서 유럽 최초의 산스끄리뜨어 교수로 임용된다. cf. Davies, 1998: 67.

28) R. 로셔(Rosanne Rocher)는 인도학이 학문으로서 발전하는 과정에서 가장 결정적인 순간으로써 18세기 초 빠리에서 해밀턴과 슐레겔의 만남을 꼽는다. 두 학자의 조우에 대해서는 Rocher(1968) 제4장 참고.

29) 슐레겔은 산스끄리뜨어와 페르시아어가 라틴어, 그리스어, 독일어와 혈연관계이며, 가장 오래된 언어인 산스끄리뜨어가 모든 인도-유럽어의 모어라고 가정한다. 인류의 역사를 지속적 퇴보로 상정한 그에게 산스끄리트어는 퇴보 이전 태고의 계시에 가장 가까운 신성한 언어였다. 그리스-로마의 계보를 잇는 서양 문명의 적자인 유럽 최강국이자 라인동맹의 보호자인 프랑스에 대한 열등감과 혐오감은 슐레겔에게 다른 대체 계보를 찾고자 하는 시도로 연결되는데 그것이 고대 인도였던 것이다. 더 나아가 슐레겔은 인도를 모든 문명의 발상지로 가정한다. 모든 문명의 기원이 고대 인도에 있다는 것을 증명할 수 있다면 그리스-로마 문명과 그 계승자인 프랑스는 일개 지역 문명으로 전락하게 된다. 반대로 고대 인도와 게르만의 직접적 연계를 증명한다면 독일은 최고 문명의 적자가 되는 것이다. 이를 위해 그는 그리스-로마 문명에 대한 관심을 반영하는 프랑스의 고전주의 운동을 회피하면서 낭만주의 운동을 전개한다. 그는 그리스-로마인들이 야만인(barbarian)이라고 불

인도의 영적 이미지가 근대 서구교육을 받은 인도의 개혁운동가들에게
동일한 모습으로 발견되는 것이다. 비베까난다의 이른바 "신힌두이즘
(neo-Hinduism)"의 기본적 프레임 및 핵심적 개념도 이미 유럽인이 선
점한 셈이다.

　서구의 학자들이 인도에 투사한 또 하나의 신화적 이미지는 힌두이즘
의 동질성(homogeneity)이다. 립프너(Lipner, 2006: 94)가 언급한 것처럼
타자인 페르시아가 부르는 호칭 "Hindu"에 역시 타자인 영국인이
"ism"을 첨가하면서 만들어진 신조어 "Hinduism"은 추상화의 과정을
밟게 된다. W. C. 스미스(Smith, 1962: 51)가 이런 추상화의 개념적 함축
을 명쾌하게 분석했는데, "ism"이 되는 순간 그것은 "구체화(to reify)"되
는 경향을 보이게 된다. 즉 그것이 지시하는 것이 우리의 마음속에서 한
덩어리의 실재(bloc reality)가 되며, 우리는 그것을 "변화하지 않는 주어
진 것(static given)"으로 생각하게 된다. 다시 말하면 "본질화 경향
(essentializing tendencies)"30)을 갖는 용어가 된다. 어떤 종교보다 다양
한 인도의 종교 현상을 하나의 개념으로 범주화한 "Hinduism"이란 용
어는 태생적으로 험난한 본질화 과정을 겪을 수밖에 없게 된 것이다. 그
러므로 스미스(Smith, 1962: 63)는 "내 판단에 힌두이즘이란 용어는 특히
나 잘못된 개념화이다. 그것은 힌두의 종교적 조망에 대한 어떠한 적절
한 이해와도 명백하게 양립할 수 없다"고 말한다.

　프라이켄버그(Frykenberg, 1989: 31)의 연구에 따르면 18세기까지만
해도 "힌두 기독교도", "힌두 무슬림"이란 표현이 드물지 않았다고 한다.

렸단 게르만인들이 그리스-로마보다 더 오래되고 발달된 문명인 고대 인도
에서 유래한 자유인들이라고 주장한다. 슐레겔에게 독일어는 산스끄리뜨어와
직접적 연계가 있는 계시의 언어지만 프랑스어는 라틴어, 로망스어, 켈틱어,
게르만어가 뒤섞인 타락한 언어였다. cf. Tzoref-Ashkenazi(2006) 참고.
30) Lipner, 2006: 94.

타빠르(Thapar, 1989: 223)가 지적한 것처럼 "무슬림이 처음 인도에 도래했을 때, 토착 인도인들은 무슬림들을 하나의 통일된 집단으로 인식하지 않았다. 그러므로 초기의 기록에는 무슬림이란 이름도 거의 등장하지 않는다." 그런데 점차 "힌두"라는 단어는 19세기까지 오리엔탈리스트의 영향아래 점차 기독교적 의미의 종교적 함축을 갖게 되고,31) 이후 힌두이즘이란 신조어가 만들어지면서 W. C. 스미스가 말하는 구체화의 과정을 시작하게 되는 것이다.

이 과정에서 현대적 의미의 힌두이즘은 유대-기독교의 강력한 영향을 받게 된다.32) 첫째는 인도 종교의 핵심을 특정의 어떤 산스끄리뜨 텍스트에 두는 것이고, 둘째는 현대 서구의 유대-기독교 전통 이해를 바탕으로 정의하는 표준적 종교의 관점에서 인도의 종교를 새롭게 정의하는 것이다. 이 두 개의 과정은 서로 깊이 연관되므로 단일한 현상의 두 양상이기도 하다. 그럼에도 불구하고 여기서 특히 주목해야할 것은 인도 종교의 텍스트화가 본격적으로 시작되었다는 것이다. 이것은 인도 고유의 문헌전통을 부정하는 것이 아니라 그것과는 다른 새로운 양상의 서구적 텍스트화가 전개되었다는 것을 의미한다. 즉 종교의 중심이 신행(beliefs and practices)에서 텍스트로 옮겨갔다는 것이다.

초기의 오리엔탈리스트와 식민지 행정관리들은 그들이 받은 고전교육의 영향으로 문자로 표현된 텍스트를 중시하는 경향이 강했기 때문에 인도의 문헌전통을 존중했고, 동시에 다양한 문헌들의 이른바 "비판·교정본(critical edition)"을 편집하는 일에 열중했다. 이 과정에서 서구의 문헌학 표준이 인도의 문헌에 적용되면서 획일적, 동질적 텍스트가 재

31) King, 1999: 163.
32) Frykenberg(1989: 39)는 기독교 선교활동이 현대 힌두이즘의 공동체적, 부흥회적 특성에 큰 영향을 미친 유일한 원인으로까지 본다.

구성되게 된다.33) 즉 문헌에도 립프너가 말하는 본질화 과정이 진행된 것이다. 그러나 그것의 본질은 식민지 행정관리에 의해 특정 텍스트가 선택되고, 선택되지 못한 다른 텍스트는 배제되는 텍스트 제국주의였으며,34) 여기에서의 최종적 승자는 브라흐만이었다. 왜냐하면 식민지 행정관리에 접근한 현지 정보원(indigenous informant)들은 대부분 브라흐만들이었고, 그들이 선택한 텍스트가 식민당국에 의해 채택되었기 때문이다. 프라이켄버그(Frykenberg, 1989: 34)에 따르면 "브라흐만들은 항상 정보를 통제해왔으며, 그것이 그들의 자부심이었다. 서양학자들을 위하여 인도에 대한 정보를 제공하는 것은 항상 그들이었다."

유대-기독교의 영향하에 만들어진 힌두이즘은 필연적으로 점점 셈화(semitification)의 길을 걷는다. 타빠르(Thapar, 1989: 228)가 "합성 힌두이즘"(syndicated Hinduism)이라고 명명한 새로운 형태의 19세기 힌두이즘은 신성의 육화, 경전의 중시, 유일신론, 교회조직 권위의 인정, 개종 등 유대-기독교의 종교 개념에 근접하게 된다. 그러므로 "대부분의 교과서적 기술에서 힌두개혁운동이라 평가한 람 모한 로이의 브라흐마 사마즈(Brahmo Samaj), 사라스와띠(Dayananda Saraswati)의 아리아 사마즈(Arya Samaj), 비베까난다의 라마끄리슈나 미션(Ramakrishna Mission) 등은 식민지 이전의 힌두이즘과 식민지 시대 힌두이즘간의 간극을 메꾸는 과정에 불과하다."35) 즉 인도의 종교적 전통이 본격적으로 유대-기독교에 수렴해가는 과정이다. 이런 논리에 따르면 적어도 19세기에 등장한 근대 힌두이즘은 서양의 발명품인 것이다.

---

33) King, 1999: 166-167.
34) Breckenridge & van der Veer, 1993: 7.
35) King, 1999: 174-175.

4. 역사적 상호작용과 표준 모델

"힌두이즘이 19세기 초에 유럽 식민지배자, 특히 영국에 의해 발명 또는 구축되었다는 다수의 주장에 반대하는 이론이 있다. 뱁(Babb, 1986), 도니거(Doniger, 1991), 페로-루찌(Ferro-Luzzi, 1989), 힐테바이텔(Hiltebeitel, 1991), 탤벗(Talbot, 1995), 트라우트만(Trautmann, 1997), 반 데르 비어(van der Veer, 1994), 로렌젠(Lorenzen, 1999) 등이 대표적인데, 힌두이즘의 종교적 뿌리는 멀리 『바가바드 기따(Bhagavad-Gītā)』와 각종 뿌라나(Purāṇa) 문헌들, 그리고 육파철학(ṣaḍdarśana)에 대한 주석 전통 등에 있으며, 이미 19세기 이전인 1200-1500년대에 무슬림과 힌두의 경쟁관계를 통하여 점진적으로 그러나 확고하게 형성되었다는 것이 이들의 주장이다.36)

로렌젠(Lorenzen, 1999: 636)에 따르면 현대 학자들이 저술한 대부분의 힌두이즘 입문서들의 구성은 대동소이하다. 그가 "표준 모델(standard model)"이라고 부르는 이런 종류의 입문서들은 크게 세 부분으로 구성되어 있는데, 첫 번째는 업(karma), 윤회(saṃsāra), 다르마(dharma), 신(God), 박띠(bhakti) 등 형이상학적 및 신학적 개념, 두 번째는 힌두의 신들, 각 학파, 의례 문헌의 역사적 전통, 세 번째는 각 종파들의 신행(beliefs and practices)을 다룬다. 이를 보다 더 추상화해서 말한다면 형이상학적(metaphysical), 역사적(historical), 분류적(classificatory) 구성

---

36) Lorenzen(1999: 631)이 지적한 것처럼 "[이러한 이론은] 무슬림의 힌두 박해로부터 힌두의 정체성이 기원했다는 힌두 커뮤널리스트(Hindu communalist)들의 주장을 뒷받침할 수 있다는 위험성이 있다. 그러나 무슬림 정권의 지원 하에 행해진 박해는 [조직적이 아니라] 산발적이었으며, 사람이 아닌 힌두사원에 대한 공격이 대부분이었다. 물론 까비르(Kabir), 에까나트(Ekanath), 비디야빠띠(Vidyapati) 등의 작품에는 일부 지역에서 발생한 무슬림과 힌두 사이의 물리적 충돌이 기록되어 있다."

인데, 이런 방식으로 저술된 최초의 문헌 중의 하나가 모니어-윌리암스 (Monier-Williams, 1819-1999)가 1877년 출간한 입문서 『힌두이즘 (*Hinduism*)』이다.

모니어-윌리암스(Monier-Williams, 1878: 11-13)는 힌두이즘을 잡다한 종파 및 신행의 집합이라기보다 하나의 단일한 종교로서 이해한다. 그는 단일성의 근거로써 두 가지 역사적 요인을 언급한다. 첫째, 힌두교가 단순한 범신론적 교리에 기원을 두었지만, 다신론적 미신들로 끝없이 다양하게 분화했고, 두 번째, 모든 힌두이즘 신자들이 신성한 언어와 문헌으로 인정하고 숭배하는 유일한 것은 산스끄리뜨어와 산스끄리뜨 문헌이라는 역사적 사실이다. 그가 힌두교의 근본 교리로 언급하는 것은 "둘이 아닌 오직 하나가 있다(ekam eva advitīyam)"[37]이다. 그에 따르면 『바가바드 기따』에 기술된 "지혜, 행위, 헌신의 길"(jñāna mārga, karma mārga, bhakti mārga)처럼 대중적 힌두이즘에서의 최고의 원리도 이것에 바탕을 두고 있다.[38] 모니어-윌리암스가 유일신과 하나의 근본 원리에 의해 분석한 힌두이즘은 유대-기독교적 종교 개념에 부합되는 전형적 종교인 것이다.

로렌젠은 모니어-윌리암스가 이해한 힌두이즘을 표준 모델로 제시하고, 이어서 이러한 모델은 힌두이즘 19세기 발명설을 주장하는 다수 학자들의 주장과 달리 이미 19세기 이전에도 존재한다는 예를 드는 전략으로 그의 (장기적 시간에 걸쳐 힌두이즘이 생성되었다는) 역사적 상호작용론적 견해를 주장한다.

---

37) 모니어-윌리암스의 번역 참조. "There is but one Being, without a second."
38) Lorenzen(1999: 637)은 모니어-윌리암스가 19세기 힌두 개혁가들에게 중시된 『바가바드 기따』와 아드바이따 사상의 영향을 받은 것으로 본다. 그러나 로렌젠은 이것이 단순한 선택의 과정이었지 힌두이즘 창조의 과정은 아니었다고 본다.

  흥미로운 것은 로렌젠이 1800년 이전의 유럽 자료를 제시하기 이전
에 언급한 크로퍼드(John Crawfurd)의 글이다. 크로퍼드가 1820년에 벵갈
아시아협회의 학회지 『아시아 연구(Asiatick Researches)』에 기고한 "발
리섬에서의 힌두교 존재에 대하여(On the Existence of the Hindu
Religion in the Island of Bali)"라는 글인데, 여기에는 제목과 본문에서
힌두이즘, 힌두 종교, 힌두인 등의 단어가 빈번하게 나온다.39) 유럽인
방문자과 현지 거주민들 사이에서 신행의 측면에서 이슬람과는 뚜렷하
게, 그리고 시크 등과는 다소 덜 분명하게 구별되는 힌두이즘이 19세기
초이긴 하지만 인도 본토가 아닌 지역에서 이미 종교로서 이해되고 있
다는 사례인 것이다.

  영국의 동인도회사가 인도를 본격적으로 식민경영하기 이전에 인도
에 대한 정보의 주된 공급자는 유럽에서 파견된 선교사들이다. 유럽의
여러 국가들이 선교사를 파견한 세속적 이유 중의 하나는 그들이 제공
하는 보고서가 군사적, 정치적, 경제적으로 유용했기 때문이다. 그러나
파견된 선교사들은 유럽의 권력자들에게 제공하는 정보의 수집보다 선
교 자체에 관심을 갖는다.40) 본고의 맥락에서 중요한 것은 유럽의 제국
주의 팽창의 영향력이 아직 무시할 만한 시대의 힌두이즘을 그들이 관
찰했다는 것이다.

  남인도에서 수년간 선교활동을 한 이탈리아 예수회 신부 데 노빌리
(Roberto de Nobili, 1577-1656)를 비롯하여 포르투갈 예수회의 트란코
소(Gongalo Fernandes Trancoso, 1541-1621), 영국 예수회의 스티븐스
(Thomas Stephens, 1549-1619), 독일 루터파의 찌겐발크(Bartholomäus
Ziegenbalg, 1682-1719),41) 이탈리아 프란체스코회의 톰바(Marco della

---

39) Lorenzen, 1999: 631-638.
40) Lorenzen, 1999: 640, n.23.

Tomba, 1726-1803) 등이 대표적인데, 그들이 힌두이즘을 기술한 보고
서는 영국의 식민지 정책하에 진행된 이른바 모니어-윌리암스의 표준
모델과 대동소이하다.[42]

로렌젠이 제시하는 또 하나의 덜 알려진 자료는 영국인 자신의 기록
이다. 영국성공회의 신부 로드(Henry Lord)가 1630년에 발간한『바니안
종파의 발견(*A Discoverie of the Sect of the Banians*)』이 그것인데, 영국
동인도회사 최초의 인도무역 거점(factory)인 구자라뜨의 수라뜨(Surat)
에서 관찰한 어떤 인도인들(Banias)의 종교생활을 기록하고 있다. 로드
는 바니안(힌두)들이 보는 어떤 "Shaster"(śāstra)를 그들 종교의 바이블
로 이해하고 있으며, "Pourous"(puruṣa)와 "Parcoutee"(prakṛti)가 결
합하여 세계가 창조되었다는 그들의 창조론도 소개한다. 로드에게는 바
니안들의 어떤 종교가 유대-기독교적 종교 개념에 부합하는 종교로 이
해된 것이다.[43]

5. 힌두로서의 정체성

유럽인들이 자신들의 종교적 이해를 바탕으로 힌두 세계를 관찰한 것
보다 중요한 것은 힌두인들 자신의 힌두로서의 정체성이다. 왜냐하면
1800년 이전에는 힌두인들 스스로의 종교적 자의식이 결핍되었다는 것이
힌두이즘의 19세기 초 영국 발명설의 주된 근거이기 때문이다.

---

41) 전형적 오리엔탈리즘 및 제국주의가 형성되기 이전 시기의 힌두이즘을 기술한
    찌겐발크에 대해서는 Sweetman(2004) 참고.
42) Lorenzen, 1999: 640-643.
43) Lorenzen, 1999: 644-645.

이와 관련하여 흥미로운 자료가 있다. 앞서 언급한 초기 선교사들이 주로 남인도에서 활약한 것과 달리 북동부의 벵갈지역에서 활동한 포르투갈 아우구스투스파의 선교사 만리케(Sebastião Manrique, 1590-1669)가 스페인어로 저술한 『여행기(*Itinerario de las Missiones Orientales del Padres Manrique*)』에는 힌두인의 종교적 특성을 유추할 수 있는 몇몇 대화가 기록되어 있다. 만리케의 『여행기』에는 힌두인 지역에서 공작새를 죽인 어떤 무슬림에게 "[복장 등] 외모로 보건데 당신은 [이슬람의] 진리를 따르는 무슬림이 아닌가? 그런데 어떻게 감히 힌두 지역에서 생명을 해칠 수 있는가?"라고 꾸짖는 무굴제국 관리의 말이 인용되어 있다.[44] 정체성의 성립이 상호간의 자기인식을 정의하는 과정(process of mutual self definition)이라면, 이 말은 무슬림이라는 타자가 인식하는 힌두의 종교적 정체성이 전제된 표현이다.

마하라슈뜨라의 유명한 시인 에까나뜨(Ekanath, 1533-1599)가 만리케보다 조금 이른 시기에 마라티어(Marathi)로 저술한 시, 『힌두와 터키인의 대화(*Hindu-turka-samvāda*)』에서도 힌두와 무슬림의 상호 정체성을 확인할 수 있다. "Hindu"처럼 "Turka"는 1차적으로 터키를 지칭하는 지리적 표현이지만, 아난따다스(Anantadas), 까비르(Kabir), 비디야빠띠(Vidyapati)등 다른 중세 시인들의 경우처럼, 문맥으로 보면 명백하게 무슬림을 지칭하는 종교적 표현이기도 하다.[45]

에까나뜨의 시에서 힌두와 무슬림은 상대방 종교의 대중적 의례와 신화에 나타나는 모순들을 서로 조롱한다. 힌두에 대한 무슬림의 주된 공

---

44) 만리케는 포르투갈 선교사이지만 『여행기(*Itinerario*)』는 스페인어로 기록하였다. 스페인어 원문과 이것의 영역은 Lorenzen, 1999: 640, n.22 참고.
45) 에까나뜨의 시는 Zelliot(1982)이 영역했으며, 관련된 부분은 Lorenzen (1999) p. 649에서 재인용하였다. Anantadas, Kabir, Vidyapati의 다른 예문들은 Lorenzen(1999: 649-651) 참고.

격은 힌두신들의 인체형상화, 목욕의식, 신화 속 힌두신들의 부적절한
행동 등이고, 힌두는 무슬림의 메카순례, 동물희생제, 개종강요 등을 비
판한다. 그러나 두 사람은 결국 신 앞에서 모든 것은 평등하다는 생각을
나누며 대화를 끝낸다. 두 사람이 화해하며 끝내는 대화에서도 분명히
힌두와 무슬림의 종교적 상호정체성이 표현되어 있다.

> [힌두] 브라흐만이 말합니다. 네, 맞습니다. 선생님.
> 사실, 당신과 나는 하나입니다.
> 우리가 카스트와 다르마에 대해 논쟁했지만,
> 우리가 신께 간다면, 거기에는 그런 것이 없습니다.
> [무슬림] 터키인이 말합니다. 그것은 진실이라고.
> 신에게 카스트는 없습니다.
> 신자와 신은 다른 것이 아닙니다.
> 비록 신은 숨어있다고 어떤 선지자가 말했지만...46)

　　19세기 이전에 현대적, 서구적 의미의 무슬림 또는 힌두의 종교 개념
이 있었다는 추가 증거로 로렌젠이 제시한 것은 비디야빠띠의 시이다.
그의 시에서는 "hindū"와 "turake"가 dharma(원문에서는 dhamme)와
함께 사용되는데, 문맥상 종교라는 의미로 해석된다.47) 비록 할브파스

---

46) "The Brahman says, O yes, swami.
　　As a matter of fact, you and I are one.
　　This controversy grew over caste and dharma.
　　When we go to God, there are no such things.
　　The Turk says, that is the truth.
　　For God there is no caste.
　　There is no separation between devotee and God
　　Even though the Prophet has said God is hidden."
　　(Zelliot의 영역을 Lorenzen, 1999: 649에서 재인용)
47) "The Hindus and the Turks live close together. Each makes fun of
　　the other's religion (dhamme)." Simha(1988)의 영역을 Lorenzen (1999:
　　651)에서 재인용.

(Halbfass, 1988: 310)가 "철학에 정확하게 상응하는 전통적 인도 단어가 없듯이, 종교에 정확히 해당하는 것도 없다"고 말했지만 비디야빠띠 예문의 "dharma"는 "종교"로 해석하는 것이 가장 타당해 보인다.

탤벗(Talbot, 1995: 700)의 연구에 따르면 인도어로 기록된 최초의 "Hindu" 용례는 14세기에 안드라 쁘라데쉬(Andhra Pradesh) 지역을 침략한 무슬림에 대해 기록한 비문에서 발견된다. 탤벗 자신은 이것을 종교적 정체성을 함축하는 의미보다는 단순한 지리적 표현으로 보았지만, 무슬림과 상호 대비되는 대상을 지칭하므로 적어도 어떤 정체성을 의미한다고 볼 수 있다. 그런데 언스트(Ernst, 1992: 23)는 페르시아 가즈나비드(Ghaznavids, 977-1186) 시대 문헌의 증거를 바탕으로 힌두의 종교 개념이 더 멀리 10세기 후반에 시작되었다고 본다. 그리고 조금 후대인 알 비루니의 기록에도 모니어-윌리암스의 표준 모델과 유사한 방식으로 인도의 종교, 철학, 문학, 역사, 점성술, 천문학 등이 기술되어 있다.[48]

이상의 예들은 힌두이즘이 19세기 초에 영국에 의해 갑자기 만들어진 것이 아니라는 증거로 보인다. 이상의 여러 가지 증거들에 의해 힌두이즘은 장기적인 역사적 상호작용의 결과라고 주장하면서 로렌젠은 다음과 같이 결론을 내린다.

> 만약 힌두이즘이 [인위적으로] 만들어진 구조물 또는 발명품이라 하더라도, 그것은 식민지시대 영국인의 것도, 심지어 인도인만의 것도 아니다. 그것은 기독교, 불교, 이슬람, 공산주의 또는 의회민주주의처럼 긴 역사적 상호작용으로부터 만들어진 하나의 제도이다. […] 터키-아프간의 정복, 무굴의 침략과 제국의 성립, 영국의 식민체제 등이 인도의 정치와 경제제도에 중요한 역사적 변화를 유발했지만, 식민지시대 초기의 급격한 변화가 힌두이즘의 발명에 이르는 압도적 영향을 주었다고는 할 수

---

48) Lorenzen, 1999: 653.

없다. 힌두이즘은 1800년 이후의 어느 때 또는 델리술탄체제가 성립된 시대를 전후하여 만들어진 것이 아니다. 무슬림 술탄과 황제가 통치하던 시기에 발생한 것은 힌두인들이 종파, 카스트 등에 관계없이 그들의 다양한 신행에 존재하는 느슨한 가족유사성(family resemblance)을 바탕으로 공유하는 종교적 정체성이라는 자의식을 발전시켰다는 사실이다.[49]

6. 18세기 후반의 정치적 상황

2-3장에서 본 바와 같이 R. 킹 등 다수의 학자들은 19세기 초에 영국의 학자 및 행정관리들에 의해 힌두이즘이 만들어졌다고 주장한다. 반면에 4-5장에서 살펴본 것처럼 D. 로렌젠 등은 특정 시기에 특정 집단에 의해 갑자기 만들어진 것이 아니라 장기적 상호작용을 통하여 힌두이즘이 점진적으로 형성되었다고 주장한다.

이하에서는 이들 주장의 타당성을 검증하기 위하여 19세기 초가 아닌 그 직전의 인도상황을 살펴보고자 한다. 왜냐하면 18세기 후반은 영국왕으로부터 특허장을 받은 일개 사설 무역회사에 불과했던 동인도회사가 인도를 직접 통치하게 되면서 영국의 대인도정책이 급변한 대전환기이기 때문이다.

17세기 이래 유럽대륙의 최강국이자 전통적으로 영국의 가장 강력한 경쟁자인 프랑스는 다른 열강들에 비해 다소 뒤늦은 1674년에 폰디체리(Pondicherry, 현재의 Puducherry)에 무역거점을 세우면서 인도에 진출한다. 이후 1746년에는 영국의 무역거점인 마드라스(현재의 Chennai)를 일시 점령하는 등 서로 호각지세였다.

그러나 "첫 번째 세계대전"[50] 또는 "두 번째 백년전쟁"[51]이라고 평

---

49) Lorenzen, 1999: 654-655.

가되는 7년 전쟁(Seven Years' War, 1756-1763)과 결부되며 인도에서 벌
어진 까르나따까 전쟁(Karnatic Wars, 1746-1763)에서 최종적으로 패하
면서 영국세력은 확장되고 프랑스의 영향력은 감소되었다. 이 전쟁에서
의 승리 이후 영국의 동인도회사는 세포이항쟁(Sepoy Mutiny, 1857)으로
인해 영국정부에 특권을 양도한 1858까지 인도에서 독점적 지위를 향
유하게 된다.

   까르나따까 전쟁을 종결지은 플라시전투(Battle of Plassey, 1757) 승리
의 대가로 클라이브(Robert Clive, 1725-1774)는 1765년에 벵갈, 비하르
(Bihar), 오릿사(Orissa) 지역의 조세징수권(Diwani)을 무굴제국으로부터
양도받는다.52) 처음에는 의도하지 않았지만 이제 동인도회사가 인도
영토의 일부를 직접 통치하게 된 것이다. 이후 6년간의 양도절차가 끝
나고 헤이스팅스(Warren Hastings, 1732-1818)가 실질적인 초대 인도총
독(Governor of the Presidency of Fort William)으로 부임했지만,53) 그가
일으킨 일련의 전쟁은 오히려 영국 대중의 비판을 받았다. 동인도회사
는 무역회사에서 식민행정을 담당하는 회사국가(company state)로 변신

---

50) W. 처칠(Winton Churchill)의 평가이다. cf. Bowen, 1998: 7.
51) cf. Bowen, 1998: 93.
52) 당시에 벵갈은 현재의 서벵갈, 방글라데시(동벵갈), 비하르, 오릿사를 모두
포함하는 광대한 지역으로서, 한명의 나왑이 관할했다. 무굴제국 당대에 벵
갈은 세계 GDP의 12%를 차지하여 유럽의 전체 GDP를 능가하는 부유한 지
역이었지만 동인도회사가 직할통치하면서 급격하게 몰락한다. 즉 영국의 세
계무역 시스템의 일부로 편입되며 유럽의 산업혁명에 중대한 기여를 하지만 정
작 벵갈 자신은 원료의 공급지로 전락하며 탈산업화(deindustrialization)라는
역주행의 길을 걷는다. cf. Jain, 1952: 58, n.1; Ray, 2011: 7-10.
53) 헤이스팅스는 1772년부터 1774년까지는 벵갈 프레지던시의 지사(Governor
of the Presidency of Fort William), 1774년부터 1785년까지는 마드라스
및 봄베이 프레지던시를 포괄하는 영국령 인도 전체의 총독(Governor-
General of the Presidency of Fort William)이 된다. cf. Ehrlich,
2018: 22.

했지만, 제국주의적 팽창정책은 아직 제한적이었다.

그러나 콘윌리스(Charles Cornwallis, 재임 1786-1793)가 신임 총독으로 부임한 이후 분위기가 급변한다. 그의 3차 마이소르 전쟁은 헤이스팅스의 전쟁과 달리 영국 정부와 일반인들의 찬사를 받는다. 이어서 인도에 대한 직접통치가 일시적인 것이 아닐 것이라는 영국의 의지는 포트 윌리엄 대학(College of Fort William)의 설립(1800년)으로 표현된다. 간단한 기초 회계만 배운 평균연령 16세의 동인도회사 직원들로는 인도를 직접 통치할 수 없다고 판단한 당시 총독 웰슬리(Richard Wellesley, 1760-1842)가 전문적 지식을 갖는 제국주의 식민관리를 양성하기 위해 캘커타에 대학교를 설립한 것이다.54)

7. 18세기 후반 동인도회사의 지적 분위기

할브파스(Halbfass, 1988: 54-68)가 상세히 언급한 것처럼 제국주의적 팽창정책 이전의 지적 분위기는 아직 독단적인 유럽중심주의적 태도가 일반적 규범이 아니었다. 헤이스팅스 등 동인도회사 고위관리들의 지적 성향은 계몽사상과 이신론(deism)에 우호적이었다. R. 로셔(Rocher, 1993: 219)의 언급처럼 "[당대 식민관리의] 전반적 분위기는 관용적이었으며, 항상 성공적인 것은 아니었지만 인도를 배우고 이해하려고 시도했다."

그렇지만 같은 인도인들에 대해서도 무슬림과 힌두에 대한 영국의 태

---

54) 포트 윌리엄 대학의 설립목적은 설립자인 웰슬리 총독이 다음과 같이 직접 천명했다. "우리 대학이 서지 않으면 제국이 무너질 것이다(the College must stand or the Empire must fall)"(Wellesley가 David Scott에게 쓴 편지, August 12, 1802, Kopf, 1969: 131에서 재인용).

도는 어느 시기부터 분명한 차이를 드러내기 시작한다. 지속적으로 동인도회사의 직원으로서 동인도회사의 정책을 비판한 바 있는 유명 작가 다우(Alexander Dow, 1735-1779)는 『힌도스탄의 역사(*The History of Hindostan*)』에서 "힌도스탄(무굴제국)의 마호메드교 황제들보다 지식인들을 관용과 존경으로 후원한 황제들은 세상에 없다"[55]며 이슬람 군주의 지식인 우대를 찬양하지만, 종교로서의 이슬람은 신랄하게 비판한다.

> 마호멧 신앙은 특이하게도 전제주의에 적합하다. 그리고 그것은 동방의 그런 [전제주의] 정부를 지속시키는 가장 큰 원인이다. […] 이슬람(Mahommedanism)이 그 가족들에게 행사하는 무한한 힘은 인류를 노예로 길들인다. 모든 어린이들은 유아기부터 아버지를 그의 삶과 죽음을 결정하는 절대자로서 바라보도록 교육받는다. […] 가정에서의 축소판 전제정치는 국가적 차원의 전제주의가 가능하도록 한다.[56]

반면에 무굴의 전제정치에 복속한 힌두에게서는 장점과 함께 유용성을 발견한다.

> 브라흐만 신앙을 따르는 힌두들은 힌도스탄에서 마호메드교도들보다 수적으로 훨씬 우월하다. […] 그들은 유순하고, 인정있고, 복종적이며, 그리고 근면하다. 그들은 세상의 모든 민족들 중에 가장 정복하기 쉽고 다스리기 쉬운 사람들이다. 다른 아시아인들의 정부처럼 그들의 정부도 전제적이다. […] 그들에게 혁명과 변화는 알려지지 않은 것이다. 그리고 암살과 음모도 결코 존재하지 않았다. […] 그들은 채식을 하기 때문에 소심하고 복종적이며, 천성적으로 피를 싫어한다. […] 그들의 지배자들은 산업과 상업을 권장했는데, 그것이 힌두들의 능력에 적합했다. 무굴제국 치하에서 인도의 무역은 브라흐마를 따르는 사람들이 수행했다.[57]

---

55) Dow, 1768: Vol.I, p. x.
56) Dow, 1772: xiii-xiv.
57) Dow, 1772: xxxv-xxxvi.

동인도회사의 관리들뿐만 아니라 18세기 영국인들의 일반적 정서는 무슬림에 적대적이었기 때문에 결과적으로 영국은 힌두의 편이었다. 십자 군전쟁(1095-1492)과 이베리아 반도에서의 국토회복전쟁(Reconquista, 722-1492)의 기억으로 인해 유럽인들에게 무슬림은 공포와 적대감의 대상이었다. 이런 정서적 분위기에서 영국은 인도에서 무슬림의 힘을 약화시키고자 했고, 마이소르의 띠뿌 술탄(Tipu Sultan, 재위 1782-1799)의 몰락은 축하하고 조롱할 만한 일이었다. 이와 반대로 영국인들은 무슬림의 압제에 신음하는 힌두에 대해서는 그들의 보호자로 자처했으며, 할헤드는 헤이스팅스를 "힌두의 구원자(savior of Hindus)"라고 칭송했다.[58]

그러나 영국인들의 힌두에 대한 동정심은 제한적이고 조심스러웠다. 헤이스팅스 못지않게 인도 문화를 존중했던 윌킨스(Charles Wilkins, 1749-1836)도 사띠(sati)[59]같은 악습에 만족했을 뿐만 아니라 오히려 카스트제도의 붕괴를 걱정했다. 1814년도의 동인도회사 공문서(despatch)를 분석한 얼릭(Ehrlich, 2018: 173-174)의 최근 연구에 따르면, 윌킨스는 "힌두 계급사회(Hindu Hierarchy)"의 정점에 위치한 브라흐만 엘리트들이 (영국을 위해) 사회질서의 수호자 역할을 해야 한다고 역설하였다. 그는 카스트제도가 해체될 경우 정치적 안정이 붕괴될 것을 두려워하여 다음과 같은 주장까지 한다.

> 만약 불행히도 우리가 카스트라고 부르는 [인도] 사회에서의 정치적

---

58) Rocher, 1993: 222.
59) 18세기 후반의 동양학자인 할헤드, 윌킨스 및 동인도회사의 행정관리인 헤이스팅스, 덩컨(Jonathan Duncan, 1756-1811) 등은 사띠(sati) 같은 반인륜적 관습도 인도의 문화로서 인정했다. 콜브룩은 더 나아가 고대의 사례를 찾고자 했으며 조금 후대의 윌슨(Horace Hayman Wilson, 1786-1860)도 사띠를 긍정했다. cf. Rocher, 1993: 230.

차별과 구분을 해소하는 어떤 조치를 취하게 된다면, 그래서 인도의 모
든 남성들이 군인을 포함하여 그들이 원하는 직업을 자유롭게 추구할 수
있다면, […] 시크교도들[60]이 그랬던 것처럼, 그들이 곧 단결하여 군대
로 무장한 국가로 구체화되는 위험이 존재할 것이다. 그렇게 된다면 그
들의 지배자들(영국)에게는 너무나 무시무시한 일이 될 것이다.[61]

영국이 지배하는 인도의 질서를 효과적으로 유지하기 위하여 브라흐
만 엘리트들을 회유하자는 윌슨의 조언은 결국 영국정부에 의해 공식적
으로 채택된다.[62] 알렉산더 다우에 와서야 본격적으로 무슬림과 힌두를
구분하기 시작한 영국이 곧바로 힌두사회 자체도 브라흐만을 정점으로
하는 계층구조로 구분하게 되면서, 이른바 분할통치(divide and rule)가
서서히 구체화된 것이다. 그리고 그것의 공식적 출발점이 영국령 인도
의 첫 번째 총독인 W. 헤이스팅스가 추진한 1772년의 사법개혁이다.

8. 헤이스팅스의 사법개혁

영국의 식민정책이 간접통치에서 직접통치로, 계몽주의에서 제국주

---

60) 동인도회사에서 근무한 바 있는 스코틀랜드의 정치가 말컴(John Malcolm,
    (1769-1833))은 1812년에 출간한 『시크교 스케치(*Sketch of the Sikhs*)』
    에서 "시크교는 힌두의 후손들이다. 그들은 마라타인보다 개방적이고 성실하
    며, 아프간인보다 덜 무례하고 덜 야만적이다"라고 시크교를 긍정적으로 묘
    사한다. cf. Chen, 2000: 167.
61) Ehrlich, 2018: 174에서 재인용.
62) 1793년의 동인도회사 특허법(Charter Act)을 개정한 1813년 특허법 제43
    조의 내용은 다음과 같다. "[동인도회사] 이사회의 총독은 영토의 취득으로
    발생하는 지대, 조세, 수익의 잉여금 중에서 매년 10만 루피 이상의 금액을
    문예의 부흥과 개선, 인도 원주민 지식인의 격려, 그리고 영국령 인도 거류
    민에 대한 과학지식의 소개와 진흥을 위하여 합법적으로 분배하여 사용할
    수 있다." cf. Ehrlich, 2018: 164.

의로 변화하는 전환기에 윌킨스의 오랜 친구인 헤이스팅스에 의해 "영국의 사법체계가 인도에 도입된 것은 대단히 중요한 사건이었다. 힌두와 이슬람의 법을 성문화하고, 특히 카스트를 상세히 규정한 것도 의미심장했다. [⋯] 논란의 여지가 많아서 재평가가 필요한 인물이지만 헤이스팅스는 영국이 인도의 과거를 발견하는데 중요한 역할을 한 인물이었다."[63]

무굴제국의 지방행정은 다음의 〈표 1〉에서 보는 것처럼 기본적으로 2원적 체계로 구성되어 있었다. "Subah"라고 하는 주(州)[64]의 일반 및 군사 행정은 황제가 임명한 나왑(Nawab 또는 Nizam)이라고 부르는 태수가 관할하고 더불어 형사재판권까지 행사한다. 그리고 서열상으로 나왑보다 바로 아래인 디완(Diwan)이 조세징수권과 민사재판을 담당한다. 이는 군사력과 경제력이 한 개인에게 집중될 경우 발생할지도 모르는 반란을 예방하기 위하여 나왑과 디완이 서로 견제를 통하여 균형(check and balance)을 이루고자 한 중앙정부의 묘책이었다.[65]

〈표 1〉 무굴제국 지방행정의 2원적 체계

	Subah (Province)	
Conductor	Nawab (Nizam)	Diwan
Department	Nizamat	Diwani
Responsibility	Law & Criminal Cases	Revenue & Civil Cases
Power	Military Power	Economic Power

---

63) Wood, 2007: 272.
64) 악바르의 행정개혁에 의해 확립된 무굴제국의 가장 큰 지방행정 단위인 12개의 "Subah"는 이후 영국식민지 시대에 "province", 독립 후에는 "state"로 명칭이 변경되며 수도 늘어난다. "Subah"는 "Sarkar", "Sarkar"는 "Pargana" 또는 "Mahal"이라는 더 작은 행정단위로 세분된다. cf. Mahajan, 1991: 236.
65) cf. Jain, 1952: 59.

건축으로 국고를 축낸 아버지 샤 자한(Shah Jahan, 재위 1628-1658)에 이어 전쟁으로 나머지 국고마저 탕진한 아우랑제브(Aurangzeb, 재위 1658-1707)에 의해 최전성기66)를 허무하게 보내며 쇠퇴해가던 무굴제국은 1730년대에 인접국 페르시아의 나데르 샤(Nader Shah Afshar, 재위 1736-1747)가 지속적으로 공격하며 급속하게 몰락하게 된다. 뒤이어 마라타, 하이데라바드 등 여러 지역이 사실상 독립하면서 델리 인근과 벵갈의 조세로 연명하던 무굴제국은 플라시전투 이후 벵갈 마저 영국에 빼앗기게 된다. 형식적으로 나왑과 디완의 임명권이 황제에게 있었지만 동인도회사는 전투에 협력한 미르 자파(Mir Jafa)를 벵갈의 나왑으로 임명한다(1757년).

이로써 동인도회사는 사실상 벵갈, 비하르, 오릿사 지역을 직접 통치하게 되었지만 형식적으로는 황제의 권한이 유지된다. 왜냐하면 정식으로 영토를 인수할 경우 영국 본토의 의회가 간섭하게 되고, 아직 무시할 수 없는 프랑스와 포르투갈 세력이 잔존하고 있었기 때문이었다.67)

차차 힘을 키우던 동인도회사는 1765년에 중대한 전환점을 맞이하게 된다. 무굴제국의 또 하나의 심장인 알라하바드에서 황제(Shah Alam 2세)와 정식으로 조약(Treaty of Allahabad)을 맺어 매년 260만 루피를 주는 조건으로 조세징수권을 인수한 것이다.68) 디와니를 인수한 동인도회사는 인도인을 고용해 조세를 징수하고 관리·감독만 한다. 그러나 현지 징세

---

66) 인도의 경제규모는 1600년경에 명나라에 이어 세계 2위였으며, 1700년경에는 청나라를 제치고 세계 1위의 자리에 오른다. 무굴 제국의 최전성기인 아우랑제브 당대에 인도의 인구와 GDP가 차지하는 비중은 세계의 4분의 1이었다. 그러나 제국주의 수탈의 결과로 독립 직후의 세계 GDP 비중은 4% 이하로까지 떨어진다. cf. Maddison, 2003: 256-261.

67) cf. Jain, 1952: 58.

68) 이후 매년 530만 루피를 주는 조건으로 나왑 임명권, 즉 "Nizamat"까지 인수한다. cf. Jain, 1952: 60.

원의 부패가 심각해 문제가 커지자 직접 징세업무를 수행하기로 결정하고
이를 위하여 조세를 포함하는 전반적 사법개혁을 단행한다.[69]

　1772년의 사법계획(Judicial Plan)에서 헤이스팅스는 무굴제국의 2원
적 민형사 시스템은 유지하되, 〈표 2〉에서 보는 바와 같이 각각의 형사
및 민사법원(Nizamat & Dīwānī Adālat)을 캘커타의 상급법원(Ṣadr Adālat)
및 농촌지역(District)의 하급법원(Mofussil Adālat)으로 다시 2분한다.

〈표 2〉 헤이스팅스의 2원적 사법 체계

	Nizamat Adālat	Dīwānī Adālat
Ṣadr Adālat (Calcutta)	Ṣadr Nizamat Adālat	Ṣadr Dīwānī Adālat
Mofussil Adālat (District)	Mofussil Nizamat Adālat	Mofussil Dīwānī Adālat
Responsibility	Criminal Cases	Civil Cases

　그런데 헤이스팅스의 사법계획에는 상기의 표에서는 드러나지 않는
중대한 결정이 포함되어 있었다. 그는 "상속, 결혼, 카스트 및 기타 종교
적 관습 또는 기관들에 관한 모든 소송에서 무슬림들(Mahometans)에게
는 코란의 법이 그리고 힌두인들(Gentoos)에는 힌두의 법(Shaster)이 항
상 준수되어야 한다"[70]고 결의한다. 이에 따라 1773년에 헤이스팅스의
지시로 힌두법 편찬을 착수한 할헤드(Nathaniel Halhed, 1751-1830)는 3
년후 페르시아어 편집본으로부터 영어로 번역한 『힌두법전(A Code of
Gentoo Laws)』(1776)을 출간한다.[71]

---

69) Rocher, 1993: 216.
70) Acharyya, 1914: 153에서 재인용.
71) CE 700 년경부터 dharmaśāstra의 주석이 저술되기 시작하여 18세기까지

앞서 우드(Wood, 2007: 272)가 말한 "영국의 사법체계가 인도에 도입" 되었다는 의미는 영국의 법(common law)이 인도에 그대로 적용되었다 는 것이 아니다. 헤이스팅스는 "[인도인들에게서] 그들 자신의 법의 보 호를 박탈하는 것은 슬픈 일이다. 그들이 전혀 모르고, 알 방법도 없는 [영국의] 법에 복종하도록 하는 것은 폭정일 뿐이다"[72]라고 말한 바 있 다. 그가 의도한 것은 영국에서 교회법이 관구(purview)의 주민에게 적 용되는 것과 같은 의미에서 힌두법이 힌두에게 적용되는 것을 말한다. 아울러 할헤드에게 법전의 편찬을 지시했다는 것은 인도의 사법체계가 관습법에서 성문법으로 전환했다는 것을 의미한다.[73]

여기에서 드러나는 헤이스팅스 사법계획의 근본 전제는 인도의 문화 적 다양성과 종교전통들을 "무슬림"과 "무슬림이 아닌 사람들" 두 가지 로 환원했다는 것이다. 이전처럼 "지역적 기준(lex loci)"에 따라 법이 일 률적으로 적용되는 것이 아니라 각 개인이 속한 사회집단의 종교에 따 라 선택적으로 법이 적용되는 것이다.[74] 그런데 중요한 것은 헤이스팅 스의 정책에서 자이나, 시크, 파르시 등에 대한 인식이 전혀 보이지 않 고, 무슬림이 아닌 사람들 모두를 힌두로 범주화함으로써 힌두는 실제 보다 더 다수로 보이게 되었다는 것이다. 의도한 것으로 보이지는 않지 만 이 계획의 가장 큰 파급효과는 무슬림법의 독점적 지위가 종식되고

도 많은 주석문헌들이 만들어졌는데 상당수의 주석은 18세기에 영국 지배자 들의 요구에 의해 쓰어졌다. 그중 가장 유명한 것이 바로 할헤드의 『힌두법 전』이다. 헤이스팅스의 지시에 의해 11명의 캘커타 빤디뜨들이 편집하여 페 르시아어로 번역한 것을 할헤드가 다시 영어로 번역하였고, 1888년에는 봄 베이에서 『소송의 바다를 건너는 다리(*Vivādārṇavasetu*)』라는 제목으로도 출간되었다. cf. Rocher, 2003: 111.

72) Gleig, 1841: Vol.I p. 400.
73) cf. Rocher, 1993: 220-221.
74) Conrad, 1995: 306.

힌두가 인도역사의 전면에 등장했다는 것이다. 장기적으로 인도에 "두 개의 국가"75)가 탄생할 계기가 마련된 것이다.

그러나 무슬림법의 독점이 깨진 것은 민사분야이고 형사법은 이후에 도 한동안 무슬림법이 힌두에게도 적용된다. 동인도회사의 후원으로 세 워진 교육기관도 이슬람학교(Madrasa)가 캘커타에 먼저 세워지고(1781 년), 힌두를 위한 학교는 10년 뒤에야 봄베이 총독 덩컨의 제안으로 베 나레스(Benares, 현재의 Varanasi)에 건립된다(1791년). 헤이스팅스가 제 안한 옥스퍼드의 교수직도 페르시아어가 산스끄리뜨보다 훨씬 먼저이 다(1769년). 그렇지만 2백년 이상 지속되어온 무슬림과 페르시아어의 헤 게모니를 고려할 때 이것은 당연한 정책이었고, 역으로 생각하면 이런 상황에서 먼저 민사 분야에서나마 힌두를 독립시킨 헤이스팅스의 조치 는 힌두이즘의 역사에서 획기적이라고 평가할 수 있다.76)

이후 헤이스팅스의 사법계획에 따라 벵갈 최고법원의 배석판사직 (puisne judge)을 수행하기 위해 인도에 온 존스(William Jones, 1746-1794)가 1788년에 당시 총독 콘월리스에게 제안하고 콜브룩(Henry Thomas Colebrooke, 1765-1837)이 번역하여 『계약과 승계에 대한 힌두 법 개요(A Digest of Hindu Law on Contracts and Successions)』(1797)가 출간된다.77) 여기에서 주목되는 것은 식민정부의 힌두에 대한 공식적 명칭이 "Gentoo"에서 "Hindu"로 변경되었다는 사실이다.

기독교도 유럽인들의 종교적 관점에서 세상 사람들은 유대인, 기독교 도, 무슬림, 이방인(Heathens)의 네 가지로 분류된다. 이런 이유로 인도

---

75) "두 개의 국가 이론(two nations theory)"은 Conrad(1995: 306) 참고.
76) cf. Rocher, 1993: 222-224.
77) Jagannlātha Tarkapañcānana가 산스끄리뜨어로 편집한 『소송문제 해결 의 바다(Vivādabhaṅgārnava)』를 콜브룩이 영어로 번역하여 출판한 것이다. cf. Rocher, 2003: 111.

에 처음 도래한 포르투갈인들78)은 기독교도, 무슬림을 제외한 나머지 인도인들을 "Heathen"과 동의어인 "Gentio"라고 불렀는데, 나중에 온 영국인들도 이를 따라 "Gentoo"라고 부른다.79) 그런데 헤이스팅스 시대까지도 정부의 공식용어로 사용된 "Gentoo"가 콘월리스에 와서 "Hindu"로 바뀌게 된 것이다.

사실 "Gentoo"와 "Hindu" 모두 특정 대상을 적극적으로 지칭하는 용어가 아니라 무엇이 아닌 것들을 제외하고 남은 것을 드러내는 홍운탁월(烘雲拓月) 또는 "neti neti"와 같은 부정(不定)적 명칭(negative appellation)이다.80) 그런데 "Gentoo"와 달리 "Hindu"는 인도의 역사적 맥락에서 발생한 어떤 정체성과 관련된 적극적 명칭(positive appellation)의 특성도 함께 존재한다. 이런 성격의 용어가 식민정부에 의해 선택됨으로써 힌두는 "무슬림을 제외한 나머지 집단"에서 "무슬림과 대립되는 어떤 집단"으로 인식되기 시작한다. 여기에 식민정부의 힌두에 대한 직·간접적 우대는 장기적으로 무슬림과 힌두간의 '전세의 역전'으로 귀결된다.81)

---

78) 인도에 최초로 도착(1498년 께랄라)하고 마지막으로 떠난(1961년 고아) 나라는 인도의 향신료를 찾기 위하여 대항해시대(Era das Grandes Navegações) 또는 발견의 시대(Era dos Descobrimentos)를 처음 열었던 포르투갈이다. 네루의 무력시위에 의해 포르투갈이 축출된 고아는 1987년 인도의 25번째 주가 된다.

79) King, 1999: 164.

80) cf. King, 1999: 163-164.

81) 힌두에 대한 지속적 우대로 인한 전세의 역전에 의해 발생한 곤란한 상황을 타개하고자 커즌(George Curzon, 1859-1925) 총독이 고안한 것이 1905년의 벵갈 분할(Partition of Bengal)이다. 독립하면서 벵갈은 결국 분할된다.

9. 동인도회사가 만든 힌두이즘 바이블

이후 힌두이즘의 방향성을 결정짓는 중요한 텍스트 몇 가지가 헤이스 팅스에 의해 더 출간된다.[82] 악바르(Akbar, 1542-1605)의 종교적 관용 정신과 절충주의에서 기원하는 인도고전의 페르시아어 번역본들이 유 럽어로 중역된 바 있는데, 『바가바드 기따』는 최초로 산스끄리뜨본에서 직접 영역되어 1785년에 출간된다.

윌킨스(Charles Wilkins, 1749-1836)의 『기따(Geeta)』초역을 읽고 깊 은 감동을 받은 헤이스팅스는 윌킨스가 개인적으로[83] 번역한 책을 동 인도회사의 직접 후원하에 출간하는 전례없는 결정을 하고, "나는 『기 따』가 위대한 독창성, 개념의 숭고함, 추론, 용어의 선택에 있어서 알려 진 모든 인류의 종교들 중에서는 비견할 바 없는 단 하나의 예외라고 선 언하는 것을 주저하지 않는다"[84]라는 권두언까지 쓴다.[85] 아직 계몽시 대의 관용정신이 남아있는 헤이스팅스의 본래 의도는 "인도인들을 간신 히 야만상태에서 벗어난 생명체로, 그것도 최근에야 생각하기 시작한 유럽인들"[86]에게 인도의 위대한 도덕성의 한 전형을 보여주고자 한 것

---

82) 헤이스팅스는 총독 퇴임 1년 전에 조직된 캘커타의 아시아협회(Asiatick Society)도 적극 후원했다. 그는 "영국인들은 아시아인처럼 생각하고 행동해 야한다. 그러지 않으면 궁극적으로 제국이 붕괴될 것이다"라고 말하며 인도 고전 연구를 후원한다. cf. Kopf, 1969: 18.

83) 1785년 출간된 초간본 제목에 윌킨스의 직책이 동인도회사의 "Senior Merchant"라고 명시되어 있고, 후에 회사의 문서책임자(Librarian)가 되지 만 『기따』는 기본적으로 그가 개인적으로 번역한 책이다.

84) Wilkins, 1785: 10.

85) 헤이스팅스는 아내에게 보내는 편지에서도 『기따』를 인용하며 자신의 영감 의 원천이라고 말한다. 그리고 비망록에서는 "예수의 육화가 비슈누의 육화 보다 더 납득할 만한가? 현재 유럽의 [동양에 대한] 우월성은 전혀 기독교 때문이 아니다. 그것은 자유로운 정부, 추운 기후, 인쇄술, 그리고 항해술 덕분이다"라고 언급한다. Trautman, 1997: 72에서 인용.

이었다.

그런데 영국 일반인들에 영향을 주기 위하여 런던에서 영어로 출간된
『기따』는 오히려 인도에 깊은 영향을 주게 된다. 람 모한 로이에서 간디에
이르기까지 많은 힌두 개혁운동가들이 『기따』를 최고의 힌두 경전으로
여기게 되었고, 더 나아가 대통령이 된 철학자 라다끄리슈난(Sarvepalli
Radhakrishnan, 1888-1975)에 의해 현대 서구식 호텔의 침실 조명아래
비치된 『기드온 성경(Gideon Bible)』 옆에 함께 놓이게 된다.87)

문제는 인도의 근대 개혁운동가들이 서구의 번역에 의존하면서 그들
자신의 구전전통 또는 각 지역의 실제 관습에는 거의 관심을 갖지 않게
되었다는 것이다. 결국 힌두개혁운동의 이념적 토대는 텍스트, 그것도
서양어로 번역된 텍스트에 갇혀 버리게 된다.88) 벵갈의 개혁운동가 사
르까르(Jadunath Sarkar, 1870-1958)는 이런 맥락에서 힌두개혁운동의
한계를 비판한다.

> 19세기에 우리는 오랫동안 잃어버린 힌두시대의 매몰된 건축기념물
> 뿐만 아니라 고대의 베다와 불교문헌들을 재발견했다. 그동안 베다와 그
> 주석들은 신성한 땅(Āryāvarta)에서 완전히 사라져 아무도 그것을 해석
> 할 수 없었고, 아무도 그것의 완전한 필사본조차 갖지 못했었다. [이제]
> 영국인이 이 고대의 인도-아리아어 경전들을 인쇄하여 우리의 대문 앞
> 에 가져다 놓았다.89)

이후 헤이스팅스는 페르시아어 번역본에서 중역된 할헤드의 『힌두법전』
등을 보완하기 위하여 보다 오래된 산스끄리뜨 텍스트로부터의 직접 번

---

86) Wilkins, 1785: 13.
87) Rocher, 1993: 228.
88) Viswanathan, 2003: 36-37.
89) Viswanathan, 2003: 37에서 재인용.

역을 주문한다. 이에 할헤드와 콜브룩의 힌두법전들이 고대 현자의 권위있는 의견으로써 『마누스므리띠(*Manusmṛti*)』를 빈번하게 인용한다는 사실에 깊은 인상을 받은 W. 존스가 이를 번역하기 시작하였는데 그의 사후에 출간된다(1796년).

전반적으로 페르시아와 아랍어에 익숙했던 동인도회사의 직원들에게 산스끄리뜨어는 완전히 미지의 언어였다.90) 그런데 존스, 윌킨스 등에 의해 촉발된 산스끄리뜨어에 대한 관심은 "르네상스 이래 최대의 발견"91)으로 부각되며 고대의 산스끄리뜨 문헌에 대한 폭발적 관심을 불러일으킨다. 고대문헌에 대한 영국 학자들의 매료는 자신들을 고대 현자의 파생적 주석자로 보는 인도의 지적 전통과 결합하여 의외의 결과를 낳는다. 즉 "오랜 것일수록 더 정확하다(the older the more authentic)"92)는 편견으로 인해 학자들의 관심은 더 오래된 고대의 텍스트로 옮겨가게 되었다.93)

그런데 이런 상황에서도 『마누스므리띠』는 가장 오래된 법률 텍스트가 아님에도 불구하고, 총독이 지시하고 가장 유명한 학자에 의해 번역

---

90) Rocher, 2003: 112-113.
91) 맥도널(Macdonell, 1900 :1)은 "르네상스 이후, 18세기 후반에 있었던 산스끄리뜨 문헌의 발견만큼 중대한 세계문화사적 사건은 없었다"고 평가한다.
92) Pollock, 2008: 541에서 인용. 그러나 문법학파(vaiyākaraṇa)의 경우, 다음 인용문과 같이 다른 관점을 갖는다. "세 성인들(munitraya)의 권위(prāmāṇya)는 후대로 내려갈수록 더 커진다.(yathottaraṁ hi munitrayasya prāmāṇyam" (*Pradīpa* ad P 1.1.29, Deshpande, 1998: 6에서 재인용). 즉 빠니니보다 까띠아야나, 까띠아야나보다 빠딴잘리에게 더 권위가 있다는 의미이다.
93) 그러나 이 당시에도 가장 오래된 텍스트인 베다는 큰 관심을 불러일으키지 못했다. 현대적 인도학의 창시자로 여겨지는 콜브룩(Colebrooke 1805: 497) 조차 "그것들[베다]이 포함하는 내용은 독자의 노력에 거의 보상을 주지 않을 것이고, 번역자에게 주는 보상은 더 적을 것이다. […] 가끔 인도의 학자들에게 자문을 구하면 충분할 것이다"라고 말한다. 베다는 19세기 초·중반이후 독일의 학자들에게 "최고의 문헌자료(Ur literatur)"로 평가받으며 각광을 받지만 영국에서의 관심은 여전히 적었다.

되었다는 사실 때문에 최고의 명성을 갖게 되었고, 다른 텍스트의 발굴은 등한시하게 되었다.94) 힌두이즘의 주요 경전의 선택 및 권위의 부여가 동인도회사에 의해 결정된 것이다.

결과적으로 무슬림을 약화시키고자 무슬림과 힌두에게 각각의 법을 적용시키고자 한 헤이스팅스의 단순하지만 근본적인 결정이 예상치 못한 결과를 낳았다. 이와 같이 18세기 후반에 동인도회사의 영향아래 인도의 다양성을 양자 대립구도로 환원한 몇 가지의 이분(dichotomy) 관념은 향후 힌두와 무슬림 관계의 전개에 바람직스럽지 않은 방향성을 제시한다.95)

10. 결론

"인도라는 것은 존재하지 않는다"는 말처럼 "힌두이즘이라는 것은 존재하지 않는다"라는 주장이 존재한다. 그들에 따르면 "힌두와 힌두이즘이라는 용어에는 어떠한 실질적 내용(substantive content)도 없으며,"96) "힌두의 마음 속에 또는 경험하는 실재 세계에도 힌두이즘은 없다. 유럽인이 만든 힌두이즘이란 명칭은 완전한 실수이다."97)

그렇다면 "힌두이즘"은 유럽인에 의한 개념적 창조물에 불과한 것인

---

94) 현재까지 알려진 『마누스므리띠』 필사본은 50종 이상이며, 그것들의 내용은 서로 일치하지 않는다. 그러므로 존스의 번역본에 부여된 권위는 재검토되어야 한다. cf. Olivelle, 2005: 353-354, 356-382; Rocher, 1993: 229.
95) "무슬림 vs 힌두" 외에 "이상적 고대 vs 퇴보한 근대"라는 이분도 헤이스팅스 시대 전후에 만들어진 주요 고정관념 중 하나이다. 이는 오리엔탈리즘의 핵심 주제이기도 하지만 본고의 범위를 벗어난다.
96) Frykenberg, 1989: 29.
97) Smith, 1962: 144-145.

가? 19세기에 영국의 학자들과 식민지 행정관리들이 "힌두이즘"이라는 개념을 구축·발명하기 이전에는 의미있는 차원에서의 힌두이즘이 존재하지 않았다는 말인가? 그리고 힌두이즘이 영국 단독 아니면 적어도 영국과 인도의 합작품이라면 어떤 동기와 목적을 가지고 만들어졌나? 본고에서는 이러한 물음들에 대한 다양한 주장들을 재조명하고자 하였다.

힌두이즘은 19세기 초에 유럽의 식민주의자, 특히 영국에 의해 만들었다는 주장에 따르면 현대적 의미의 힌두이즘은 유대-기독교의 영향아래 서양의 종교개념을 차용하여 만들어졌으며, 기독교처럼 종교의 기반을 선택된 일부 특정 경전에 두기 시작했다. 그리고 19세기 중반 이후 인도의 개혁운동가들에 의해 이 개념이 무비판적으로 채택되면서 더욱 더 셈족의 종교를 닮아 간다.

이러한 다수의 이론에 반대하는 로렌젠은 힌두이즘은 기독교, 불교, 이슬람, 공산주의 또는 의회민주주의처럼 긴 역사적 상호작용으로부터 만들어진 하나의 제도라고 주장한다. 그러므로 설령 힌두이즘이 인위적으로 만들어진 것이라 하더라도, 영국의 식민화 과정만이 힌두이즘의 발명에 압도적 영향을 준 것은 아니며, 1200-1500년대에 무슬림과 힌두와의 경쟁관계를 통하여 점진적으로 그러나 확고하게 형성되었다고 주장한다.

필자는 나름대로 설득력을 갖는 이러한 주장들의 타당성을 검증하기 위하여 영국의 동인도회사가 무역회사에서 식민행정기관으로 전환하는 시기인 18세기 후반의 인도 및 동인도회사의 정치적 상황, 지적 분위기, 사법정책과 그 영향 등을 살펴보았다.

마이클 우드의 평가처럼 계몽사상과 이신론에 우호적인 초대 총독 W. 헤이스팅스가 영국의 사법체계를 이러한 전환기의 인도에 도입한 것은 힌두이즘의 발전에 있어 의미심장한 사건이었다. 그의 1772년 사법계획안의 첫 번째 근본 전제는 "무슬림 vs 힌두"라는 이분(二分)적 대립구도이다. 이에 따라 기본적으로 기독교인, 무슬림을 제외한 "나머지"의 의미를 갖는 용어 "Gentoo"가 "Hindu"로 전환되며, 힌두의 정체성이 강화될 이데올로기적 기반이 된다. 그리고 "Hindu"에 "ism"이 첨가되며 다양하고 이질적인 힌두의 종교는 셈족의 종교를 따라 단순화, 동질화가 수반되는 본질화(essentialization) 과정을 시작하였고, 결국 "아요디야는 힌두의 예루살렘"[98]이 되었다.

개혁안의 두 번째 근본 전제는 원활한 식민통치를 위한 전통과 위계질서의 유지였다. 무굴제국의 해체기에 많은 부족들이 바르나체계로 편입되는 포괄적 산스끄리뜨화(sanskritization) 과정이 시작되는데,[99] 무굴을 대체한 영국에 의해 이 과정이 오히려 강화된다. 새로운 식민지배자(colonizer)는 피지배자(colonized)를 손쉽게 통제하기 위하여 인도의 다양성을 하나의 힌두이즘 아래 단순하게 분류하고자 했으며, 이것은 영국에 적극 협력한 브라흐만 현지 정보원들의 이해와도 일치했다.

결국, 헤이스팅스의 첫 번째 전제가 힌두와 무슬림의 분할이었다면, 두 번째 전제는 힌두자체의 분할이었다. 무슬림을 약화시키고자 의도적으로 힌두를 우대했던, 그리고 힌두의 단결을 미연에 방지하고자 브라만을 회유했던, 전형적 "분할통치" 및 "견제와 균형"의 사례인 식민정부의 정치논리로부터 의도적으로 또는 의도하지 않은 사생아로서 근대 힌두이즘이 탄생한 것이다. 그리고 그것이 아직도 종교가 논쟁의 중심인 현대 인도의 정치논리와 결합하여 힌두뜨바(Hindutva)란 이름으로 비(非)힌두를 향한 "두 번째 식민화"(Second Colonization)[100]를 진행하고 있다.[101]

---

98) Bakker, 1991: 80.
99) cf. 김경학, 1998: 32-35.
100) Nandy, 1983: xi.
101) 모디 행정부가 2019년 10월 31일자로 잠무-까슈미르(Jammu and Kashmir) 주의 특별자치권을 박탈하고 잠무-까슈미르 및 라다크(Ladakh)라는 새로운

비베까난다는 "유럽의 구원은 합리주의적 종교(rationalistic religion)
에 달려있다"고 말했다. 필자는 종교가 고도로 정치화한 "현대인도의 구
원은 합리적 종교(rational religion)에 달려있다"고 말하면서 글을 맺고
자 한다. 합리적 종교란 "삶을 정합적으로 질서화하는 과정에서 종교를
그 과정의 중심적 요소가 되려는 목표에 맞추어 종교의 신념과 의례를
계속 재조직하는 종교"102)이다. 그것은 W. C. 스미스가 비판한 "변화
하지 않는 주어진 것(static given)"이 아니라 항상 "만들어가는 종교
(religion in the making)"이다. 힌두뜨바는 헤이스팅스가 만든 몇 가지
이분을 편협하게 강화하는 것이다. 이제 힌두이즘은 (인도) 정치인의 구호,
그리고 (외국) 학자의 텍스트에서 컨텍스트로, 즉 원래의 자리인 보통
인도사람들의 삶으로 되돌아가야 할 것이다.

두 개의 연방 직할지(Union Territory)로 분할하여 행정구역을 개편한 것
도 한두 정권에 의한 "두 번째 식민화"로 볼 수 있다.
102) "Rational religion is religion whose beliefs and rituals have been
    reorganized with the aim of making it the central element in a
    coherent ordering of life"(Whitehead, 1926: 20).

참고 문헌

김경학, 1998, "인도 카스트체계의 성격과 오리엔탈리즘의 영향", 『남아시아연구』3호, 인도연구소, 23-37.

박수영, 2016, "아슈따댜이 따디따(taddhita) 부분의 구조: 지역·종족 접미사(tadrāja)를 중심으로", 『인도연구』21권 1호. 인도학회, 179-210.

Acharyya, Bijay Kisor, 1914, *Codification in British India,* Calcutta: Thacker, Spink.

Babb, Lawrence A., 1986, *Redemptive Encounters: Three Modern Styles in the Hindu Tradition,* Berkeley: University of California Press.

Bakker, Hans, 1991, "Ayodhyā: A Hindu Jerusalem. An Investigation of 'Holy War' as a Religious Idea in the Light of Communal Unrest in India." *Numen* Vol. 38, Fasc. 1, 80-109.

Bowen, H. V., 1998, *War and British Society 1688-1815,* Cambridge: Cambridge University Press.

Breckenridge, Carol A. and Peter van der Veer eds., 1993, *Orientalism and the Postcolonial Predicament: Perspectives on South Asia,* Philadelphia: University of Pennsylvania Press

Breckenridge, Carol A. and Peter van der Veer, 1993, "Orientalism and the Postcolonial Predicament", In Breckenridge and van der Veer eds., 1993, 1-22.

Chatterjee, Partha, 1992, "History and the Nationalization of Hinduism", *Social Research* 59, No.1, 111-149.

Chaudhuri, N., 1974, *Scholar Extraordinary: The Life of Professor the Rt. Hon. Friedrich Max Müller,* New York: Oxford University Press.

Chen, Jeng-Guo, 2000, "James Mill's History of British India in Its Intellectual Context", Ph. D. Thesis, The University of

Edinburgh.

Colebrooke, Henry Thomas, 1805, "On the Védas, or Sacred Writings of the Hindus", Asiatick Researches 8. Reprint Delhi: Cosmo Publications, 1979, 377-497.

Conrad, Dieter, 1995, "The Personal Law Question and Hindu Nationalism", In V. Dalmia and H. von Stietencron eds., *Representing Hinduism: The Construction of Religious Traditions and National Identity,* New Delhi, Thousand Oaks, London: Sage, 306-337.

Davies, Anna Morpurgo,1998, *History of linguistics. Volume IV, Nineteenth-century linguistics,* London: Routledge.

Deshpande, Madhav M., 1998, "Evolution of the Notion of Authority (Prāmāṇya) in the Pāṇinian Tradition", *Histoire Épistémologie Langage,* Tome 20, fascicule 1, 5-28.

Dirks, Nicholas, 1989, "The Invention of Caste: Civil Society in Colonial India", *Social Analysis* 5, 42-52.

Doniger, Wendy, 1991, "Hinduism by Any Other Name", *Wilson Quarterly,* Summer, 35-41.

Dow, Alexander, 1768, *The History of Hindostan: from the Earliest Account of Time to the Death of Akbar,* 2 vols. London.

Dow, Alexander, 1772, *The History of Hindostan: from the Death of Akbar to the Complete Settlement of the Empire under Aurungzebe.* London.

Ehrlich, Joshua, 2018, "The East India Company and the Politics of Knowledge", Ph. D. Dissertation, Harvard University.

Ernst, Carl W., 1992, *Eternal Garden: Mysticism, History, and Politics at a South Asian Sufi Center,* Albany: State University of New York Press.

Ferro-Luzzi, Gabriela Eichinger, 1989, "The Polythetic-Prototype

Approach to Hinduism", In Sontheimer and Kulke eds., 1989, 187-95.

Flood, Gavin ed., 2003, *The Blackwell Companion to Hinduism*, Oxford: Blackwell Publishing Ltd.

Frykenberg, Robert, 1989, "The Emergence of Modern 'Hinduism' as a Concept and an Institution: A Reappraisal with Special Reference to South India", In Sontheimer and Kulke eds., 1989, 29-49.,

Gleig, George Robert, 1841, *Memoirs of the Life of the Right Hon. Warren Hastings, First Governor-General of Bengal*, 3 vols. London: Richard Bentley.

Halbfass, Wilhelm, 1988, *India and Europe: An Essay in Understanding*, Albany: State University of New York Press.

Hawley, John Stratton, 1991, "Naming Hinduism", Wilson Quarterly, Summer, 20-34.

Hiltebeitel, Alf, 1991, "Of Camphor and Coconuts", Wilson Quarterly, Summer, 26-28.

Inden, Ronald, 1986, "Orientalist Constructions of India", *Modern Asian Studies* 20/3, 401-446.

Killingley, Dermot, 1993, "Rammohun Roy in Hindu and Christian Tradition", The Teape Lectures 1990. Newcastle upon Tyne: Grevatt & Grevatt.

King, Richard, 1999, "Orientalism and the Modern Myth of 'Hinduism'", *Numen* 46/2, Brill, 146-185.

Kopf, David, 1969, *British Orientalism and the Bengal Renaissance. The Dynamics of Indian Modernization, 1773-1835*, Berkeley: University of California Press.

Lipner, Julius J., 2006, "The Rise of 'Hinduism'; Or, How to Invent a World Religion with Only Moderate Success", International

Journal of Hindu Studies, 10/1, 91-104.

Lorenzen, David N., 1999, "Who Invented Hinduism?" *Comparative Studies in Society and History*, 41/4. Cambridge University Press, 630-659.

Macdonell, Arthur, 1900, *A History of Sanskrit Literature*, New York: D Appleton and Company.

Maddison, Angus, 2003, *Development Centre Studies The World Economy Historical Statistics: Historical Statistics*, OECD Publishing.

Mahajan, V. D., 1991, *History of Medieval India*, Part II. New Delhi: S. Chand.

Marshall, Peter, 1970, *The British Discovery of Hinduism in the Eighteenth Century*, Cambridge, Cambridge University Press.

Monier-Williams, Monier, 1878, *Hinduism*, London: Society for Promoting Christian Knowledge.

Nandy, Ashis, 1983, *The Intimate Enemy: Loss and Recovery of Self under Colonialism*, Delhi: Oxford University Press.

Niranjana, Tejaswini, 1990, "Translation, Colonialism and Rise of English", *Economic and Political Weekly* XXV, No. 15, 773-779.

Oberoi, Harjot S., 1994, *The Construction of Religious Boundaries: Culture, Identity, and Diversity in the Sikh Tradition*, Chicago: University of Chicago Press.

Olivelle, Patrick, 2005, *Manu's Code of Law*, Oxford: Oxford University Press.

Parpola, Asko, 2015, *The Roots of Hinduism. The Early Aryans and the Indus Civilization*, Oxford: Oxford University Press.

Pollock, Sheldon, 2008, "Is There an Indian Intellectual History? Introduction to 'Theory and Method in Indian Intellectual History'", *Journal of Indian Philosophy* 36(5), 533-542.

Ray, Indrajit, 2011, *Bengal Industries and the British Industrial Revolution (1757-1857)*, London: Routledge.

Rocher, Ludo, 2003, "The Dharmaśāstras", In Flood ed., 2003, 102-115.

Rocher, Rosane, 1968, *Alexander Hamilton 1762-1824: A Chapter in the Early History of Sanskrit Philology*, New Haven, CT: American Oriental Society.

Rocher, Rosane, 1993, "British Orientalism in the Eighteenth Century The Dialectics of Knowledge and Government", In Breckenridge and van der Veer eds., 1993, 215-249.

Smith, Brian K., 1989, *Reflections on Resemblance, Ritual and Religion*, New York: Oxford University Press.

Smith, Wilfred Cantwell, 1962, *The Meaning and End of Religion: A New Approach to the Religious Traditions of Mankind*, New York: The Macmillan Company.

Sontheimer, Günter D. and Hermann Kulke eds., 1989, *Hinduism Reconsidered*, New Delhi, Manohar Publications.

Stietencron, Heinrich von, 1989, "Hinduism: On the Proper Use of a Deceptive Term", In Sontheimer and Kulke eds., 1989, 11-27.

Talbot, Cynthia, 1995, "Inscribing the Other, Inscribing the Self: Hindu-Muslim Identities in Pre-Colonial India", *Comparative Studies in Society and History* 37/4, 692-722.

Thapar, Romila, 1989, "Imagined Religious Communities? Ancient History and the Modern Search for a Hindu Identity", *Modern Asian Studies* 23, 209-231.

Trautmann, Thomas R., 1997, *Aryans and British India*, Berkeley: University of California Press.

Tzoref-Ashkenazi, Chen, 2006, "India and the Identity of Europe:

The Case of Friedrich Schlegel", *Journal of the History of Ideas* 67/4, 713-734.

Viswanathan, Gauri, 2003, "Colonialism and the Construction of Hinduism", In Flood ed., 2003, 23-44.

Whitehead, Alfred, 1926, *Religion in the Making*, (Lowell Institute Lectures 1926). New York: The Macmillan Company.

Wilkins, Charles, 1785, *The Bhagvat Geeta or Dialogues of Kreeshna and Arjoon in eighteen Lectures*, London: East India Company.

Wood, Michael, 2007, *The Story of India*, London: BBC Books.

Zelliot, Eleanor, 1982, "A Medieval Encounter between Hindu and Muslim: Eknath's Drama-Poem Hindu-Turk Samvad", In Fred W. Clothey ed., *Images of Man: Religion and Historical Process in South Asia*, Madras: New Era Publications, 171-195.

Abstract

Reexamination of the Origin of Hinduism
__Was Hinduism Invented by East India Company?

Park, Souyoung
(Lecturer, Buddhist Studies College, Dongguk
University)

Hinduism is the world's third largest religion. It is an Indian religion and dharma, or way of life, widely practised in the Indian subcontinent and parts of Southeast Asia. Hinduism has been called the oldest religion in the world. However many scholars, such as R. King, argue that Hinduism was created by British scholars and administrators in the early 19th century. D. Lorenzen et al., On the other hand, argue that it was formed gradually through long-term mutual interactions rather than being suddenly created by certain groups at certain times.

In this paper, I would like to reexamine the validity of Hinduism as a British invention in the early 19th century, just as a persuasive argument that India as a political unit in modern times is an ideological creation of the British Empire. For this purpose, I would like to look at the situation of India just before the beginning of the 19th century. This is because in the late 18th century, the East India Company, which was only a private trading company, directly ruled India, is a major turning point in the UK's policy towards India.

At that time, the intellectual atmosphere of the East India Company was mainly the tolerance of the Enlightenment. However, for the same Indians, there was a clear difference in the British attitude toward Muslims and Hindus. Furthermore, A. Dow and C. Wilkins and others want to keep the Hindu hierarchy for effective colonial rule. In this circumstance, the Judicial Plan by W. Hastings plays a decisive role in the formation of modern Hinduism. Accordingly, this paper will focus on the Judicial Plan of 1772 and its impact on Hinduism.

Key words: Hinduism, British Invention, Historical Mutual Interaction, East India Company, Warren Hastings, Judicial Plan

역(易) 해석을 통해 본 이정용의 신학적 사유

최 현 주

역(易) 해석을 통해 본 이정용의 신학적 사유[1]

- 김흥호의 역 신학 비평을 중심으로 -

최 현 주

〈국문 초록〉

본 연구는 이정용의 역의 신학에 대한 김흥호의 성립 불가능성 논리를 재고찰 하는 것이다. 논문은 김흥호의 '있음'(is-ness) 해석에 대한 이정용의 관점, '역(易)의 상(像)은 고정된 형상이 아닌, 변화하는 연속성을 계시한다'는 논지를 중심으로 한다.

이정용 신학에서 방법론으로 사용한 '양자모두(both/and)' 논리는 상호대립간의 일치(unity of opposites)를 바탕으로 한다. 김흥호는 후자의 논리를 절대성의 논리로 보아 양자가 전환될 수 없다고 본다. 반면 이정용은 '양자모두' 논리에 대해 변(變)이 동시에 초월적이며 내재적이라는 속성을 '신이자 인간인 예수'에 적용한다. 또한 변의 중심인 예수 그리스도의 신성(divinity)과 인성(humanity)의 관계를 음양 관계를 통해 해석한다.

이정용에게 주역은 동양에 나타난 계시의 한 형태였고 태극 안에 숨어있는 신(hidden God)을 통찰하는 방법이다. 반면 김흥호는 역을 우주에 대한 관(觀)이자 성인의 길을 제시하는 수행 덕목에 주목한다. 이정용의 역에 대한 관점을 비판한 김흥호의 사유는 1980년대 당대 동양 사상을 이해하는 사고를 반영한다.

본 연구는 김흥호와 이정용의 역 해석에 대한 차이에 대해 이들의 서로 다른 신학적 이해에 주목한다. 이정용은 동양과 서양의 확장 선상에서 신을 통합하여 사유하였다. 또한 그는 재미 신학자로서 서구 신학에서 논의하는 신 이해에 대한 한계 의식과 문제점에 대해 동양 사상을 차용(借用)하여 재해석하였다.

주제어: 이정용, 김흥호, 변(變), 음양, 역의 신학, 양자모두

1) 본 논문은 『장신논단』 Vol. 53 No. 3에 등재된 논문입니다.

I. 서론

재미 신학자 이정용(李正勇, 1935~1996)은 주역이 동아시아의 형이상학적 원리를 반영한다는 사유를 기반으로 기독교의 신 개념을 재해석하였다. 이 과정에서 그는 역(易) 사상을 자신의 신학적 사유 안에서 재구성하였다. 이 가운데 중심을 이룬 방법론은 '양자모두(both/and)' 논리인데 이는 '상호대립의 공존'에 기반한다. 이러한 사유의 동기는 이정용이 기독교를 세계인의 보편 종교로서 인식한 사유에서 비롯한다.

이정용은 역(易)의 기원이 동아시아에 있다고 해서 기독교 사상의 범주 안에서 논의를 제외시킬 수 없다고 보았다. 이러한 그의 사유 기반은 헬라 철학과 함께 중국 철학이 기독교 신앙을 해석하고 포용할 수 있다는 사유에서 비롯한다.[2] 그는 기독교가 서양의 범주에 국한되지 않기에 동양 사상에서 나타난 역(易)으로 표현될 수 있다고 보았다.[3]

이정용의 일차적 관심은 자신이 체험하고 인식한 신에 대한 이해를 포괄적으로 설명하는 신학적 방법을 모색하는 것이었다. 그래서 그는 북미 사회의 아시아인으로서 서구 신학을 공부할 때, 자신의 내면에서

---

[2] Jung Young Lee, *The Theology of Change: A Christian concept of God in an Eastern Perspective,* (New York: Orbis Books, Maryknoll, 1979), 26.

[3] 동양 사상을 적용하여 자신의 신학을 전개하는 입장에 대해 이정용은 다음과 같이 밝히고 있다. "주역의 형이상학으로 기독교적 신(神)인 하느님의 여러 속성을 관찰하는 과정에서 기본적인 전통 기독교 사상과 현대의 사상을 적용해 보고자 한다. 필자의 의도는 현존하는 기독교의 전통들을 무시하고 동양 철학으로 대치시키려는 것이 아니다. 오히려 우리는 새로운 통찰을 체계화하고 현대의 요청에 따라 우리의 믿음체계를 창조적으로 재형성하기 위하여 과거의 통찰을 사용해야 한다. 그렇게 함으로써 우리는 다른 전통들 가운데 남아 있는 공통점들을 발견하게 된다." 이정용 저, 이세형 역, 『역의 신학: 동양의 관점에서 본 하느님에 대한 기독교적 개념』, (대한기독교서회, 1998) 22.

움터 나오는 신학적 성찰을 통해 고유의 신학 설계를 추구한다.4) 이러한 사유의 연장체인 역의 신학 (theology of change)을 통해, 이정용은 서구의 존재신학 (theology of being)과 현대의 생성 신학 (theology of becoming)을 포괄하여 논한다.5) 이정용의 후기 신학인 '주변성 신학' (theology of marginality)은 역의 신학에서 다룬 주제를 통합하여 전개했으나, 역(逆)으로 역의 신학은 주변성 신학의 동기와 문제의식에서 비롯하였다.

본고에서는 상기한 사유의 핵심을 이루는 '역의 신학'에 대한 김흥호 (金興浩, 1919~2012)의 비평을 검토한다. 특히 김흥호가 제기한 '역의 신학의 성립 불가능'에 대해, 최근에 이루어지는 논의를 참조하여 김흥호와 이정용의 역(易) 이해와 해석을 중심으로 재고찰한다.

김흥호는 신학자이자 주역을 연구한 학자로서 이정용의 역의 신학에 대한 모순과 문제의식을 비판하였다. 이 관점에 대해 연구자는 최근의 동양 사상 해석과 사유에 근거하여 김흥호 비평에 대한 재고찰을 요구한다. 이는 그간 동·서 사상의 비교 연구가 이전과 다른 양상으로 전개되고 있으며, 특히 현대 철학에서 다루는 '존재와 생성' 논의에서 동양 사상에 대한 재해석이 이루어지고 있음을 의미한다.

---

4) 이정용 후기 신학의 대표적인 저서 『마지널리티』 (*Marginality*)의 전반(全般)은 한국계 미국인의 상황에서 겪은 이정용의 주변부 경험을 기반으로 동양 사상과 기독교 신학 등을 다룬다. 이정용의 자서전적 성격을 담고 있는 이 작업은 자신의 주변부 체험과 깊게 관련한다.
5) 이정용이 언급한 역의 신학의 유용성과 미래신학의 가능성에 대해서 다음을 참조하라. Jung Young Lee, *Marginality: The Key to Multicultural Theology,* (Minneapolis: Fortress Press, 1995), 20.

II. 이정용의 역(易) 이해

이정용에 의하면, 우주론(cosmology)은 인간의 본성과 세상의 모든 것을 이해하는 핵심이고 음양 상징은 만물이 변화하고 질서 지워지는 우주의 법칙을 재현한다. 또한 우주 안에서의 음양의 작용은 세상의 원리이자, 동아시아인의 심층에 집단 무의식으로 작용한다.6) 이러한 논거에 기반하여 이정용의 '역(易) 이해'는 자신의 신학 체계를 구성하고 전개해가는 기둥이 되었다.

이정용은 자연과 하나 되어 자연을 포괄적으로 이해하고 직관한 동양사상이 이 세계에 내재하는 신(神)을 가장 잘 설명할 수 있다고 보았다.7) 그에 따르면, 고대 중국인은 자연과 하나 되어 자연을 인식하고 자연을 지배하는 원리인 변(變)을 사유했다. 이는 자연과의 일체(oneness) 안에서 자연의 내적 본질을 이해하고 '자연 그 자체'가 지식의 원천임을 의미한다. 중국인에게 세상은 살아있는 그대로이며, 세상을 아는 것은 세상과 함께하는 것이고 그렇게 살아감을 중시하는 것이다. 여기에서 '내재적 신에 대한 지식'은 "주관적 실재"(subjective reality)와 관계한다.

이정용의 사유 안에서 신의 초월성과 내재성은 신의 상반된 속성으로

---

6) Jung Young Lee, *The Trinity in Asian Perspective*, (Abingdon Press, 1996). 23.
7) 이정용은 자연 안에서 이루어지는 변화에 대한 고대 중국인의 사유를 중시한다. 자연에서 이루어지는 변화를 나타낸 역이 표기된 주역의 괘는 곧 자연의 그림이다. 이에 반해 현대 서구의 자연관은 객관적이다. 이러한 사유는 유대 기독교 의식과 관련한다. 유대 기독교적 관점에 의하면, 세상은 인류를 위해 만들어졌고 정복할 대상이기에 인간은 자신의 목적을 위해 자연을 이용한다. 이러한 자연에 대한 유대 기독교적 지식은 주역에서 이해하는 자연관과 확연히 구분된다. 현대 과학은 경험적 분석(empirical analysis)에 집중하는데 이는 개별 종에 대한 관찰을 통해 전체를 일반화하기 때문이다. 이정용은 이러한 분석을 '장님 코끼리 만지기'에 비유한다. Jung Young Lee, *Embracing Change: Postmodern Interpretations of the I Ching from a Christian Perspective*, (Scranton: University of Scranton Press, 1994), 42-3.

서 공존한다. 이정용은 이러한 공존의 속성을 전제하고 자연과 일체를 이루어 자연 법칙을 表現하는 (동양 사상의 결정체인) 역이 신의 내재적 속성을 말하고 있다고 보았다. 또한 이 속성으로 말미암아 역이 내재성과 함께 (상반된 속성으로 공존하는) 초월성을 내포한다고 사유하였다.8) 이는 곧 자연의 절대적 법칙인 변이 신의 내재적 속성과 긴밀히 연결되어 있으며, 동시에 초월성을 함유9)함을 의미한다.

이정용의 역 이해는 그의 우주관, 즉 '사람은 우주의 일부'라는 사유와 관련한다. 이정용은 서구의 신 개념, 즉 '변'(變)을 존재의 한 속성으로 간주하는 존재론적 관점의 전환을 시도한다. 그리하여 주역에서 나타나는 역이 "있음 자체로서의 신"10) (God as is-ness itself)을 잘 설명할 수 있다고 본다. 즉 이정용은 주역의 역 개념이 히브리인이 사유하는 하나님의 '있음'(is-ness)을 잘 설명할 수 있다고 본 것이다. 달리 말하면, '있음'(is-ness)을 인식론적으로 해석하여 동양 사상에서 나타난 궁극적 실재인 '변'(變)이 '있음 자체'를 드러낸다고 해석한 것이다.11)

상기한 관점을 바탕으로 본 연구자는 이정용 신학의 특성이 '역에 대한 인식과 변에 대한 해석'에서 기인한다고 본다. 다시 말해, 이정용은 역 이해를 통해 자신의 신학 체계 안에서 궁극적으로 신을 사유하는 방법을 찾았음을 의미한다. 그리하여 이정용의 '역 이해'는 그의 전(全)

---

8) 유대 기독교 전통 안에서 하나님은 단지 초월적이거나 내재적인 존재를 의미하는 것이 아니라, 신 존재의 초월성과 내재성을 모두 담고 있다. 신의 기독교적 개념은 궁극적 실체에 대한 배경과 전경(前景)을 모두 내포한다. 이러한 의미에서 자연의 절대적 법칙으로서의 변화는 신의 내재적 속성과 긴밀히 연결되어 있다. 이정용에 의하면, 동양 사상의 도(道)가 역(易)의 배경을 이루듯이 신의 초월성은 신의 내재성의 배경을 이룬다. 위의 책, 41, 56.

9) Jung Young Lee, *The Theology of Change*, 22.

10) 최현주, "이정용의 '주변성 인식'에 대한 연구", 『장신논단』, 제52권 3호 (2020), 79.

11) Jung Young Lee, *The Theology of Change*, 42.

신학 체계에서 시작이자 마지막인 우주적 근원의 그리스도교 세계관을
설명하는 매개가 된다. 이는 이정용의 후대 사상인 주변성 신학에서 주
변성의 속성인 '양자사이 (in-between), 양자모두 (in-both), 양자너머
(in-beyond)'12)로 구체화 되어 나타난다. 상기한 세 가지 속성은 음양론
에 기반한 역 이해를 기반으로 전개되며, 이정용은 공(空)의 자리인 경계
와 주변에서 주변인 예수와의 만남을 체험한다. 즉 이정용이 인식한 주
변성은 우주적 관점에서 사유한 역 이해를 기반으로 전개된다.

　　다른 한편 이정용의 초기 신학에서 바르트의 관계유비를 자신의 신학
적 방법으로 사용한 것은 이정용의 신관이 하나님과의 관계적 측면에서
비롯한다.13) 즉 그의 신에 대한 이해는 주변인인 자신의 체험을 주변인
공동체의 경험으로 확장하는데 이것이 이정용이 말하고자 한 '그리스도
인의 본 체험'이다. 즉 중심과 또 다른 중심이 만나는 경계에서 새로운
자아가 탄생하고 이 자리가 바로 그가 신을 체험한 장소다.

　　상기한 맥락에서 살펴보았을 때, 이정용의 '역 이해'는 주변성 신학에서
말한 문제의식과 동기에서 비롯했다. 또한 그의 역 이해는 신학방법론 -
'양자모두' - 의 모태(母胎)라고 볼 수 있다. 후기 신학에서 이정용은 '주
변성'에 대한 신학적 인식을 통해, 동·서양의 형이상학을 함유하는 새로
운 관계성을 제시한다. 이는 (주변성 신학에서 제시한) 중심과 주변의 움직
임을 통해 새로운 중심이 형성된 사건이다. 이를 통해 이정용은 후기 신
학에서 (미래 신학의 방향을 제시하는) 주변인에 대한 심층적 이해를 함유(含
有)하는 고유한 신론(神論)을 구축한다.

---

12) 이정용이 제시하는 주변성의 세 가지 속성에 대해서는 다음을 참조하라.
　　Jung Young Lee, *Marginality*, 55-64.
13) 이정용 신학의 바르트 유비론 사용에 관해서는 다음의 논문을 참조하라. 최
　　현주, "이정용의 '주변성 인식'에 대한 연구," 70-74.

III. '역의 신학의 성립 불가능'에 대한 김흥호의 논리

김흥호는 이정용의 역의 신학이 성립 불가능성을 다음과 같이 논한다. 김흥호는 "'I am'이 '나다' 하는 말인가 'I am'이 '있다' 하는 말인가, '나다'는 계시자요, '있다'는 존재다. 역 신학은 '있다'로 해석했기 때문에 여호와는 변(變) 자체가 된다. 이것이 역 신학의 근거"[14] 라고 밝혔다. 김흥호는 이정용의 역 해석에 대한 근본적인 문제를 지적하며 자신의 역(易) 이해를 논한다.

김흥호에 따르면 동양의 사유는 직관론에 기반한다. 또한 동양의 경전은 '성인이 되는 길'을 제시한다.[15] 이에 따라, 김흥호가 정의하는 역(易)은 "철인(哲人)의 지혜이자 생명"이다. 이에 반해 서양 사상은 존재론, 형이상학, 자연신학 등에 기반한 철학자의 철학이다.[16] 김흥호가 정의하는 역경(易經)은 우주론(宇宙論)이 아닌, "우주관(宇宙觀)"이며 하나의 "계시"다. 이는 김흥호가 사유한 역 이해의 핵심이다. 상기한 관점을 바탕으로 김흥호는 이정용의 역의 신학 문제점을 제기한다.

김흥호는 역경(易經)에서 제일 중시한 것을 '관상'(觀像)으로 본다. 김흥호 관점의 핵심은 역이 변화가 아닌, 상(像)이라는 것이다. 여기에서 상

---

14) 김흥호, "易經이 본 易神學," 『신학과 세계』 13 (1986), 12.
15) 동양철학에서 말하는 인성론과 관련한 연구는 다음의 연구가 있다; 심창애에 의하면, 대만의 철학자 방동미는 중국 인생철학에서 인간에 대한 분석을 시도하였다. 심창애가 논한 방동미의 중국인 인성론은 다음과 같다. "방동미는 중국인들이 '도덕'을 중시하는 경향이 있다는 것을 전제하고 도덕 인격의 모범으로 삼는 眞人(至人, 完人, 聖人)이 공동으로 추구하는 우주의 생명을 섭취하는 것으로서 자아생명을 충실하게 하고, 이렇게 해서 생명활력을 얻은 자아생명은 다시 반대로 우주의 생명을 증진해 나간다고 강조하였다." 심창애, "방동미의 중국인생철학에 나타난 순수중국인에 관한 고찰," 『동서철학 연구』 45 (2006), 336.
16) 김흥호, "易經이 본 易神學," 10.

(像)은 성인이 천하의 비밀을 보고 형용(形容)을 빌려 사물의 본질을 상정 (想定)하는 것이다. 성인(聖人)은 괘(卦)를 통해 상(像)을 보고 해석한다.17) 역에 대한 김흥호 사유는 역을 정의하는 해석을 통해 볼 수 있다. 이에 따르면, 김흥호는 역 자체를 변으로 사유한 이정용의 역의 신학이 성립 될 수 없다고 주장한다.18)

다른 한편, 김흥호는 이정용이 변 자체를 제 일 원인(first cause)으 로 보는 것은 서구적 방식으로 역을 해석했기 때문이라고 해석한다. 김 흥호는 이정용이 "변 자체가 세계 만물의 근본이며 원인이다. 즉 서양에 서 말하는 아리스토텔레스의 제 일 원인(first cause)이라고 할 수 있 다."19) 라는 언급에 대해 다음과 같이 말한다.

---

17) 위의 논문, 14.
18) 주역의 상(像)에 대하여 이시우는 '상'을 생명과 연관하여 '만물의 생성변화 원리'라는 관점으로 해석한다. 이시우의 관점은 역을 변화로 해석하는 이정 용의 논리와 상통한다. 이시우는 다음과 같이 말한다. "주역에서는 사물의 본질을 드러내는데, 움직임 가운데서의 경향을 지시하는 '상(像)'을 사용한 다. 여기서 사물의 본질은 모든 생명이 자연스럽게 전개되는 것, 그 자체를 말한 다. 생명을 중심으로 하는 우주 본체에 대한 탐구에서 "모든 사물의 본질은 자기 생명의 전개 과정속에서만 드러나고 의미와 가치"를 가진다. 즉 "고정 된 실체, 본질이란 없다. 특히 인간은 실존하는 것 자체가 본질이며 이 둘은 생명을 매개로 하나로 융화된다." "그리고 이 같은 보편 생명의 끊임없는 재 생이 바로 道"이다. 주역 「계사전」 상5에서는 '일음일양지위도'라고 말한다. 이것은 음과 양이 각각 '--와-' 라는 상징기호를 통해 만물의 생성 변화 원리 를 표현하는 것이다." 이시우, "주역 '생생지위역'을 통해 본 유가의 사생관 고 찰," 『동서철학연구』 58 (2010), 151, 주) 47.
19) 김흥호는 이정용이 제시한 역의 세 가지 뜻(변역, 불역, 이간)을 역 자체의 세 가지 성질로 해석한다는 관점을 강하게 비판한다. 김흥호에 의하면 이정 용은 상기한 주장을 바탕으로 절대적인 불변의 변 자체를 역으로 주장한다 고 언급한다. 김흥호가 요약한 이정용의 변역, 불역, 이간의 의미는 다음과 같다; "이간(易簡)은 '간단하게 변한다'는 것이다. 변역(變易)은 '역 자체의 본 질'이다. 불역은 '변의 절대성'이다. 그래서 역은 변화와 동일어가 되고 변화 자체가 역경에 궁극적인 실체가 된다. 이것은 아리스토텔레스의 고전적 정의 인 "부동의 동자(unmoved mover)"를 음양론에서 재정의 하면 "움직이는 동자(moving mover)"가 된다." 김흥호, "易經이 본 易神學," 13.

역에서는 천지나 천지 안에서 일어나는 자연의 이치를 불변이라고 한
다. 이것은 천지를 초월하여 천지를 움직이는 change itself가 아니다.
불역은 천지(天地)의 불역이나 법칙의 불역이지 천지를 초월하는 실재의
불역(不易)이 아니다. 생생지위역(生生之謂易)도 천지 안에서 만물의 생
생(生生)이지 천지 창조가 아니다.[20]

김흥호에 의하면 만일 불변을 변 자체의 불변이라고 하면 역의 본래
적 의의가 없어진다고 해석한다. 김흥호에 의하면 이정용의 관점은 '역
이 변하여 역 신학이 되고 역의 존재 가치를 상실하게 한다는 해석'이
다. 결국 김흥호의 견해는 "역은 도덕의 원형을 밝히는 것뿐이며, 역은
신학이 될 수 없다"는 것이다. 이러한 관점으로 김흥호는 이정용의 역의
신학이 "신학의 옷을 입은 역(易)"을 만들었다고 비판한다.

김흥호는 이정용의 역의 신학에서 기반이 되는 음양론을 다음과 같이
분석한다.

음양의 사고방식으로 본다면 "isness itself"가 "Being itself"가 되는
것보다 "Change itself"가 되고 만다. 즉, Ontology가 인식론의 근본이
되지 아니하고 Changeology가 근본이 되는 것을 의미한다. (...) 음양
의 사고방식에 의하면 "relation"을 중심으로 한 변화가 a priori
category로써 절대성을 표시하게 된다.[21]

김흥호에 의하면, 이정용의 이러한 사유는 역에서 음양이 나왔다는
사고방식에서 기인한다.[22] 즉 제임스 레게 (James Legge)나 리처드 빌헬

---

20) 위의 논문, 20.
21) 위의 논문 9.
22) 이정용에 의하면, 결합과 분리는 동시에 자동적으로 일어나며, 항구적으로
지속하는데 이것이 변의 과정이다. 즉 변의 과정은 '결합과 분리 사이의 운
동'이다. 음에게 양으로 가는 결합, 양에서 음으로 가는 분리 사이에서 변이
발생한다. 음양의 끊임없는 움직임으로 변화가 지속되며, 만물은 음과 양의

름 (Richard Wilhelm)이 역경을 Book of Changes 로 번역했기에 이정
용은 이들의 번역을 수용하여 역을 변(change) 자체로 이해하게 되었다
는 것이다. 김홍호에 의하면, 이정용은 역을 형이상학과 동일시하여 '변
자체'로 해석하였다. 이에 따라 이정용은 역의 최고가 태극이니, 태극이
궁극적 실재가 되고 제일 원인이라고 해석하였다. 이 부분에 대해 김홍
호는 태극은 점을 칠 때의 맨 첫 번 조작으로써 '하나'라는 뜻과 태양23)
이라는 뜻을 의미할 뿐이라고 말한다.24)

빌헬름은 역유태극 태극생양의(易有太極 太極生兩儀, 계사전 상 11장, 역에
태극이 있는데 태극이 양의를 낳았다)는 것을 "The Great ultimate is in
Change, change produces the two Primary forms" 라고 번역한
다. 또한 김홍호는 "낳고 낳는 것이 역이다"이라는 '생생지위역'(生生之謂
易)을 "The begetter of all begetting is called the change" 라는 번
역으로 말미암아 '변 자체'라는 개념이 나왔다고 풀이한다. 김홍호는
"태극이 양의를 낳고"를 "역이 양의를 낳고"로 번역했음이 오류라고 지
적한다. 그리고 "역 안에 있던 태극이 없어지고 역이 양의를 낳게 되었다.
'또 한 번 어둡고 한 번 밝은 것이 길이다'에 대해 도(道)는 일음일양(一陰

결합과 분리에 의해 생산된다. 음양의 분리와 결합은 하늘과 땅의 문을 열고
닫는 것과 유사하다. 그렇기에 건괘와 곤괘는 모든 괘의 근본이 된다. Jung
Young Lee, *Embracing Change*, 50, 54.

23) '태양'에 대해 김홍호는 다음과 같이 말한다. "역은 음양을 대대(對待)하여
이원을 인정하지만 가장 소중하게 여기는 것은 생성 발전을 주관하는 태양
(太陽)에 있다. 그런고로 태극도 양으로 표시하며 노양(老陽)보다도 더 근원
적인 양으로 태양이라고 한다. 그것은 일음일양(一陰-陽)을 통괄하는 태양이
다. 역에서 한번 어둡고 한번 밝은 것을 길이라고 한다. 그리하여 음양이기
의 작용을 말하지만 아직 음양으로 갈리지 않고 어떤 때는 음이 되고 어떤
때는 양이 되는 근원적일원기(根源的一元氣)가 태극이다. 역은 음양의 이원을
가지고 만물의 이를 밝히지만 존중하는 것은 양이요, 음은 양을 따르는 것이
다." 김홍호, "易經이 본 易神學," 19-20.

24) 위의 논문, 25-26.

一陽)으로 구성되고 만물의 어머니라는 번역을 지적한다. 또한 "낳고 낳
는 것이 역"을 모든 "만물을 낳는 자를 역"으로 번역[25)] 했기에 이정용
이 태극을 역과 동일시하는 오류를 범했다고 분석한다.[26)] 역유태극 태
극생양의(易有太極 太極生兩儀)에 대한 김흥호의 해석은 다음과 같다.

> 태극은 본래 태양의 상징이다. 해가 뜨면 낮이 되고 해가 지면 밤이
> 된다는 것이 한 번 밝고 한 번 어두운 것이 길이라는 것이다. 그런데 태
> 양은 움직이는 것만은 아니다. 낮에는 움직이고 밤에는 쉬고 있다고 생
> 각한 것이 옛날 사람의 태양관이다. 그리하여 태극이 동(動)하여 양이 되
> 고 태극이 정(靜)하여 음이 된다. 이것이 태극도설(太極圖說)이다.[27)]

김흥호에 의하면, 음양은 태극이 변할 때와 변하지 않을 때를 의미하
기에 '태극은 변 자체가 아니다'고 해석한다. 김흥호에 의하면 이정용
해석적 오류는 태극에서 음양이 나와 음을 수용성, 양을 창조성으로 간
주한 것에서 비롯한다.[28)] 김흥호는 빌헬름이 음과 양을 창조성, 수용성
으로 번역한 것을 이정용이 그대로 받아들인 것으로 본다.[29)]

본 연구자는 상기한 김흥호의 관점은 중국의 신은 창조의 신이 아니
며,[30)] 중국의 세계관에는 초월적인 관점이 없다는 해석에서 비롯한 것

---

25) 위의 논문, 11.
26) 김흥호에 의하면, "이정용은 역과 변(變) 자체와 태극을 동의어로 쓰고 있다.
    태극에서 음양이 나왔으니 태극은 양인 창조성보다 앞서며 태극은 변 자체
    인 역이니 역 신학이 과정 신학보다 앞선다."는 것이다. 위의 논문, 25.
27) 위의 논문, 27.
28) 이정용은 '역의 신학'에서 창조성과 수용성에 대해 다음과 같이 말한다. "周
    易에서의 창조성은 궁극적 실재로서 변화 혹은 易을 전제한다. 궁극적 실재
    로서 易은 창조성뿐만 아니라 수용성(수용적 능력)도 포함한다. 이 점에서
    궁극적 실재는 창조적 과정을 포함할 뿐 아니라 수용적 과정을 또한 포함한
    다." 이정용 저, 이세형 역, 『역의 신학: 동양의 관점에서 본 하느님에 대한
    기독교적 개념』, (대한기독교서회, 1998), 30.
29) 김흥호, "易經이 본 易神學," 26-7.

으로 추론한다.31) 김흥호에 따르면, 중국의 신관은 음양불측지위신(陰陽
不測之謂神, 繫辭傳 上 제5장)32)으로 나타난다. 이것은 귀신, 혹은 인간에게
있는 신비한 능력을 말한다.33) 김흥호가 이해하는 역경의 신관은 다신

---

30) 이와 관련하여 이정용은 다음과 같이 말한다. "神의 창조성은 다른 종교들을
통합하는 공통분모가 되는 것처럼 보이기 때문에, 그리스도의 구속의 사역을
신의 창조 사역의 확장으로 해석하는 것은 유대교나 이슬람 그 외 다른 세
계 종교들과의 종교일치적 화해를 위한 기초를 놓는다. 힌두교, 불교, 도교,
일본의 신도 등 동양의 종교들은 계속 변화하는 세계는 곧 항구적인 신의
창조성의 과정을 드러낸다고 주장한다. 그러므로 세계 내 신의 창조적 과정
에 대한 기독교의 강조는 다른 세계 종교들과의 순수한 종교일치적 대화를
가능하게 한다." 이정용 저, 이세형 역, 『역의 신학: 동양의 관점에서 본 하
느님에 대한 기독교적 개념』, 111.

31) 상기한 김흥호의 관점과 대비하여 동·서양 철학 비교연구와 생명 사상을 연
구한 대만의 철학자 방동미는 중국철학의 초월성에 대해 다음과 같이 말한
다. 방동미는 초월과 내재를 중국인 사유 체계의 특성으로 파악한다. "중국
철학은 서양철학과 다른데, 중국철학은 형이상학을 초월하는 입장을 취하고
또 내재형이상학과 관통한다. 그것은 우주의 진상(眞相), 인생 현실의 총체를
출발점으로 삼아 장차 인생을 가치이상의 경계로 끌어 올리며 다시 현실생
활 속에서 펼친다. 출발에서 귀착까지는 하나의 완전한 체계를 가지며 그것
의 과정은 '유기체의 순서'이다." 方東美, "原始儒家道家哲學", 『方東美先生全
集』 2 (1983), 33; 심창애, "방동미의 중국인생철학에 나타난 순수중국인에
관한 고찰," 344, 주 12) 재인용.

32) 계사전 5장 전문은 다음과 같다. (계사전 5장) 一陰一陽之謂道, 繼之者善也,
成之者性也。仁者見之謂之仁, 知者見之謂之知。百姓日用而不知, 故君子之道鮮矣。
顯諸仁, 藏諸用, 鼓萬物而不與聖人同憂, 盛德大業至矣哉。富有之謂大業, 日新之
謂盛德。生生之謂易, 成象之謂乾, 效法之為坤, 極數知來之謂占, 通變之謂事, 陰
陽不測之謂神。출처:　　　https://ctext.org/dictionary.pl?if=gb&id=46918
【 2021년 5월 30일 접속 】

33) 변화의 도와 인간의 길에 대해 다음과 같은 논의가 있다. 황인선은 변화의
도를 아는 인간이 신을 알며, 이는 인간의 내적인 자각으로 가능하다고 주장
한다. "『주역』 계사상 9장 "공자가 말씀하시길 변화의 도를 아는 자가 神이
하는 바를 안다."를 바탕으로 "變化之道가 곧 神의 본질이다"라는 점에 착안
하여, 神과 變化之道는 서로의 본질을 밝힐 수 있는 근거로 규정하여 變化之
道의 내용을 계사 상 9장의 天地之數, 大衍之數, 乾坤策數를 통해 고찰함과
동시에 神은 인간과 분리되어 있는 대상적 존재가 아니라 인간의 본래성과
연관되어 있고, 인간의 내적 자각을 통해서 인간의 본질적 덕성으로 파악될
수 있다"고 본다. 또한 "周易에서의 "神" 개념은 사회 통념적 의미 혹은 윤

론이다. 김흥호에 따르면, 이정용이 역을 범신론적으로 해석하여 "That thou art" 라고 하든지, 혹은 유일신으로 해석하여 "I am what I am" 이라고 하여 '변 자체'(change itself)를 가정하는 것은 역경의 신관(神觀) 과 근본적으로 다르다고 논한다. 김흥호는 이것이 동양적 사유를 서양화하는 사고방식이라고 말한다.34) 김흥호의 관점은 동양의 사유는 서양의 사유로 상호대치 할 수 없으며, 동·서양 사유의 범주는 기원에서부터 확연히 구분된다는 것을 암시한다.

1. 김흥호의 역(易) 해석: 성인(聖人)의 길

김흥호에 의하면 역경의 주인공은 변 자체가 아닌 '성인'이다. 김흥호가 해석하는 역 해석을 좀 더 들여다보면 다음과 같다.

> 역은 움직임 없이 모든 것을 움직인다. 그것은 변화함 없이 모든 것을 변화시킨다. 그리고 역은 아무런 산고(産苦) 없이 모든 것을 낳는다. 그것은 어떠한 의식적인 욕망도 가지고 있지 않지만 모든 의식은 그로부터 태어난다. 역은 스스로를 모든 것에 내어준다.35)

김흥호는 이러한 역의 속성을 '성인의 길'36)에 비추어 본다.37)

리적 사명만 부여해 주는 "神"이 아니라, 변화현상의 배후에서 陰陽이 合德되는 조화와 균형의 完成體로서의 의미를 갖는다"고 했다. 이에 따르면, 주역에서의 신은 변화 원리의 주체로서 인격적인 존재로서의 의미를 지닌다. 황인선, "『주역』에서의 神의 의미," 『새한철학회 학술대회 발표논문집』(2008), 55-56.
34) 김흥호, "易經이 본 易神學," 21.
35) 위의 논문, 8.
36) 김흥호가 해석하는 주역의 의미는 다음을 통해 잘 드러나고 있다. "『주역』이란 경(經)이다. 길을 내자는 길 경(經)이다. 귀에도 길을 내고 눈에도 길을 내고 코에도 길을 내고 입에도 길을 내서 모두 통하도록 하자는 것이다. 경

> 역은 생각하는 것도 없고 무엇을 하는 것도 없다. 고요히 흔들림 없이 느끼어 드디어 천하의 이치에 통하니 천하의 지극한 신이 아니고서야 어찌 이를 수가 있으랴? 그런고로 성인들은 한번 어둡고, 한번 밝는 것이 그들의 길이요, 낳고 낳는 것이 그들의 역(易)이다.[38]

김흥호에 의하면, 역은 "성인이 하늘과 땅 사이에서 만물의 운행을 보고 깊이 생각"하는 것이다. 그리하여 그들에게는 사는 것이 있을 뿐이다. 사는 것이 한 번 어둡고 한 번 밝은 것이다. 또한 그것을 계속하는 것이 선(善)이고 그것을 이루어가는 것이 성(性)이다. 혹은 어떤 이는 이것을 보고 '어짐'(仁)이라고 한다.[39]

김흥호의 논점에 의하면, 역은 다음의 세 가지 뜻 – 이간(易簡)은 성인의 길, 변역(變易)은 만물의 길, 불역(不易)은 하늘·땅의 길– 으로 구분할 수 있다.[40] 역의 총론인 계사 상편 1장과 하편 1장은 '이간'을 논한다. 이

이란 경은 모두 길을 내자는 것이다. 사람은 길을 가야 한다. 길을 가야 사람이지 길을 가지 못하면 짐승이다. 사람이 가는 길을 옛날부터 인도(人道)라고 했다. 인도는 천도(天道)와 하나가 되어야 한다. 천도와 인도가 하나가 되는 것, 그것이 공자의 사상이요 소크라테스의 사상이다. 『주역』의 내용도 같다." 김흥호, 『주역강해 1』 (사색출판사, 2019), 17.

37) 김흥호의 관점과 관련하여 필자는 이시우의 역 해석을 제시한다. 이시우는 우주론과 인간론의 양 측면에서 역의 의미를 고찰한다. 이시우는 다음과 같이 밝힌다. "유가 사상과 『주역』에서 '생'이 차지하는 의미를 분명히 확인할 수가 있다. 앞서 이야기했듯이 우주 본체의 자연적 보편 생명을 이야기한다는 것은 결국 인생 수양이라는 측면에서 볼 때 인간의 도덕적 생명력을 말하는 것과 맞닿아 있다. 이렇게 말하는 이유는 인생 수양론에서 우주는 하나의 도덕적 우주이며 또한 가치 지향적이기 때문이다. 따라서 여기서 말하는 '생'이란 완전무결한 가치이상들이 마음껏 실현되는 의미에서의 생명 흐름의 연속을 말한다. 한편 인생론과 우주론을 아우르는 의미에서의 우주는 정신적 조건과 물질적 조건이 융화된 '생'의 기틀로서의 보편적 생명 흐름에 의한 창조 전체를 의미한다." 이시우, "주역 '생생지위역'을 통해 본 유가의 사생관 고찰", 152

38) 김흥호, "易經이 본 易神學," 8.

39) 위의 논문, 8.

40) 김흥호는 역의 세 뜻(이간, 변역, 불역)에 대한 이정용의 해석을 다음과 같이

간은 성인의 본질로서 하늘은 사람에게 이(易)를 보여 주고 땅은 사람에게 간(簡)을 보여 준다. 김흥호에 의하면, "하늘의 본질은 이(易)고 땅의 본질은 간(簡)"[41]이다.[42] 그리하여 역의 핵심은 이간(易簡)이고, 이간의 내용은 중정(中正)이며, 중정의 정신은 인의(仁義)다. 김흥호에 의하면 역에서 가장 중요한 것은 '중정'(中正)이다. 중(中)은 통하는 것이고, 정(正)은 바른 것이다. '앎'은 통하는 데서 나오고 '힘'은 바른 데서 나온다. 사람에게 통할 때는 사랑(仁)이라 하고 사회가 바를 때는 '옳음'이라고 한다.

말한다. "이정용의 역의 해석에서 종합해 보면 세 뜻 가운데 가장 중요한 이간이 빠졌기에 역의 목적이 상실되었다. 또한 변역을 음과 양의 대립 관계로 보아 이것을 complementary unity로 형식화하여 both-and로 고정하였다. 마지막으로 불역을 법칙의 불변이나 전체의 불변으로 보았다. 또한 법칙과 전체를 초월하는 변화 자체의 실재를 태극이라 하여 변화 자체의 불변으로 해석한다." 위의 논문, 23.

41) 위의 논문, 15.

42) 본 연구자는 김흥호의 역경 해석이 주돈이(周敦頤)의 『태극도설』에 깊은 영향을 받고 있다고 유추한다. 전용주의 해석은 다음과 같다. "태극도설 서두에서는 무극(無極)과 태극(太極)을 우주의 본체이자, 만물의 근원으로 보는 우주 본체론을 제시한다. 이는 변화하는 만물에 대한 구체적인 관찰을 통해, 내재된 본연성(本然性)을 파악하여 자신의 본성을 회복하는 것이다." (전용주, "태극도설의 태극과 무극에 대한 새로운 이해", 「유학사상문화연구」 53. (2013), 55.) 태극도설은 천지(天地)의 길을 인간의 길로 해석하는 우주론과 인간론으로 구성된다. 김흥호는 후자의 관점에 중점을 두어 역을 해석하였다. 『태극도설』 전문에 '중정인의'(中正仁義)가 나온다. 전문은 다음과 같다. "1 無極而太極。太極動而生陽，動極而靜，靜而生陰，靜極復動。一動一靜，互為其根；分陰分陽，兩儀立焉。2 陽變陰合，而生水火木金土。五氣順布，四時行焉。五行一陰陽也，陰陽一太極也，太極本無極也。五行之生也，各一其性。無極之真，二五之精，妙合而凝。3 乾道成男，坤道成女，二氣交感，化生萬物，萬物生生，而變化無窮焉。4 惟人也，得其秀而最靈。形既生矣，神發知矣，五性感動，而善惡分，萬事出矣。聖人定之以中正仁義（自注：聖人之道，仁義中正而已矣）。而主靜（自注：無欲故靜），立人極焉。故聖人與天地合其德，日月合其明，四時合其序，鬼神合其吉凶。君子修之吉，小人悖之凶。故曰：立天之道，曰陰與陽；立地之道，曰柔與剛；立人之道，曰仁與義。又曰：原始反終，故知死生之說。大哉易也，斯其至矣！"
출처: https://ctext.org/wiki.pl?if=gb&chapter=942058
〖 2021년 5월 30일 접속 〗

중정인의를 바탕으로 김흥호가 이해한 역의 목적은 '궁리(窮理)에서 진성(盡性)으로 가는 명(命)을 수행'하는 것이다.43) 이는 유교의 이상적인 실현방식인 자신을 닦아가는 과정을 통해 주위를 감화하는 수기치인(修己治人)에서 자신이 맡은 소임(所任)을 다하고 단련하는 사상마련(事上磨鍊)을 통하여 이루어가는 것이다.44)

2. 김흥호의 이정용 신학방법론 비판

상기한 이론을 바탕으로 김흥호는 이정용의 신학방법론인 '양자모두'를 분석한다. 김흥호에 의하면, '양자모두'는 상대계의 원리이지 절대계의 원리가 아니다. 절대계의 원리는 '이것도 저것도 아닌'(*neti-neti, neither this nor that*) 혹은 '이것도 저것도 모두'(sive-sive)다. 양자를 부정하든지 양자를 통일해야 한다. 그것은 상대의 보완이 아니라 '모순의 통일'이다. 김흥호에 따르면, 이정용은 '양자 모두'(both/and) 라고 하면서 실제로는 모순의 통일인 "상호대립의 합일"(unity of opposites)을 감행한다.45)

---

43) 김흥호에 의하면 64괘는 궁리(窮理)의 재료다. 8괘가 4상으로 좁혀지면 그때 태극은 일음일양지위도(一陰一陽之謂道)가 된다. 이것은 모순의 자기 통일이 이루어져 궁리는 진성(盡性)이 되어 성인(聖人)이 된다. 진성을 오래 실천하면 무극이태극(無極而太極)이 되어 지어명(至於命)이 되는 것이다. 태극에서 양의 사상팔괘 64괘로 내려가는 것이 아니라 64에서 8로, 8에서 4로, 4에서 2로, 2에서 1로, 1에서 0으로 올라가는 것이다. 이것이 궁리진성지어명(窮理盡性至於命)이다. 이것은 역(易)이 성인이 되는 방법을 제시한다. 김흥호, "易經이 본 易神學," 23-24.

44) 위의 논문, 16, 23.

45) 김흥호의 본 주장과 연관하여 역경의 '상호대립의 통일'과 '양자모두'에 대해 다음의 견해를 살펴본다. "대대(對待)란 글자 그대로 '마주 대하며 기다린다'는 의미이다. 나아가 '대립하면서 서로 끌어당기는 관계', '상대가 존재함으로써 비로소 자기가 존재하는 관계', '상호대립하면서 상호 의존하는 관계'로

상기한 논의와 관련하여 김흥호는 이정용이 말한 "신은 초월적이기 때문에 내재적이고 인격적이기에 비인격적"이라는 말과, "예수는 신(神)이기에 참다운 인간"[46]이라는 말에 대해 다음과 같이 비판한다.

> 이 말은 *sive-sive* 지, both-and는 아니다. 이것은 초월 즉 내재, 인격 즉 비인격, 신즉인의 즉비(卽非) 논리이지 both-and의 상호보완적인 논리가 아니라 이것은 모순의 자기 통일이다."[47]

상기한 바와 같이 김흥호는 절대적 논리인 '이것도 저것도 모두'(*sive-sive*)를 상대적이고 상호보완 논리인 '양자모두'로 전환하는 이정용의 논리를 반박한다. 김흥호의 해석은 이정용의 사유와 근본적인 차이를 드러낸다. 이정용은 변이 동시에 초월적이며 내재적이라는 속성을 '신이자 인간인 예수'에 적용한다.[48] 이정용에 따르면, 궁극적 실체는 지적인 구성(intellectual formation)을 넘어선다. 여기에 이정용은 인도 사상의 '이것도 저것도 아닌' (neti, neti)을 적용한다. 이것은 언어의 범

규정된다. '대대'라는 용어가 『주역』에 보이지 않지만 대대의 원리는 주역 사상에 담긴 세계의 인식 원리. 구성 원리 그리고 변화 원리를 설명할 뿐만 아니라 동북 아시아적 사유의 근저를 이루는 원초적 의식의 특성이다." 최영진, "역학사상의 철학적 탐구: 『周易』의 陰陽對待的 構造와 中正思想을 中心으로", 박사학위논문, 성균관대학교, 1989. 6-7. "이 같은 '대대'에 대한 단적인 표현이 바로 "한 번 음이 주도하고 한 번 양이 주도하는 것을 道라 한다"이다. 『주역』에서 대대관계는 최초로 ―과 ―이라는 기호와 '음양'이라는 언어로 표시되고 있다. 요컨대 '대대'란 두 개가 서로 대립·분리된 '상대'를 가리키는 말이 아니라 항상 '동시적으로 존재하는 하나의 상황'을 가리키는 말이다." 김재범, 『주역사회학』 (예문서원, 2001), 146. 이에 따르면, 김재범은 주역을 '상호대립의 공존' 이란 관점으로 제시한다.

46) Jung Young Lee, *The Theology of Change*, 98-100.
47) 김흥호, "易經이 본 易神學," 18.
48) 이정용은 요한복음 14장 11절에 나오는 "내가 아버지 안에 거하고 아버지께서 내 안에 계심"(개역개정)이 신의 수난가능성을 암시하며, 이를 '음양의 상호포괄'로 설명한다. Jung Young Lee, *The Theology of Change*, 126.

위를 넘어가는 '양자모두'의 또 다른 측면이라고 해석하기 때문이다.49)
또한 이정용은 인도 사상에서 나타나는 '이것도 저것도 모두' (sive-sive)
가 '변함없는 변의 흐름'을 나타낸다고 본다.50) 즉 이정용은 '이것도 저
것도 아닌'(neti, neti)과 '이것도 저것도 모두'(sive-sive)를 '양자모두'의
또 다른 측면이라고 해석한다.

　상기한 분석에서 살펴볼 수 있듯이 이정용은 동·서양 사상의 확장과
통합 선상에서 사유를 전개한다. 반면에 김흥호는 인도 사상에서 나타
나는 사유는 '상반된 모순의 합일'(coincidence of opposites)이라는 '절
대성'을 나타내는 것이며, (이정용이 제시한) '양자모두'의 상대적인 관점
으로 파악할 수 없다고 주장한다. 필자는 신학방법론에 대한 김흥호와
이정용의 상반된 해석을 통해 이정용 신학의 특성이 더 잘 나타난다고
본다. 이정용의 신학방법론인 '양자모두' 논리는 다음과 같다.

---

49) "易은 초월적이면서 동시에 내재적이다. 易의 초월성은 내재성을 가능케 하
고 易의 내재성은 또한 초월성을 가능케 한다. 더욱이 易은 인격과 비인격을
포함한다. 궁극적 실재가 지적인 형식을 넘어서는 바, 우파니샤드 인도 철학
에서는 종종 *neti, neti* (이것도 저것도 아닌)로 표현된다. 이 논리의 형식
이 의미하는 바는 지금 서술되고 있는 것은 서술을 넘어선다는 것이다. "이
것도 저것도 아닌"(Neither-Nor) 논리는 "이것도 저것도 모두"(both-and)
의 반대 논리로 이해해서는 안된다. 왜냐하면 궁극적 실재는 서술을 초월하
며 단지 "그것"(it)으로서 궁극적 실재의 인격적이며 비인격적인 면으로 말해
지기 때문이다."이정용 저, 이세형 역, 『역의 신학: 동양의 관점에서 본 하느
님에 대한 기독교적 개념』, 41.

50) "인도 사람들은 "이것도 저것도 모두"의 용어로 사유하는 것이 당연하게 여
겨진다. 하이만(Heimann)이 주장하는 대로, "서구인들은 아으트-아으트
(*aut-aut*), 즉 분리적인 '이것이냐 저것이냐'로 사유한다. 그에 반해, 인도인
들은 시베-시베 (*sive-sive*)의 상호 관계된 순간들의 지속적인 흐름을 형상
화한다. 말하자면, 인도인은 변화와 변혁의 끊임없는 연속 가운데 '저것뿐
아니라 이것도' 식의 사유를 한다." 출처: Betty Heimann, *Facets of
Indian Thought* (London: Allen and Unwin, 1964), 168; 이정용 저,
이세형 역, 『역의 신학: 동양의 관점에서 본 하느님에 대한 기독교적 개념』,
84, 재인용.

IV. 이정용의 '역의 신학' 논리

김흥호의 해석을 참조하면, 이정용은 '상반된 모순의 합일' 즉, 궁극적인 절대성의 통합을 '양자모두'로 파악한다. 이는 "궁극적인 절대성이 상대성으로 전환"하는 것이다. 이정용은 태극의 음양론에 대해 '감추어지고 드러난 신'(hidden/revealed God)에서 나타나는 개념을 음과 양을 잉태한 채 드러내지 않는 상태가 태극이요, 태극이 드러난 것이 '음과 양'51)이라고 해석한다. 또한 삼위일체 해석에서 이정용은 성령을 음으로, 성자를 양으로 해석한다. 이정용이 성자를 양으로 정의한 것은 예수 그리스도를 '창조 과정의 중심'(Christ as the Center of the Creative Process)으로 이해한 것이다. 다른 한편, 성령을 음으로 해석하는 것은 '신적 창조성'(divine creativity)이란 관점에서 수용성(the receptive)을 의미한다.52) 더불어 이정용은 변의 중심인 예수 그리스도의 신성(divinity)과 인성(humanity)의 관계를 음양 관계로 해석한다.53) 즉 이정용은 음과 양을 '서로 포용하는 관계적 상징'으로 사유한다.54)

---

51) 이정용에 의하면, 음양은 유기적 세계관과 생산과정(procreative process)을 함유하나 비유기체적 세계관과 (변 안에 내포한) 창조과정(creative process)도 있다. 이들의 포괄적인 성격은 상호보완적인 관계를 반영하다. 이들은 성격상 반대이나, 관계적인 측면에서 상호보완적이다. 음양의 상호보완성은 양자의 상호포괄성을 전제한다. 이러한 관계는 변의 모든 측면에 적용될 수 있다. 이에 반해 서구에서는 반대요소를 상호보완적 긴장이 아닌, 갈등의 양상으로 파악하다. 이것이 잘 드러난 것이 아리스토텔레스의 배중율, '이것 아니면 저것'이며, 조로아스터교의 선악 이분법이다. Jung Young Lee, *Embracing Change*, 52-3.
52) Jung Young Lee, *The Theology of Change*, 110.
53) 위의 책, 98-99.
54) 본 연구자는 계사전 상 5에서 나오는 일음일양지위도(一陰一陽之謂道)가 음과 양의 상호작용에 의해 이루어지는 보편 생명의 끊임없는 재생인 도(道)를 의미하며, 이러한 도의 개념이 이정용의 사유한 역(易)의 근본 배경을 이루었다고 추론한다. 연구자는 음양의 상호공존 방식을 통해, 이정용은 역이 신의

음에 대한 양의 관계성은 하나인 동시에 둘이다. 왜냐하면 음에 대한 양의 관계는 동시에 '음'과 '전체인 음양'의 관계이기 때문이다. 이렇듯 하나는 다른 하나와 관계를 맺고 전체와도 관계를 맺는다. 이정용은 전체를 향하여 음과 양이 관계를 맺는다는 점에서 음양에 기반한 사유를 '포괄적인 사유'라고 정의한다. 이정용의 음양론에 기반한 변에 대한 인식은 하나님의 형상으로서의 자신을 인지하고 '신과의 합일에 이르는 길'을 나타낸다. 이정용은 예수의 삶이 하나님의 역사를 표현한 것으로 신이 인간의 삶에 함께함을 나타낸 전형이라고 말한다.[55]

상기한 음양론은 음양 관계에 기반한 사유로 '양자택일'(either-or) 논리가 아닌 '양자모두'(both/and) 논리에 근거한다. 이정용에 의하면 '양자택일 논리'의 기반인 이원론적 사유는 모든 것이 상호 관계를 맺고 있다는 사유를 받아들이지 않는다. 이에 반해 음양론은 상호 관계를 맺으며 서로 포용한다.[56] 이러한 사유를 기반으로 이정용은 '역의 신학'을 구성한다.

내재성과 초월성을 동시에 나타낸다고 사유했음을 추정한다.
55) Jung Young Lee, *The Theology of Change*, 55; 98-99.
56) 케빈 박은 이정용 신학에서 드러나는 포용적 속성을 다음과 같이 말한다. 첫째, '이것도 저것도 아닌'(neither/nor)과 '양자모두'(both/and)의 공존을 의미한다. 아시아계 미국인은 "'사이에 걸쳐있는 사람들'과 '사이 모두 안에 있는 사람들'(people of in-between and in-both)"이기 때문이다. 케빈 박은 이정용의 '이것도 저것도 아닌'과 '양자모두'를 강조하는 "역설적인 포용성"(paradoxical inclusiveness)이 십자가 신학의 "감추어지고 드러난 역설"(hidden/revealed paradox)과 유사하다고 말한다. 즉 신은 힘과 권력이 아닌, 그리스도의 십자가 고통과 약함을 통해 드러난다는 것이다. 그에 따르면, 이정용의 '이것이나 저것'(either/or)과 '양자모두'(both/and)에 대한 인식론은 십자가 인식론(the epistemology of the cross)을 보완한다. 즉 이정용의 관점은 기독교가 다른 종교, 문화 등과 대화할 때, 완전히 다르고 숨겨진 속성을 파악하는 가능성을 제공한다. Kevin Park, "Emerging Korean North American Theologies: Toward a Contextual Theology of the Cross," Ph.D. diss. (Princeton Theological Seminary, 2002), 135.

이정용은 '역의 신학'(theology of change)에서 계시와 자연의 관계를 음양에 비유하여 논한다. 그에 따르면, 신의 구원과 창조 작업은 본질적으로 하나이며 분리될 수 없다. 이정용에 의하면, '구원은 신의 창조 과정'이다. 그래서 자연신학과 계시신학의 절대적인 차이를 논할 수 없다. 자연신학과 계시신학은 서로 요구한다. 이정용은 이것을 음양 관계로 인식하며, 계시신학은 자연신학에 반드시 필요하다고 논한다.57) 동 논의와 관련하여 (본고의 서두에서 제시한) 김흥호의 "is-ness"에 대한 "-있다, - 이다" 해석과 관련한 이정용의 관점은 다음과 같다.

이정용은 주역에서 제시한 음양론이 "있음-자체로서의 신"(God as is-ness itself)을 잘 설명할 수 있다고 본다. 그에 따르면, 음양론은 구약의 히브리인이 사유한 신의 '있음-자체'(is-ness)를 논하는 데에 적합하다고 보고 '있음-자체'로서의 궁극적 실재는 '변-자체'의 의미로 표현될 수 있다고 말한다.58)

이정용에 의하면, 예수의 십자가형과 부활은 유일하며, 이것이 모든 변화의 원천적 상징이다.59) (롬 6:5, 6:11) 예수는 십자가와 부활을 통한 변 안에서 '영원한 변'(eternal change)의 원형을 이해한다. 이것이 바로 이정용이 역 이해를 기반으로 인식한 신이다. 이정용은 기독교의 본질을 변화와 생성의 관계 안에서 이루어지는 연속선상에서 파악한다. 즉 창조자와 피조물의 연속성이고 '역의 현상'이다.60)

이정용에 의하면, 변하지 않는 변은 '하늘과 땅의 길'이다.61) 이정용은

57) Jung Young Lee, *The Theology of Change*, 123.
58) 위의 책, 42.
59) 위의 책, 17.
60) 최현주, "이정용의 '주변성 인식'에 대한 연구", 78.
61) 繫辭下 제1장: 天地之道, 貞觀者也. 日月之道, 貞明者也, 天下之動, 貞夫一者也
　　출처: https://ctext.org/book-of-changes/xi-ci-xia/zh?filter=451952
　　【 2021년 5월 30일 접속 】

이러한 사유를 바탕으로 변하지 않는 신을 사유한다.62) 신은 움직이는 동자(動者)로서 살아있으며, 역동적이다. 신은 모든 변(change)과 변형 (transformation)의 근원이다. 동시에 신은 변화하는 세상의 한 가운데 산다. 이정용은 '신의 불변성'에 대해 전적으로 변하지 않는 정적 상태 가 아닌, 하나님의 당신 백성에 대한 약속과 충실성으로 해석한다.63) 즉 이정용 사유의 핵심은 "신이 변의 근원적 본질이기에 존재의 근원"이 라는 것이다.64)

김흥호가 언급한 역의 본질이 상(像)이라는 관점에 대해 이정용은 다음과 같이 해석한다. 상기한 바와 같이 이정용에게 "창조자와 피조물의 연속성"은 곧 '역의 형상'이다.65) 즉 '역의 상(像)'이란 하나의 고정된 형상이 아닌, '변화하는 연속성'의 계시를 의미한다.66) 이정용의 이러한 사유는 주역을 동양에 나타난 계시의 한 형태이며, 태극 안에 숨어있는

---

62) "나 여호와는 변하지 아니하나니 그러므로 야곱의 자손들아 너희가 소멸되지 아니하느니라"(말 3:6); "예수 그리스도는 어제나 오늘이나 영원토록 동일 하시니라"(히 13:8)

63) Jung Young Lee, *Embracing Change*, 48.

64) Jung Young Lee, *The Theology of Change*, 30.

65) 위의 책, 72, 78.

66) 이정용에 의하면, 역경은 '역'에 관한 책이고, 역은 단수인 '변'(change), 복수인 '변화'(changes)을 의미한다. 중국어로는 단수·복수를 구분하지 않으나, 이정용은 절대적 의미에서 역경의 '변'(變)를 말할 때, 단수를 사용한다. 변의 단계는 변화의 과정을 구성한다. 이정용은 변 그 자체와 변의 단계인 '변화'를 구분한다. 이정용은 (상대적 의미에서 절대적 의미를 구분할 때) 상대적 의미에서 '변'을 말하고자 할 때, 변화(changes)라는 용어를 사용한다. 즉 변(change)은 신의 절대성을, 변화(changes)는 신의 상대적 속성이다. 역의 신학에서 나타나는 단수인 변(change)은 신의 불변성에 근거한다. 이 정용의 사유 안에서 신의 불변성은 이간, 변역, 불역으로 나타나는 변의 속성 중의 하나다. 자연의 절대적 의미로서의 '변'은 변과 변화 간의 연속성이 있음을 의미한다. 이는 절대적인 것과 상대적인 것, 음과 양 사이의 연속성이다. 주역 사상은 모든 것 안에 존재하는 연속성에 기반한다. 이러한 의미에서 단수인 '변'과 복수인 '변화'를 구분하는 것이 중요하다. Jung Young Lee, *Embracing Change*, 41-42.

신 (hidden God)을 통찰하는 방법으로 보았기 때문이다.67) 또한 이정용은 역의 신학에서 주역의 우주론인 변과 음양론을 통해 요한복음의 로고스 (logos)를 재해석한다. 그에 따르면, 로고스는 비인격적 실체인 형이상학적 상징이다. 요한복음에서 '말씀'으로 나타나는 로고스는 '창조성의 힘'(the power of creativity)으로서 새로운 생명과 가능성을 주관하는 '역동적인 힘'(dynamic force)이다.68)

V. 김흥호와 이정용의 역 사유 비교 고찰

이상의 것을 살펴볼 때, 이정용은 김흥호의 신학적 사고와는 다른 자세와 관점으로 역에 접근하고 있음이 드러난다. 이정용은 정통 서구 신학의 '존재와 생성의 이해' 문제를 지적하고 '변의 세계관'에 기반하여 역을 해석한다. 이정용에 의하면, 음양론은 변에 대한 사유 안에 근원을 두고 있다. 이는 변 안에 상반된 두 가지 - 변화와 고정 (fixedness) 혹은 '변화하지 않는 속성'(unchanging nature)69) - 의 의미를 담고 있다.70) 이에 반해, 김흥호는 '하나의 상'(像)으로서의 역을 이해하고 '변'이란 천지(天地) 안에서의 지속적인 생성 과정이며, 이를 통한 '성인의 수행'이라는 유교적 덕목으로 역을 해석한다. 연구자는 이러한 차이가 발생하

---

67) 최현주, "이정용의 '주변성 인식'에 대한 연구," 78.
68) Jung Young Lee, *The Theology of Change*, 53; 89.
69) 중국어에서 '역'은 해와 달의 상호작용을 의미한다. 결국 "영원성"(constancy)의 의미는 '고정성'이라는 사유에 기인한다. 변에 대한 세 가지 속성 - 이간, 변역, 불역- 은 상호 연관되어 있으며, 변 자체의 항구성은 불변이다. 변은 존재하는 모든 사물을 관통하며, 모든 것에 영향을 미친다. 즉 변은 우주의 모든 것을 이해하는 핵심이다. Jung Young Lee, *Embracing Change*, 45.
70) 위의 책, 44.

는 근본적인 이유를 김흥호의 실존적 자리가 이정용의 자리와는 현격히 다르기 때문이라고 본다.

김흥호는 다석(多夕) 류영모(柳永模, 1890~1981)의 제자로서 감리교 목회자였다. 그는 신학자로서 논어, 주역 등의 동양 사상과 불교를 연구하고 강의했다. 그러나 김흥호는 근현대 서구 문물을 받아들인 한국에서 기독교를 수용한 세대에 속하기에, 동양 사상에 기반하여 독자적으로 기독교를 이해해야 하는 노력과 해석이 필요하지 않았다. 그렇기에 김흥호는 기독교 신학이 동양 사상과 구분되는 절대성을 수용하면서 다원화한 한국 사회에서 자신의 신학적 위치를 점할 수 있었다. 그리하여 그는 동양의 역 사상을 서양 철학과 근본적으로 구분하여 다른 범주 내에서 해석하는 신학적 자세에서 역을 논한다. 이에 반해 이정용은 재미 한국인으로서 서양 기독교 사상이 주류를 이루는 학계 내에서 아시아인이라는 뿌리 깊은 주변인 체험을 배경으로 고유의 신학 체계를 세웠다.

이정용 신학 체계의 이러한 특성을 통해 살펴보았을 때, 그의 신학방법론은 이정용 사유의 지평을 체계화한 신학 구성(theological construction) 안에서 중요한 위치를 점하고 있다. 이러한 구성은 '동·서양 사상을 융합하여 자신의 이론을 전개'하는 이정용의 신학적 자세에서 비롯한다. 이는 동양의 형이상학을 빌려와 조망(眺望)하고 재해석하는 것이다. 그렇기에 이정용은 '초월과 내재' 등의 신학적 개념을 해석하는 데에 동양의 역(易)을 바로 적용할 수 있었다. 이정용은 이를 통해 자신이 이해한 동양의 형이상학적 사유를 통해 고유의 신학 체계를 확립한다. 김흥호는 이에 대해 동·서양 철학 체계의 해석학적 방법론에 근본적인 문제의식을 제기한다. 김흥호에 따르면, 동양의 세계관은 깨달음에 의한 인생관이 중심을 이루기에 서양의 체계적인 형이상학적 우주론과는 근원적으로 차이가 있다고 분석한다. 그렇기에 김흥호는 이정용의 사유와 통찰이 "예술적인 직관"71)이라고 평한다.

상기한 관점을 바탕으로 김흥호의 이정용 신학에 대한 비판적 사유의 근원과 동기에 대한 분석은 다음과 같다.

이정용의 역에 대한 관점을 비판한 김흥호의 사유는 1980년대 당대 동양 사상을 이해하는 사고를 반영한다. 김흥호는 이정용의 사유가 (빌헬름, 레게 등) 서구 학자들의 동양 경전 번역어에서 기인한 것으로 추론한다. 이들의 번역어가 당대 서구 학자들이 이해하는 철학 사상을 반영한다는 점을 전제하면, 김흥호가 역의 신학이 불가하다고 제기했던 문제에 대해 동·서양 사유의 상응점과 차이점, 이어 포스트모던 시대 서구 신학자들의 사유가 변화하고 확장되는 영역과 과정을 살펴볼 수 있다. 한편 이정용의 역 이해는 김흥호의 해석대로 서구 학자들의 번역어를 기반으로 이루어졌다고 추정할 수 있으나, 본 연구자가 인식하는 근본적 이유는 재미 신학자로서 서구 신학의 신 이해에 대한 한계와 문제의식에 대해 동양 사상을 차용(借用)하여 자신의 언어로 재해석한 것에서 비롯한다. 이는 곧 신학의 영토 안에서도 동양의 위치를 점하는 재미 신학자의 노력이다. 본 연구자는 김흥호의 역의 신학 비평을 재검토함으로써 오히려 이정용의 역 이해를 심층적으로 고찰할 수 있다고 본다. 더불어 이러한 과정이 이정용 신학의 동기와 문제의식에 대한 본질적인 논의가 될 수 있다고 본다.

---

71) 김흥호, "易經이 본 易神學," 7.

Ⅵ. 결론

본 연구는 역의 신학이 세상에 나타날 무렵인 1986년에 발표한 김흥호의 비평인 '이정용의 역의 신학의 성립 불가능성'을 중심으로 논했다. 본고에서 김흥호의 관점을 논지로 다룬 이유는 김흥호가 역을 사유하는 근원적인 문제의식으로 이정용의 역의 신학을 비판한 부분 때문이다. 이정용의 역의 신학에 대한 연구와 분석은 국내외에서 1990년대~2000년대 초반에 중점적으로 이루어진다. 이후 후대에서 나오는 연구는 이정용 신학의 상징성에 대한 비판, 역의 신학에 대한 개념 분석, 이정용의 동양적 신학방법론을 이용한 비교 연구 등이 주를 이룬다.72) 한편 역의 신학에서 나타나는 '시간, 변화, 존재, 생성' 등의 주제는 최근의 포스트모더니즘 신학과 철학에서 주로 논의되는 사안이다. 이러한 흐름 안에서 김흥호의 관점을 고찰하는 것은 서구 사상의 연구 주제 및 문제의식의 변화와 함께 동양 사상 연구 안에서도 '초월과 내재'를 논의하고 있기에 비교 연구의 표본이 될 수 있다. 그러나 본 연구에서는 관련한 최근의 연구를 충분히 다루지 못했다. 이는 후속 연구에서 이어질 것이며, 김흥호의 역의 해석과 관점은 변화해가는 동·서양 사상에 대한 기독교적 해석에서 궤적(軌跡)이 될 것이다. 또한 저자는 변화하는 존재인 인간이 세계 변화를 어떻게 인식하고 종교 사상을 구축해 가는가를 문제의식으로 삼고 이정용의 역 이해에 대한 주변인으로서의 실존주의적 관점을 중심으로 추후 연구를 진행할 예정이다.

---

72) 이정용 신학에 대한 연구 결과 분석은 다음을 참조하라. 최현주, "이정용의 '주변성 인식'에 대한 연구," 64, 주4).

〈참고 문헌〉

김재범. 『주역사회학』. 예문서원, 2001.

김흥호. "易經이 본 易神學." 『신학과 세계』 13 (1986), 7-28

_____. 『주역강해 1』. 사색출판사, 2019.

심창애. "방동미의 중국인생철학에 나타난 순수중국인에 관한 고찰." 『동서철학연구』 45 (2006), 335-357.

이시우. "주역 '生生之謂易'을 통해 본 유가의 사생관 고찰." 『동서철학연구』 58 (2010), 139-165.

이정용. *Marginality: The Key to Multicultural Theology*. 신재식 역. 『마지널리티: 다문화시대의 신학』. 포이에마, 2014.

전용주. "태극도설의 태극과 무극에 대한 새로운 이해." 『유학사상문화연구』 53 (2013), 49-78.

최영진. "역학사상의 철학적 탐구:『周易』의 陰陽對待的 構造와 中正思想을 中心으로." 박사학위논문. 성균관대학교, 1989.

최현주. "이정용의 '주변성 인식'에 대한 연구." 『장신논단』. 제52권 3호 (2020), 61-85.

황인선. "『주역』에서의 神의 의미." 『새한철학회 학술대회 발표논문집』. (2008), 59-81.

Choi, Hyun Joo. "An Intellectual Inquiry into Jung Young Lee's Theology of Marginality: Focusing on Lee's Understanding of Divine *Pathos*," Ph.D. diss., Academy of Korean Studies. 2020.

Park, Kevin. "Emerging Korean North American Theologies: Toward a Contextual Theology of the Cross," Ph.D. diss., Princeton Theological Seminary, 2002.

Lee, Jung Young. *Theology of Change: A Christian concept of God in an Eastern Perspective*. New York: Orbis Books, Maryknoll, 1979. 이세형 역. 『역의 신학: 동양의 관점에서 본 하느님에 대한 기독교적 개념』. 대한기독교서회. 1998.

_____, *Embracing Change: Postmodern Interpretations of*

the I Ching from a Christian Perspective. Scranton: University of Scranton Press. 1994.

_____, Marginality: The Key to Multicultural Theology, Minneapolis: Fortress Press, 1995. 신재식 역. 『마지널리티: 다문화시대의 신학』. 포이에마, 2014.

_____. The Trinity in Asian Perspective. Abingdon Press, 1996.

〈웹 사이트〉

https://ctext.org/ 〖2021년 5월 30일 접속〗

⟨Abstract⟩

Re-evaluation of Jung Young Lee's Theological Construction through his Understanding of Change
: Focusing on Heung-ho Kim's Criticism of Theology of Change

CHOI, Hyun Joo(Ph.D. in Religious Philosophy)
Researcher
The Korea Institute for Religion and Culture
South Korea

Korean American theologian, Jung Young Lee, formulated and developed the theology of change based on his creative and innovative interpretation of the *yin-yang* principle and the Book of Change (*Yijing*, 易經). Heung-ho Kim discovered logical fallacy in Lee's construction of the Theology of Change. Lee drew on the 'unity of opposite' to establish the 'both/and' logic as a theological methodology, but Kim considered the latter as the absolute logic while the former is belonging to the relative one. On closer examination of Lee's theology, we find that he applied the logic of change as transcendent and immanent in nature to the 'God and man Jesus.' Moreover, Lee interpreted the relationship between divinity and humanity of Jesus Christ, the center of change from the perspective of the relationship between *yin* and *yang*.

I attempt to analyze Heung-ho Kim's interpretation of 'is-ness' and demonstrate that Lee interpreted *Yi* as a 'changing continuity,' and not a fixed or static entity. For Lee, the *Yijing* is a form of revelation that appeared in the East and represented a Way to provide insight into the hidden divinity of *Taiji*. On the other hand, Kim paid attention to the *Yi* as the practice virtues showing the way of a sage and the vision of the universe.

Furthermore, I reveal areas of differences in the understanding and intelligence of *Yi* in the works of Heung-ho Kim and Jung Young Lee and argue that the latter expanded his thoughts, combining the ideas of the East and the West.

Key Words: Jung Young Lee, Heung-ho Kim, change, *Yin-Yang*, theology of change, both-and

무로부터의 창조, 그리고 이기론(理氣論)

박 혁 순

무로부터의 창조, 그리고 이기론(理氣論)

- 김흥호의 역 신학 비평을 중심으로 -

박 혁 순

〈국문 초록〉

　이른바 '무로부터의 창조'설은 역사가 오래된 그리스도교 창조 이론이다. 그것은 하나님의 전능성, 자기 충족성, 자존성, 불변성 등을 표방하는 데에 적합한 신학적 진술임에 틀림없고, 교회로 하여금 그러한 하나님에게 찬양을 드리게 만드는 신앙고백의 기능을 겸한다. 그런데 우리가 창세기의 창조기사와 교부들의 신학을 다시 고찰하고, 논리적 정합성을 함께 고려할 때 이 교리가 과연 확정적일 수 있을지 묻지 않을 수 없다.

　이에 필자는 '무로부터의 창조'가 '하나님으로부터의 창조'일 수 있는 신학적 개연성을 탐색하고자 한다. 이 작업을 위해 먼저 중국과 조선의 성리학 역사에 나타난 이기론(理氣論) 논쟁과 현대 물리학의 성과들을 개괄적으로 살펴본다. 성리학의 창시자 주희가 파생시킨 이기이원론의 문제점은 '무로부터의 창조'가 내포한 문제점과 비교할 만한 신학적 가치가 있다. 이기론 논쟁사를 통해, 우리는 기(氣)라고 하는 원질과 이(理)라고 하는 만물의 법칙·질서가 서로 다르지만 서로 분리되지 않는다는 설명방식을 따를 때 만물의 출현에 대한 논리전개가 자연스럽다는 점을 엿보게 된다. 한편 현대 우주 물리학은 진공(眞空)의 정체와 물질의 본질에 대해 파격적인 이해를 요구한다. 당연히 존재하는 것으로 여겨진 물질의 정체는 입자가 아니라 파동에 가깝다는 사실 때문이었다. 유와 무, 입자와 파동, 물질과 에너지 사이의 이원론이 무력해는 이 시대에 신학 역시 영과 육, 정신과 물질 사이의 이원론에 대해서도 깊이 재고할 필요가 있다.

　이러한 모든 논의들을 종합하여 필자는 생명의 수여자, 생명의 기식(氣息), 근원적 장으로서 성령에 대한 이해를 넓히며 새로운 삼위일체에 대한 이해로써 무로부터의 창조 이론을 보완하고자 한다.

Ⅰ. 들어가며

본고는 세계의 발생을 해명하고자 하는 동서의 사유들과 과학 사이에 엿보이는 흥미로운 유사점들을 신학적으로 주목한다. 특히 그리스도교의 전통적 창조이론, 즉 '무(無)로부터의 창조'(creatio ex nihilo)를 재고하며 거기서 드러나는 문제점을, 성리학(性理學)의 이기론(理氣論)이 당착했던 내용과 견주어 조명하고자 한다. 그리고 '무'(無, nihil)에서 어떻게 만물이 창조되었는가 기술하는 방식에 있어서 현대 물리학으로부터 다시 고찰할 신학적 자원을 검토할 것이다. 필자는 이러한 연구방식이 교의학이 구원론과 더불어 창조교리를 포기하지 않는다면 지속해야 할 신학적 과제로 본다. 그리하여 본고에서는 우선 '무로부터의 창조'를 둘러싼 상반된 신학적 관점들을 개괄하고, 그 다음으로 이기론(理氣論)에서 주장된 우주론 및 실재론에 관련된 이론들과 논쟁들을 소개할 것이다. 그렇게 그리스도교의 창조이론과 이기론의 형이상학을 비교하면서 집중하게 될 핵심적 과제는 '무로부터' 물리적 세계의 출현을 어떠한 방식으로 타당성 있게 설명하느냐 하는 사안이다. 우주의 실상을 기술함에 있어서 물리학계에서도 위와 비슷한 논쟁들이 나타나므로 이와 관련된 내용도 간단히 고찰할 것이다. 그리고 이러한 다양한 자료들을 평가하고 재구성함에 있어서 필자는 성서적 근거와 현대 신학자들의 몇가지 이론들을 더해 다소 실험적인 창조이론을 제시하고자 한다.

II. '무로부터의 창조'의 역사와 논쟁점

AD 2세기 이래 교회는 다양한 창조이론 가운데 '무로부터의 창조' 교리를 표명해왔다. 그리고 1215년 제4차 라테란 공의회(Lateran Council) 에서 이것을 공인했다. 여기에는 유일신론을 근거로 범신론과 철학적 우주 발생론을 배격하고자 하는 신학적 의도가 있었다. 개신교 신학도 이점에 있어서 다르지 않아 루터 이래 신학자들은, 세계와 만물 이전에 홀로 존재하고 어떠한 필요와 결여가 없는 완전한 자존자로서의 하나님 이 세계에 의해 제한되지 않는 무한한 자유 가운데 창조하기를 택했다 고 설명해왔다. 만약에 하나님과 창조를 사이의 관계를 필연 또는 인과 율로 엮는다면 하나님의 자유, 능력, 타자성에 훼손이 가해지고 세계 자 체가 하나님이 될 수 있는 범신론으로 흐를 수 있다. 반면에 하나님이 '무로부터 유를 창조했다'는 방식의 창조이론은 효과적으로 하나님의 자기 충족성(self-sufficiency) 및 자존성(自存性, aseity)을 보존할 수 있었다.

무에서 유를 창조하는 하나님의 능력은 곧잘 죽음에서 생명을 이끄는 구원의 경로로 결부시키게 되었다. 왜냐하면 무(nihil)는 없어지는 것, 곧 죽음을 의미하지만 무로부터 물질적 세계를 창조하는 행위는 마치 죽음이 팽배한 공간에서 생명으로 충일한 세계를 만드는 것 같은 의미 로 여겨질 수 있기 때문이다. 그리하여 그리스도교 신학 전통에서는 주 로 무[1]가 존재의 결여, 존재로부터의 이탈, 존재가 아닌 것(비존재), "하 나님의 세계 통치에 대한 반대와 저항"[2]을 뜻한다고 보면서 현대에 이

---

1) 서구 사유 전통에서 무(無, nihil)를 두고 영어로는 nothingness, void, nihility, emptiness, non-being, nullity 등으로, 독일어로는 Nicht-seiende, Nicht, Nichtige, Leere, Leerheit 등으로, 프랑스어로는 néant, rien, vide 등으로 쓰는데 각각 고유한 함의와 뉘앙스가 있기 때문에 획일적으로 설명할 수 없다. 특히 동양의 '무' 담론을 번역하여 쓰일 경우에는 그 의미들이 더 복잡해 진다.

르러서도 창조주와 대립적인 것으로 간주하며 마귀론(demonology)을 효과적으로 비신화하면서 대체했다. 그렇게 무는 "단지 상대적인 의미에서"라 할지라도 하나님에 의해 극복되고 초월되어야 할, "하나의 결핍 원리, 부정의 원리"였다.3) 반면에 하나님은 최고의 존재이자 진실로 '있는' 존재자로서 무 또는 죽음을 굴복시키는 주재(主宰)였고, 성육신한 예수는 십자가의 희생으로 죽음(무)의 권세를 깨뜨린 승리자였고, 신자에게 부어진 성령은 죽음을 극복하게 하는 '생명'의 영이었다. 결국 그리스도교 신학 안에서 무라는 것은 "참다운 존재자, 최고의 존재자, 피조물이 아닌 존재자로서의 신과 대립되는 개념"으로서의 무였다.4) 그러나 이러한 신학적 '무' 담론은 존재론의 차원에서, 인식론의 차원에서, 의미론의 차원에서 무에 대한 사유를 획일화하고 단순화한 문제들을 가져온다. 신학적으로 말해서 죽음이 무에 관련될 수 있어도, 무는 죽음으로 수렴되거나 환원될 수 없다. 그리스도교의 종말론은 죽음에 영원성을 부여하지 않기 때문이다.(고전 15:26) 죽음은 완전하게 하나님의 대척점에 설 수 없고(신 32:39), 영원한 무나 절대적 무의 위상을 지닐 수 없다.

창조에 관련해서 우선 우리는 무에 대해 이렇게 물을 수 있다. 애초에 히브리적 사유전통이 '무로부터의 창조'를 지지할까? 신약성서와 교부들의 신학이 일괄적으로 '무로부터의 창조' 교리를 주장했을까? 오늘날 천체물리학의 발견들을 참고할 경우 '무로부터의 창조'가 유효할까? 실제로 '무로부터의' 창조설의 직접적 전거가 되는 본문은 개신교에서 외경으로 분류하는 '마카베오(下)'에 나온다. "얘야, 내 부탁을 들어다오. 하늘과 땅을 바라보아라. 그리고 그 안에 있는 모든 것을 살펴라. 하느

---

2) Karl Barth, *Kirchliche Dogmatik* III/3 (Zürich: EVZ, 1986), 327, 425.
3) 아베 마사오 / 변선환 역, 『선과 현대신학』(서울: 대원정사, 1996), 138.
4) Martin Heidegger, *Was ist Metaphysik?* (Frankfurt: Vittorio Klostermann, 1955), 21.

님께서 무엇인가를 가지고 이 모든 것을 만들었다고 생각하지 말아라. 인류가 생겨난 것도 마찬가지다."(마카베오하 7:28) 그리고 이사야 44:24, 로마서 4:17, 히브리서 11:3 등을 꼽기도 한다. 그러나 필자가 준별하기로, 이러한 구절들이 명확하게 '무로부터의' 창조설을 지시하는 것인지 이론(異論)의 여지가 있다. 앞뒤 문맥의 흐름을 관찰할 때 별도의 요지를 갖거나, 그것을 전달하는 과정에서 덧붙여진 수사(修辭)일 수 있기 때문이다.

그렇다면 직접적으로 창조기사를 보존하고 있는 창세기 어떠한가? 그 첫 구절, "태초에 하나님이 천지를 창조하시니라" 하는 문장 가운데 '태초에'를 뜻하는 히브리어 '베레쉬트'(בְּרֵאשִׁית)는 대개 천지를 창조한 시점 또는 시공간의 기원을 의미한다고 해석되어왔다. 그런데 히브리 성서를 BC 3세기경 헬라어로 옮긴 70인경(Septuagint)는 이것을 '엔 아르케'(ἐν ἀρχῇ)로 표기했다. 해석하기에 따라 그것은 하나님이 '존재자'와 함께 했던 영원전의 시간(또는 무시간)에 해당될 수 있고, 우리 우주의 창조 시점을 뜻하기도 한다. 물론 범신론을 배격하는 그리스도교 신학 전통은 후자를 취하고 있다. 그런데 이어지는 다음 어휘를 고려하자면 그것이 다르게 독해될 여지가 남게 된다. 즉 '창조하시니라'를 뜻하는 히브리어 '바라'(בָּרָא) 때문이다. 그리스도교 전통에서 '바라'를 '무에서 유로' 진행하는 하나님의 완전한 창조 행위로 읽었지만, 사실 이 단어는 기존하는 재료를 사용하여 만드는 것을 뜻하기도 했다. 따라서 히브리 원어상 창세기 첫 구절이 과연 '무로부터의 창조'를 뜻하는 것인지 확실하지 않다. 더구나 창세기 1:1을 반복·부연하는 1:32 및 2:4에는 오히려 일반적으로 재료를 써서 '만들다'는 뜻하는 '아사'(עָשָׂה)를 사용했다. 이상의 어휘들을 헬라어로 번역한 70인역과 라틴어로 번역한 불가타역을 참조할 경우, 그 당시 사람들이 해당 구절을 어떻게 이해했는지 단서를 발견하게 되는데, 번역된 어휘들인 '포이에오'($\pi o \iota \acute{\epsilon} \omega$), '크티조'($\kappa \tau \iota \zeta \omega$), '크레아레'(creāre)를 고려할 경우 창세기의 첫절이 꼭 '무로부터의 창조'를 확정한다고 볼 수 없는 것이다.

이제 창세기 1장 2절, "땅이 혼돈하고 공허하며 흑암이 깊음 위에 있고 하나님의 영은 수면 위에 운행하시니라"를 고찰해 본다. 창조주가 만물을 창조하기 이전의 상태가 곧, 2절에 해당한다. 우리가 3절에 "빛이 있으라"하는 하나님의 명령이 창조의 사역에 있어 최초의 시발로 읽는다면, 그 이전에 '땅이 혼돈한' 상태를 순수한 무라고 이해하기 힘들다. 또한 '깊음', '수면'이라는 어휘가 우리로 하여금 절대무 또는 진공을 가정하는 것을 방해한다. 창세기 1장의 창조기사에 영향을 준 고대 근동의 토판문서 「에누마 엘리쉬」를 참고하자면, 페르시아만의 바다와 유프라테스강과 티그리스강 유역이 범람하여 물과 뭍이 뒤엉키는 상태를 '혼돈'으로 보았고, 바로 그러한 심상(心象)이 여기에 투영된 것이다. 그 근거를 들자면, '깊음'을 의미하는 '테홈'(תְּהוֹם)이 혼돈과 바닷물을 상징하는 '티아맛'(Ti'āmat)과 어원이 같다는 사실이다.[5] 이렇게 창세기 1장의 창조 서사를 다시 고찰하자면 이것이 정작 '무로부터의 창조'를 함의한다기보다 '혼돈으로부터의 질서화' 또는 '비정형(非定型)의 원질(原質, $\dot{\alpha} \rho x \acute{\eta}$)로부터의 물질로의 정형화(定型化)'를 의미함을 발견하게 된다. 이와 비슷하게 순교자 유스티누스(Justin Martyr)와 알렉산드리아의 클레멘트(Alexandrian Clement)는 하나님이 이미 존재하고 있던 물질의 혼돈 상태로부터 질서를 부여함으로써 세상을 창조했다고 주장했다.[6] 훗날 칼

---

5) 배철현, "Creatio ex Nihilo?," 「종교학 연구」 21 (2002): 44.
6) Willis Allen Shotwell, *The Biblical Exegesis of Justin Martyr* (London: Alec R. Allenson, 1965), 30. Henry Chadwick, *Early Christian thought and the classical tradition: studies in Justin, Clement, and Origen* (Oxford: Clarendon Press, 1966). 31-65.

빈도 "이 세계가 이렇게 아름답게 장식되기 전에 벌써 성령께서 저 혼돈된 덩어리를 돌보셨다"고 언급한 바 있다.[7] 그러나 이와 달리 고대로부터 타티아누스(Tatianus), 테오필루스(Theophilus), 테르툴리아누스(Tertullianus) 등은 '무로부터' 창조를 논했고 이것이 영향력 있는 창조이론으로 확산되어 아우구스티누스와 토마스 아퀴나스에게까지 이르렀다.[8]

실질적으로 '무로부터의' 창조설을 정립시킨 아우구스티누스는 『선의 본성을 논함』에서 로마서 4:17 및 시편 148:5을 주해하며 하나님이 "무로부터 유를 이끌어 냈다"고 주장했고, 『고백록』에서도 "홀로 존재하는 주는 무로부터 하늘과 땅을 창조했다"고 썼다.(De Conf. XII, 7.)[9] 그의 논리를 따르자면 하나님은 창조를 위해 어떠한 기존하는 재료를 필요로 하는 분이 아니다. 그런데 아우구스티누스 거기에서 창조이론을 멈추지 않았다. 본고의 논지와 관련해서 매우 흥미로운 주해를 남겼기 때문이다. 그는 창세기 1장 2절, "땅이 혼돈하고 공허하며"에 등장하는 그 '땅'을 천체 혹은 지구나 지면으로 보지 않고 "보이지 않고 형상 없는 땅"으로 설명한 것이다. 부연하자면 그 '형상 없는 땅'은 구체적인 사물들이 만들어지기 전에 있던 것이다.(De Conf. XII, 3, 3.) 그리고 "이 볼 수 없는 '형상 없는 땅'으로부터, 무에 가까운 무형적인 것으로부터, 주님은 변화할 수 있는 만물을 지어내셨으니 이로 말미암아 변화하는 우주가 생기게 되었"다고 주장했다.(De Conf. XII, 8.) 말하자면 "'하나님이 천지를 창조하시니라' 하는 구절에서 하늘과 땅이란, 볼 수 있는 우리 우주의 하늘과 땅이 아니라, 지혜의 하늘과 형상 없는 땅"을 의미하는 것이다.

---

7) 죤 칼빈 / 김종흡 외 3인 역 『기독교 강요 (상)』 (서울: 생명의 말씀사, 1998), I, 13, 14.
8) "하나님은 "창조할 때 외부의 질료를 사용하지 않았다." 토마스 아퀴나스 / 박승찬 역, 『신학요강』 (서울: 나남, 2008), I, 69.
9) 기독교 고전이므로 본고의 지면을 줄이기 위해 이하 "De Conf."로 표기한다.

(*De Conf.* XII, 8~13. 참조) 이로써 우리는 그 "형상 없는 땅"을, 만유를 창조할 때 쓰이지만 무에 가까운 근원적인 물질로 볼 수 있다. 그것은 다채로운 피조물과 절대무 사이에 있는 그 어떤 것, 즉 무라고는 할 수는 없지만 "거의 무에 가까운 무형적인 것"(*De Conf.* XII, 8.)이면서도 만물의 원질(原質)일 수 있는 어떠한 것이다. 요컨대 아우구스티누스가 설명하는 하나님은 "무로부터 무에 가까운 것을 만들고 나서, 이 무형적인 질료로부터 세상을 만들"었던 것이다.(*De Conf.* XII, 3.)

　이런 발상을 다시 확인할 수 있는 근거는 그의 이른바, '배종 이성설'(胚種 理性說)에 있다. 아우구스티누스는 하나님이 무로부터 만물을 창조하되, 그 구체적인 것들이 나타나기 전에 잠재적으로 존재하는 단계, 즉 '배종(씨앗) 이성'(Rationes seminale)을 상정했는데, 필자는 이것을 일종의 메타포로 읽는 편이 낫다고 본다. 논자에 따라 이것을 '배종적 원리(이성)', '원인적 원리', '원초적 원리', '본래적 요소' 등으로 번역했는데, 말하자면 나무가 씨앗 속에서 가능성으로 잠재하고 있듯이, '배종 이성'이란 하나님이 시간을 창조하면서 구체적인 동식물을 가시적으로 창조하기 전에 만물은 구체적인 모습을 지니지 않고 잠재적·가능적 상태로 존재했음을 뜻하는 말이다.10) 이렇게 아우구스티누스는 하나님이 만물을 창조했다는 창조이론과, 현재 새로운 생명과 사물들이 계속해서 발생하고 있다는 자연현상을 조화시키고자 했다. 그에 의하면, 창조주는 시간과 세계를 창조함에 있어서 먼저 배종적 원리(또는 요소)라는 잠재태(潛在態)를 심어 놓은 이후 시간의 흐름 속에서 다양한 사물들이 발생하도록 한 것이다.

　필자는 아우구스티누스가 절대적 무와 창조물 사이에 "형상 없는 땅"

---

10) Augustinus, *St. Augustine : The Literal meaning of Genesis*, trans. John Hammond Taylor (New Jersey: Paulist Press, 1982), I. 9. 17.

이라는 '상대적 무'를 상정했다는 사실에 신학적 관심을 두게 된다. 왜냐하면 무와 세계 사이에 무형의 질료를 상정한 것은 현대 우주 물리학이나 동양의 우주관과 호응하는 국면이 있기 때문이다. 그래서 필자가 아우구스티누스의 창조이론 속에서 주목하는 개념은 바로 이 '무가 아니면서 무 같은 것'이다.11) 이것을 현대의 과학적 실재론으로 직접 가져오기에 용이하지 않지만, 구체적인 사물들이 창조되기 전에 원형적이고 근본적인 질료(arche)가 선재했다는 발상은 다양한 차원에서 설득력이 있어 보인다. 아우구스티누스와는 달리 이러한 개념을 신론에 연결시켰던 토마스 아퀴나스는 나지안주스의 그레고리우스의 생각을 이어받아 "역동적 신 개념"을 창안하여 다음과 같이 설명한 바 있다 : "자체 안에 전체를 내포하고 있으며 무한하고 무규정적 실체의 거대한 바다[大海]."12) 즉 하나님 자신이 만물을 포괄하고 있되, 실체의 거대한 근거라고 말하고 있다. 특히 '바다'라는 메타포는 창세기 1:2와도 관련이 되면서, 현대 물리학이 모든 우주의 기저이면서 물질을 발생시키는 거대한 에너지장(場)을 말하는 대목과 상통한다.

'무로부터의 창조' 교리는 창조주의 자존성(自存性, aseity)을 지키고 무한한 능력을 찬양하는 송축(doxology)의 기능을 겸하는 차원에서 의미가 있다. 그러한 신앙적 동기는 어느 시대에든 교회에 장려되는 것이 자연스러워 보인다. 그러나 우리는 그것이 실제로 성서적 전거에 부합하는지, 보편 타당성을 획득하는지, 자연과학적 발견과 인류 지성의 발달에 호응하는지 면밀하게 검토할 필요가 있다. 그렇지 않으면 이 유서 깊은 교리가 폐쇄적 신조로서 남을 우려가 있기 때문이다. 이러한 문제의

---

11) 이러한 실재론에 관해 뒤에 상술하겠지만, 이것은 동양에서 우주의 근원적 질료로서 '기'(氣)를 설명하는 방식과 유사하다.

12) 재인용. 김용규, 『신』 (서울: 휴머니스트, 2011), 158.

식을 가지고 필자는 이제 동아시아의 '이기론'(理氣論)과 현대 물리학적 발견들을 일별하고자 한다. 우리는 거기에서 향후 숙고할 논제에 관련된 몇 가지 자료와 사유방식을 발견하기 때문이다.

III. '이기론'의 역사와 논쟁점

진(秦)나라 이전의 고대 유학, 이른바 '선진(先秦)유학'에는 대체적으로 심오하고 난해한 형이상학적 설명과 도식이 나오지 않는다. 그런데 천 년이 훨씬 지난, 11세기 이후 송나라 시기에 등장한 신유학, 또는 '주자학'(朱子學)이라고 일컬어지는 '성리학'(性理學)은 우주의 이법(理法)과 인간의 심성(心性)에 관련하여 매우 현학적인 내용을 제기하고 있다.13) 이 가운데 필자가 관심을 갖는 대목은 우주의 발생을 설명하는 이기론(理氣論)에서 '무'(또는 무극)에 대한 이론이 쓰였다는 점이고, 그것에 관련한 논쟁사에 앞서 '무로부터의 창조' 이론에 관련하여 견줄 수 있는 쟁점을 공유한다는 점이다.

성리학에 있어서 만물의 발생과 운행을 설명하는 대표적인 전거는 바로 주돈이(주렴계)의 「태극도설」(太極圖說)이다. 실질적으로 주돈이는 신유학의 형성에 큰 영향을 미친 유학자였기에 '주자'로 숭앙되는 주희도 그에게 빚을 지고 있다. 비록 「태극도설」은 249자로 작성된 짧은 글이지만 후대 성리학자들이 이것을 근거로 자신의 이론을 정립해갔다. 「태극도설」의 첫 구절은 "무극은 곧 태극"(無極而太極)이라고 시작된다. 그

---

13) 학자들은 성리학의 발생에 불교의 화엄사상(華嚴思想) 또는 이사론(理事論), 그리고 중국 고유의 역(易)과 음양오행설(陰陽五行說), 도가(道家)의 형이상학이 영향을 준 것으로 평가한다.

중요한 내용은 다음과 같다.

> 무극이면서 태극이다. 태극은 운동하여 양(陽)을 낳고 운동이 극에 달
> 하면 고요에 이르고 고요함으로써 음(陰)을 낳는다. 고요의 상태가 지극
> 하면 다시 운동하게 된다. 한 번 운동하고 한 번 고요한 것이 서로 그 뿌
> 리가 되어 음과 양으로 나뉘어, 양의(兩儀)가 되어 맞선다. 양(陽)이 변하
> 고 음(陰)이 합하여 수(水), 화(火), 목(木), 금(金), 토(土)를 낳는데, 이 다
> 섯 가지 기(五氣)가 순차로 퍼져 네 계절(四時)이 돌아가게 된다. 오행은
> 하나의 음양이고, 음양은 하나의 태극이며 태극은 본래 무극이다.14)

송대 신유학의 발흥 시기보다 1500년 앞서, 유가나 도가에 막대한 영
향을 준 『주역』의 「계사전」에는 "역에는 태극이 있고 태극에서 양의(즉
음과 양: 필자주)를 낳고 양의에서 4상을 낳고 4상에서 8괘를 낳고 8괘는
인간사의 길흉을 정하고 길흉은 수 많은 일들을 만든다"고 적고 있
다.15) 이것과 비교하자면, 11세기의 주돈이는 『주역』을 차용하되 4상8
괘(四象八卦)를 5행(五行)으로 변용하고 있다. 그런데 주희는 주돈이의 「태
극도설」을 주해하면서 태극을 다음과 같이 '이'(理)로 대체하여 설명한
다 : "운동과 고요함이 있기 위해서는, 운동과 고요함의 원인이 되는 이
(理)가 있어야 한다. 이것이 곧 태극이다."16)

사실상 그 이전 세대에는 생성·운동을 위한 음양(陰陽)이 내포된 태극
을 이(理)가 아닌 기(氣)에 관련시켜 설명해왔다. 기가 비록 구체적 사물

---

14) "無極而太極. 太極動而生陽, 動極而靜, 靜而生陰, 靜極復動. 一動一靜, 互爲其
　　根. 分陰分陽, 兩儀立焉. 陽變陰合, 而生水火木金土. 五氣順布, 四時行焉. 五行
　　一陰陽也, 陰陽一太極也, 太極本無極也." 이하 원문의 출처의 경우, 중국 고전
　　은 대만의 'Chinese Text Project'(https://ctext.org)에서, 그리고 한국 고
　　전의 경우 '한국 고전 종합DB'(http://db.itkc.or.kr)에서 인용했음을 밝힌다.
15) 『周易』, 「繫辭傳」, 11章. "易有太極 是生兩儀, 兩儀 生四象, 四象 生八卦, 八卦
　　定吉凶, 吉凶 生大業."
16) 『性理大全』, 卷1. "其動其靜則必有所以動靜之理, 是則所謂太極也."

로 변화하기 전에는 감각을 초월하는 존재일 수 있지만 그것이 뭉쳐서 생명과 사물을 조성하기 때문에 기는 세계의 원천적 질료이자 궁극적 실재였다.17) 한편 이(理)는 그러한 기(氣)의 운행법칙이고 질서였다. 주희에게 큰 영향을 미친 장재도 이 점에 있어서 크게 다르지 않았다.18) 그러나 주희는 '이가 근본이고 기는 말단'이라고 주장하는 정호(程顥)·정이(程頤) 형제의 이본기말론(理本氣末論)에 경도되어 이와 기를 분리해서 사유하는 '이기이원론'(理氣二元論)으로 나아갔다. 그리고 기(氣)보다 이(理)를 보다 차원이 높은, 존재의 근원으로 사유했다. 이것은 기(氣)가 작용하는 규칙과 질서를 이(理)로 보았던 이전 시대의 사유와 확실히 다른 방식이었다. 사실 최소한 성리학 발흥기에는 이(理)와 기(氣)가 '하나이면서 둘이며, 둘이면서 하나[一而二, 二而一] 또는 '불상리 불상잡'(不相雜 不相離)', 즉 '서로 분리될 수 없으면서 서로 다르다'는 대전제가 공유되고 있었다. 그런데 주희에 의하면, "'무극이면서 태극'이라는 말은 아무 것도 없는 가운데 지극한 이가 있다는 것"19)이고, 형체가 없는 비물질적 '이'(理)가 곧 태극이며 무극이고 "만물을 생성하는 근본"20)이었다. 그리고 극단적으로 가정하여 기(氣)가 없더라도 이(理)는 존재한다고 보았다. 다음 인용문에는 그러한 논점이 분명하게 드러난다.

---

17) 기일원론(氣一元論)은 그 기원이 춘추전국시대 이전까지 소급되며, 이를 반영하는 대표적인 책이 『莊子』, 『列子』, 『易傳』, 『管子』, 『淮南子』 등이 있다.

18) 『正蒙』, 「參兩篇」, 第2. "한 사물에 두 형체(體, 곧 음양: 해석자 주)이 있는데, 그것이 곧 기(氣)다. 말하자면, 하나로 있는 고로 신(神)이라 할 수 있는데, (동시에) 둘로 존재하는 고로 헤아릴 수 없다. 둘이기 때문에 변화를 일으키는데 일치를 위해 운동한다. 이러한 하늘의 이치가 (세계의 운행에) 참여하는 것이다."(一物兩體 , 氣也 ; 一故神 , 兩在故不測 , 兩故化 , 推行於一 , 此天之所以參也 .)

19) 『朱子語類』, 卷94. "無極而太極 , 是無之中有箇至極之理."

20) 『朱子文集』, 卷58, 答黃道夫書. "天地之間 , 有理有氣 . 理也者 , 形而上之道也 , 生物之本也 . 氣也者 , 形而下之器也 , 生物之具也 . 是以人物之生 , 必稟此理 , 然後有性 , 必稟此氣 , 然後有形."

> 이와 기는 결단코 두 개의 어떤 것[二物]이다. 사물의 차원에서 보면
> 그 둘은 섞여 나누어지지 않은 채 각자가 한 곳에 있다. 그러나 그 둘은
> 각각 하나임을 해치지 않는다. 만약 이(理)의 차원에서 보면 아직 사물이
> 없다 하더라도 사물의 이는 있다. 그러한 고로 역시 그저 그 이(理)만 있
> 을 뿐 이 사물이 실제로 있는 것은 아니다.21)

최소한 이 대목에 있어서는 우리는 플라톤식의 이원론 또는 이데아론
을 연상하게 된다. 그렇다면 이러한 구도 가운데 어떻게 만물의 발생과
운동이 해명될 수 있을까? 분명히 주자는 이(理)에는 형태뿐만 아니라
"감정, 판단, 조작(造作)이 없다"고 했다.22) 그렇게 창조의 능력이 없는
이(理)가 어떻게 운동하고 기(氣)를 발생시킬 수 있을까? 그러면서 '운동
하고 고요해는' 태극이 이(理)라고 했는데, 그렇게 설명하자면 이미 태극
은 기(氣)가 되는 것이다. 혹여 그 자신이 해설한 「태극도설」에서처럼
'운동'(動)과 '고요함'(靜)이 기(氣)의 두 측면이고 물질적 재료라고 인정했
다 하더라도, 바로 그 기(氣)가 정작 어떻게 태극인 이(理)로부터 유래할
수 있는지 명확히 설명하지 않았다. 이(理)는 어떤 것을 "지어 만들 수"
(造作) 없으니 말이다. 이와 기의 공존을 분명하게 주장하지 않았던 그의
이론의 당착이 바로 여기에 드러난다.

이전의 기(氣) 중심적 형이상학, 즉 '기는 처음부터 있었고 만물은 기
로 말미암았다'고 설명하는 논리에 비해 주희의 이기론은 매우 추상적
이고 관념적이었다. "'무극이면서 태극'이라는 (주돈이의) 말은 다만 형체
가 없고 이(理)가 있음을 말한다"23) 그리고 "아무것도 없는 가운데 지극

---

21) 『朱子文集』, 卷46, 答劉叔文. "所謂理與氣, 此決是二物. 但在物上看, 則二物
渾淪不可分開各在一處, 然不害二物之各爲一物也. 若在理上看, 則雖未有物,
而已有物之理. 然亦但有其理而已, 未嘗實有是物也."
22) 『朱子語類』, 卷1. "理却無情意, 無計度, 無造作."
23) 『朱子語類』, 卷94. "無極而太極, 只是說無形而有理."

한 이(理)가 있다" 하는 수준에서 그친 그의 명료하지 못한 설명은 이후
로 적지 않은 혼선과 논란을 양산하기에 이르렀다. 그리하여 후대의 성
리학자들은 이(理)와 기(氣) 사이에서 시간적 선후 관계 또는 본말(本末)
관계를 더 따지고자 했다. 극단적인 논자는 "이가 앞서고 기가 뒤에 온
다"[理先氣後]와 또는 "이가 기보다 중요하다"[理重氣輕]고 주장했고, 인
간 내면의 본래성인 성(性)은 오직 이(理)로 말미암고, 잡다한 감정과 욕
심은 오직 기(氣)로 말미암았다고 주장하기도 했다. 그러니까 이(理)는 절
대적 순수성을 지닌 한편, 기(氣)는 이율배반적 작용을 하는데, 가령 기
(氣)가 이(理)를 '열어주고 통하게' 할 뿐만 아니라 '막고 가리기'[通蔽開
塞] 때문이라는 것이다. 이러한 식으로 적지 않은 성리학자들은 기의 부
정적 측면을 부각시키고 비물질적이고 관념적인 이(理)를 숭앙하는 사
변으로 흘렀다.

　전통적 그리스도교 신학의 관점에서 접근해도, 무극으로서 이(理)가
기(氣) 없이 즉 "아무것도 없는 가운데" 단독으로 존재했다는 설명은 수
긍이 된다. 그러나 무극이 기를 생성했다는 논리는 의문점을 가져온다.
'무에서 유를 창조하는' 전능자를 상정하지 않는 구도에서, '어떻게 무
에서 기라고 하는 물질적 근거가 발생할 수 있을까?'[24] 또는 '이(理)는
조작(造作)의 능력이 없다고 했다는데 어떻게 그것으로부터 운동과 고요
의 순환 작용이 나타날 수 있을까?' 하는 의문들이다. 차라리 무극 즉 이
(理)가 절대무가 아니라고 한다든지, 또는 이와 기가 공존하거나 동일한
것이라고 해야 타당할 것으로 보인다.

---

24) 인격신을 상정하지 않는 동양적 사유에서 이 문제는 차라리 불가지론으로
　　두는 것이 합당해 보인다. 실제로 붓다의 경우 "그 어떤 제일원인이 실재한
　　다고 가르치기를 거부했을 뿐만 아니라, 오히려 제일원인을 찾지 못하게 했
　　다"고 한다. 조애너 메이시 / 이중표 역, 『불교와 일반 시스템 이론』(서울: 불
　　교시대사, 2004), 93.

성리학의 이념으로 창건된 조선에 있어서도 이로 인한 논란이 심했다. 사실 조선 초기에는 주희식의 이기이원론(理氣二元論)이 주류를 이루었다. 정도전과 권근은 '이가 앞서고 기가 뒤를 따른다'는 '이선기후'(理先氣後)를 주장했고, 영남학파의 거장 이황 역시 '이가 높고 기가 낮다'는 '이존기비'(理尊氣卑)를 주장했다. 그리고 이황의 영향으로 이의 능동성과 주재성이 더욱 강조되어 점차 '이일원론'으로 발전하기도 했다. 그러나 이와 기를 분리하지 않고, 이(理) 만큼이나 기(氣)의 근원적 성격을 양보하지 않으려는 사유도 만만치 않았다. 명대(明代)의 나흠순처럼 조선에서 서경덕이 그러한 입장이었다.25) 그는 영원히 존재하는 기(氣)의 내재적 원리를 이(理)로 보고, 기라는 원질(原質)로부터 생성과 운행을 설명했다. 서경덕에 의하면, 이는 기 바깥에 별개로 존재하지 않고 기를 주재한다[氣之宰]. 태초부터 기가 있었고 기는 영원히 편재한다. 허공이라 할지라도 그것은 절대무가 아니라 기가 가득찬 유(有)로서의 태허(太虛)다. 존재하는 사물들은 기의 모임[凝聚]이고 기의 이합집산의 과정 가운데 있다가 태허, 즉 기로 돌아간다. 서경덕은 이가 기를 주재한다는 의미란, 이가 기와 함께 하며 기의 작용을 지시하고 기의 작용이 올바르게 저절로 그렇게 되도록 해준다는 뜻이었다.26) 훗날 이율곡은 서경덕의 기철학으로부터 영향을 받아 영남학파의 이기이원론과 이일원론을 이기일원론(理氣一元論)으로써 반격하고 보완했다. 요컨대 이와 기가 서로 다르지 않다는 관점이었고 그러한 율곡의 사상적 흐름은 김장생·송시열을 거쳐 기호학파에 보존되었다. 그리고 보다 대담하게 기를 근본으로 존재를 해명하려는 시도는 조선말 최한기에게서 정점을 이룬다. 그는

---

25) 그 외에 이항, 기대승, 이율곡 등이 있다.
26) 초기 성리학의 이기론과 그것의 맹점을 극복하려는 서경덕의 쟁점에 대해서는 다음 논문을 참고하라. 손영식 (2012). 장재와 서경덕의 우주론. 철학사상, 44, 67-109.

"기가 응결하면 반드시 (작용의) 능력이 있게 된다. … 나무에 응결하면 싹이나 무성하게 되고, 사람에 응결하면 윤리강령이 있게 된다"고 하며 기를 통해 우주와 인간의 존재론적 구조, 그리고 윤리적 근거까지 해명하려 했다.[27] 최한기는 기가 영원히 살아 활동하고 있으나 규정하기에는 불가능한 생명체임을 드러내기 위해 특별히 '신(神)'이라는 접두어를 붙여 '신기'(神氣)라고 칭했다. 그에 의하면, 우주는 신기의 운행이고 사물의 형성과 인간의 사건들도 신기가 다양하게 나타난 결과다.[28]

주희가 논한 태극에 대해서, 20세기 중국의 대표적 철학자인 펑유란(馮友蘭)이, '아리스토텔레스가 말했던 "부동의 동자"(Unmoved Mover)와 유사하다'는 식으로 해명했지만,[29] 필자는 오히려 주희의 이기론에서 플라톤식의 이원론적 구조나 유신론적 초월주의(transcendentalism)를 보게된다. 주희의 이기이원론과 그 이론을 극단적으로 발전시킨 이일원론(理一元論)에서 무형 및 비물질의 궁극적 실재인 이(理)의 선재(先在, preexistence)나 자기 충족성(self-sufficiency)을 찾을 수 있기 때문이다.

---

27) 『人政』 卷5, 「測人門」 5, 倫綱由氣化. "氣之凝也, 必有其能. … 凝於樹木爲苗茂, 凝於人民爲倫綱."
28) "모든 기의 바퀴가 돌아가며 다스려 만물이 생성되는데, 잉태하고 운행 변화시키는 능력이 스스로 있어서 차례로 땅에 전달된다. 사람의 일은 사물이 되어야 할 순리대로 따르고, 사물이 되어야 할 순리는 신기(神氣)의 순리를 따른다. 대개 순리를 따르고 운행 변화하는 것이란 하늘의 기를 따르고 사람과 사물을 순종하게 하는 것이다." (…, 諸氣輪攝動陶鑄, 自有胞胎運化之能, 遞次傳達內地. 人物之運化, 爲事務之承順, 事務運化, 爲身神氣之承順. … 盖承順運化, 承天氣順人事也.) 독자의 쉬운 이해를 위해 필자가 과도히 의역했음을 밝힌다. 『承順事務』, 序.
29) 펑유란 / 정인재 역, 『중국철학사』(서울: 형설출판사, 1999), 368.

IV. 하나님과 창조의 원질

영국 성공회의 신학자인 로완 윌리엄스(Rowan Williams)는 "과학자들은 우주 탄생의 근원이 빅뱅이라고 주장하면서, 정작 빅뱅이 무의 상태에서 어떻게 발생했는지 전혀 설명하지 못하고 있다"고 지적한 바 있다.30) 여기에 더해 필자는 몇 가지 질문을 첨가해본다. 창조자 하나님은 무와 어떤 관계가 있을까? 물질적 우주가 창조되기 이전 하나님의 존재 형식은 무엇일까? 만약 우주 조성의 근거가 하나님에게만 있다면 '하나님으로부터의 창조'라고 할 수 있지 않을까? '무로부터' 창조된 물질의 정체는 무엇일까? '물질'이라는 것은 과연 신뢰할만한 존재론적 기준이 될까? '영-육' 또는 '정신-물질'의 이항대립이 신학적으로 유효할까? 이러한 질문에 답을 모색함에 있어서 필자는 현대 물리학이 이루어 놓은 이론적·실험적 내용들을 참고하여 신학적 논의의 저변을 넓힐까 한다. 그럼으로써 전통적으로 수용되었던 '무로부터의 창조'의 교리가 확정적일 수 없다는 점을 드러내고자 한다. 또한 성리학의 '이기론' 논쟁의 역사에서 짚어보았던 비물질·무형의 '이'와 물질적 원질인 '기' 사이의 관계가 공교롭게도 현대 물리학에서 비슷하게 찾아지기 때문에, 우리에게 영으로서의 하나님과 성령을 근거로 존재하는 창조세계에 대한 바른 신학적 해명을 지속적으로 추구해야 할 당위성을 보이고자 한다.

20세기 상대성 이론과 양자역학은, '우리의 우주가 특정 조건을 넘어서면 더 이상 상식과 직관이 통하지 않는다'는 것을 드러냈다. 1928년 폴 디랙(Paul Dirac)의 방정식과 1932년 칼 앤더슨(Carl Anderson)의 관측에 의해 우주를 구성하는 입자에 있어 전하값이 반대인 '반입

---

30) 존 C. 레녹스 / 원수영 역, 『빅뱅인가 창조인가』(고양: 프리윌, 2013), 7.

자'(Antiparticle)가 있고, 진공에서 입자-반입자 쌍이 생성·소멸되는 사건이 계속해서 일어남을 알게 되었다.31) 이는 무(無)로 간주되는 상태가 정작 '없는' 것이 아니라는 사실을 시사했다.32) 프리츠 츠비키(Fritz zwicky)는 은하들의 운동 속도가 관측되는 물질의 질량으로는 도저히 해명할 수 없을 정도로 빠르다는 사실로 인해, 은하에는 관측되지 않는 물질이 있어야 한다고 주장하여 그것을 '암흑물질'(dark matter)이라 일컬었는데 훗날 실제로 입증되었다. 그리고 우주의 팽창 속도가 측정되면서 일반 물질의 질량에 작용하는 중력보다 더 큰 에너지가 우주를 밀어내고 있다는 사실도 관측되면서 '암흑에너지'(dark energy)의 존재도 발견되었다. 그렇게 암흑물질과 암흑에너지의 발견으로써 우주의 빈 공간은 물질로 차 있는 공간보다 19배 더 충만한 상태였음이 밝혀졌다. 계산된 바에 따르면, 우주의 총 에너지 가운데 70%가 암흑에너지이고 25%가 암흑물질이며, 관측 가능한, 그러니까 우리가 일반적으로 '물질'이라고 부르는 바로 물질은 고작 5%에 지나지 않는 것이다.33) 이렇듯 이상의 물리학적 발견들은 곧 무 또는 진공으로 간주되었던 공간이 오히려 충만한 상태라는 역설을 이야기한다.34) 물론 이것은 절대적인 무라고 할 수 없다. 다만 이러한 물리학적 발견들은 우리의 일반적 개념을 깨뜨려서, 관측 불가능한 '그 무엇'이 물질의 본질이라는 점에 눈을 뜨게 만든다. 그리고 물질을 유(有)로, 비물질을 무(無)로 나누는 고전적 실재관에서 벗어나도록 촉구한다.

31) 과학세대 편저, 『우주의 탄생에서 종말까지』(서울: 벽호, 1993), 198-203.
32) 브라이언 그린 / 박병철 역, 『엘러건트 유니버스』(서울: 승산, 2005), 197.
33) 브라이언 그린/박병철 역, 『우주의 구조』(서울: 승산, 2005), 411, 417.
34) Mario Bacelar Valente, "A Case for an Empirically Demonstrable Notion of the Vacuum in Quantum Electrodynamics Independent of Dynamical Fluctuations," *Journal for General Philosophy of Science*, Vol. 42, No. 2 (November 2011): 241-242.

보통의 물질 자체가 지닌 역설도 간과할 수 없다. 아인슈타인의 상대성 이론으로부터 빛의 속도와 가까워질 때 길이는 수축하고 질량은 증가되고 시간에는 지연 효과가 발생한다는 점과 질량(물질)과 에너지는 서로 호환될 수 있다는 '질량-에너지 등가 법칙'이 발견되었다. 물질의 정체는 상대적이고 임의적일 수 있다는 사실, 그리고 무형의 에너지가 보통 물질의 정체였다는 점이 밝혀진 것이다.35) 20세기 이후 지금까지 발전해온 양자역학 또한 미시세계에서 아원자들이 파동의 성질을 갖고 연속적이지 않은 움직임을 갖는다는 현상을 보였다. 원자보다 작은 전자를 대상으로 시행된 '이중 슬릿 실험'은 물질이 지닌 입자성과 파동성이 상보적이고 양립 가능하다는 사실을 증명했다. 그리고 다양한 물리 현상을 기술함에 있어서 장(場, field) 개념이 요구됨으로써 입자의 형식으로써 '있음'을 규정해 온 실재론이 유효하지 않게 되었다.36) 매우 불가해한 것은, 관측행위를 하지 않을 때에 미립자가 파동의 형식으로 존재했다가 관측 행위를 할 때에 비로소 입자로 나타나는 현상이었다.37) 초기에 이 실험은 광자나 전자와 같이 극미한 세계에 한정되었다. 이 마술 같은 현상도 우리 우주의 본질이 근본적으로 파동이며 에너지라는 것을 시사했다.38) 그리고 "물리적 대상이 가지는 물리량은 관측과 관계 없이 독립적으로 존재하는 객관적인 값이 아니라 관측행위에 의해 영향을 받는 값"39)이라는 발견은 '인간의 관찰행위가 파동을 입자 형태의 실체로 바꾼다'는 점을 함의했다. 이것은 '인간의 인식(신앙)이 세계를

---

35) 브라이언 그린, 박병철 역, 『엘러건트 유니버스』(서울: 승산, 2005), 197.
36) 프리초프 카프라/김용정 역, 『현대 물리학과 동양사상』(서울: 범양사, 1993), 239-240.
37) 가다야마 야수히사/김명수 역, 『양자역학의 세계』(서울: 전파과학사, 2008), 92-101
38) 브라이언 그린/박병철 역, 『엘러건트 유니버스』(서울: 승산, 2005), 172-175.
39) 곽영직, 『양자역학의 세계』(파주: 동녘, 2008), 72.

조성하거나 영향을 미친다'는 종교적 가르침을 연상시키기 충분했다. 하지만 처음에 물리학자들은 그에 대해 특별히 설명할 방법이 없었기 때문에, '거시세계와 미시세계 사이의 다른 물리법칙이 존재한다'는 식으로 결론 내리려고 했다. 한편 드브로이(Louis de Broglie)는 '물질파'(matter wave)의 개념을 통해 물질은 미시세계에서뿐만 아니라 거시세계에서도 파동의 특성을 갖는다고 주장한 바 있었다.[40] 그러나 당시에는 원자 이상의 큰 물질의 파동은 파장이 너무 짧기에 관측할 수 없고, 미시세계에서만 확인할 수 있었다. 차츰 실험방법이 정교하게 발전함에 따라 1999년에는 탄소 60개로 이뤄진 고분자 물질(Fullerene)이, 2003년에는 108개의 탄소 및 불소 원자로 구성된 물질(buckyball)이, 2013년에는 810개 원자로 이뤄진 분자를 대상으로 실험을 통해 물질의 파동성을 입증해왔고, 바로 몇 개월 전인 2019년 9월 말에는 2000개의 원자로 구성된 분자를 대상으로 파동-입자 이중성을 입증하기에 이르렀다.[41] 이로 인해 혹자는 우주의 정체에 대해 이렇게 설명할 수 있게 된다 : '우주는 입자가 아닌 파동으로 존재한다. 다만 관측되지 않은 파동의 존재에 대해서 특정할 수 없으나, 관측되는 순간 무수한 가능성들이 구체성을 지닌 입자 형식으로 존재하게 된다.'

이제 신학적인 논의로 돌아가겠다. 우선 숙고해야할 문제는 물질적 창조세계가 부재하는 상태, 즉 하나님만 존재하는 상태를 두고 우리는 무(無, Nihil)라고 할 수 있을까 하는 문제다. 몰트만이 적절히 지적했듯

---

40) 앞의 책, 52.
41) 오스트리아 빈대학교 물리학과 연구팀이 실험에서 사용한 생체분자는 '그라미시딘'(gramicidin) 이라고 하는데 아미노산 15개로 이뤄진 물질로 자연계에 존재하는 항생물질이다. 이 물질은 탄소 99개, 수소 140개, 질소 20개, 산소 17개로 원자가 총 276개 포함돼 있다. 논문 전문은 다음의 웹페이지에서 확인할 수 있다. https://arxiv.org/pdf/1910.14538.pdf
또는 https://arxiv.org/abs/1910.14538

이, 아우구스티누스 이후 하나님의 창조의 사역은 "밖을 향한 하나님의 행위"였음을 의미했기 때문에 "어디에나 계신 하나님이 도대체 하나의 '밖'을 가질 수 있는가?" 하고 묻지 않을 수 없다.42) 그러니 최소한의 논리로 따지자면 하나님은 세계 이전에 홀로 존재했다. 따라서 우리가 하나님을 절대무로 상정하지 않는다면 절대무라고 하는 것은 상상할 수 있을 뿐이지 가능하지 않고, '무로부터'라는 말에도 진리값이 없다는 점을 알게 된다. 실제로 '무로부터의 창조' 교리는 전통적으로 이러한 내용을 포함해 왔다 : '하나님이 어떠한 재료를 사용하여 세계를 창조하지 않았다' 그리고 '하나님 자신이 세계의 재료가 되지 않는다' 등. 그런데 이것들은 고대 및 중세의 신인동형동성론(anthropomorphism)의 신인식 가운데 마치 전지전능한 제작자가 그 어떤 재료 없이 세계를 제작했다는 신앙고백에 가깝다. 그렇게 언표하면서 '하나님이 곧 세계이며 세계가 곧 하나님'이라 설명하는 범신론(Pantheism)으로부터 벗어나 전통적 유일신론은 '초월적' 유신론을 고수했던 것이다. 그러나 몰트만은 "웨팅거, 슐라이에르마허, 로테, 하임, 그 밖의 다른 학자들이 제의한 유기체적인 우주론들"이 "범신론의 위험 때문에" 회피되었다고 반성하면서, "성령론적 창조론" 및 "옛날의 생각"을 다시 받아들여 "세계 속에 있는 창조자의 영"에 대해 인지할 것을 제한한다. 그것이야 말로 "인간과 자연의 평화 속에 있는 창조의 사귐"을 가능케 하기 때문이다.43)

그렇게 몰트만을 비롯한 현대 신학자들은 이른바 '만유재신론' panentheism)을 정초함으로써 창조이론을 비롯한 구원론, 인간론, 윤리학 등으로부터 파생되는 여러 난제를 해결하려 했다.44) 몇몇 성서적 전

---

42) 위르겐 몰트만/김균진 역, 『창조 안에 계신 하느님』(서울: 한국신학연구소, 2002), 135. 사실 몰트만은 이 모순을 해결하기 위해 유대 신비주의 카발라 (Kabbala)의 침춤(Zimzum)이론을 차용하여 해결하고자 한다.
43) 앞의 책, 152-153.

거45)를 공유하면서 대개 만유재신론은 다음과 같은 개념을 지닌다 : "하나님만이 절대적이며 그 자신 속에 모든 공간을 내포할 수 있는 존재론적 지위를 지닌다. 말하자면 제한적 공간은 절대적 공간 속에 내포되고, 세계는 하나님 속에 내포된다. 그러나 세계가 하나님과 동일하지 않다."46) 부연하자면 만유재신론은 초월적 타자로서의 하나님이 선재하고 내재적 필연성이 아닌 하나님 자신의 자유와 은총 가운데 세계를 창조했다는 식으로 하나님의 자존성(aseity)을 지키는 동시에, 세계 속의 하나님의 편재(omnipresence)를 함께 주장한다. 그렇게 만유재신론의 장점은 창조에 대한 신학적 설명을 보다 자연적 질서와 호응하여 타당성 있도록 해준다는 데에 있다.47)

이제 필자는 이상에서 살펴본 이기론의 사유 구조와 현대 물리학을 참고하며 보다 타당하고 설득력 있는 창조 이론을 모색하는 데 있어서 몇가지의 설을 보태고자 한다. 우선 '무로부터의 창조'는 '하나님으로부터의 창조'여야 한다는 점이다.48) 하나님이 창조의 주체이자, 특히 성령이 물질적 존재자들의 근거일 개연성을 신학적으로 재고할 필요가 있다. 이안 바버는 '기존하는 물질'(preexisting matter)의 존재를 인정하는 '혼돈으로부터의 질서 부여의 창조'가 하나님 창조의 절대성을 제한하고

44) 유기체 철학자 화이트헤드, 그리고 신학자로서 몰트만, 판넨베르크, 브라켄 (Joseph A. Bracken), 케이트 워드(Keith Ward), 지지울라스(John Zizioulas), 클레이턴(Phillp Clayton), 라쿠냐(Catherine M. LaCugna,), 엘리자벳 존슨 (Elizabeth A. Johnson) 등이 만유재신론을 주장하는 대표적 신학자들이다.
45) 시 139:7-10, 행 17:28, 롬 11:36, 고전 15:28, 엡 4:6, 골 3:11 등
46) Philip Clayton, God and Contemporary Science (Grand Rapids: WM. B. Eerdmans, 1997), 90.
47) 다음을 참고하라. Philip Clayton, "The Panentheistic Turn in Christian Theology: A Response to My Critics, from Symposium on Clayton's Panentheism," Dialog: A Journal of Theology, 38 (Summer 1999)., 286-88.
48) 이에 대해 클레이턴도 비슷한 주장을 한다. Philip Clayton, God and Contemporary Science (Grand Rapids: WM. B. Eerdmans, 1997), 102.

세계의 하나님에 대한 절대적 의존성을 감소시킨다는 우려를 표명한 바 있다.49) 그러나 필자는 '혼돈'을 구체적 형체를 부과하지 않은 창조 이 전단계로 간주하고, - 이(理)와 기(氣)의 관계에 있어서 이가 기에 앞서 있던 것이 아니라 그 둘이 영원히 함께 있되 기가 사물의 발생과 성질의 근거가 되듯 - 영으로서의 하나님(성령) 안에 물질적 근거가 있다고 상정 한다면 이 문제를 해소할 수 있다고 본다. 그리고 성부와 성자라는 다른 위격의 하나님이 성령과 '구별'되기 때문에 범신론의 논리구조에서 빠 져나올 수 있다고 본다. 이러한 논리는 물질의 자기 조직화 및 진화에 대한 신학적 해명의 여지도 남긴다. 존 호트는 물질 자체가 지닌 신비로 운 창발성에 대해 측면을 다음과 같이 언급한 바 있다.

> … 물질 우주는 생물 진화가 일어나기 오래 전에 생명과 마음으로 진 화하려는 매우 특수하게 설정된 성향을 항상 가지고 있었음에 틀림없다. … 생명이 출현하기 수십억 년 전에 물리적 실재는 생명과 의식을 갖는 존재를 만들어내려는 놀라운 경향을 이미 가지고 있었다. (중략) 이러한 생명 없는 물질 자체에 널리 퍼진 창조적 경향은 왜 진화가 생명과 의식 이 있는 존재를 양산해낼 만큼 창조적이었는지 설명하려 할 때 간단히 무시되어서는 안 된다.50)

이렇게 신비로운 물질 우주의 본성은 만유에 내재하는 하나님에 대한 이해를 정교하게 다듬도록 재촉한다. 필자는 이것이 창세기 1:2, 시편 104:29-30, 시 139:7-10에서 나오는 '루아흐'(חור)에 대한 이해를 통해 가능하리라 본다. 루아흐는 히브리적 개념으로 바람·호흡을 의미했지만, 현대 신학자들이 '장'(場, field)51) 또는 '에너지'52)의 유비로 재해석한

---

49) Ian Barbour, *Religion in an age of science* (London: SCM, 1990), 130.
50) 존 호트/ 구자현 역, 『과학과 종교, 상생의 길을 가다』(파주: 들녘, 2008), 101-102, 208 참조.

'성령'이다. 창세기 1:2를 보자면 물질의 출현 앞에 절대무가 아닌 루아흐가 존재했다. 이 루아흐를 과거의 입자적 세계관으로 보자면 – 장 또는 파동의 성질을 갖기 때문에 – '무'로 이해될 소지가 있으나, 실제로 보이지 않는 힘으로서 물질 이전에 존재하면서 작용하는 근원적인 에너지장이고, 나지안주스의 그레고리우스와 토마스 아퀴나스가 통찰했던 "무한하고 무규정적 실체의 거대한 바다"이고, 여러 아시아 신학자들이 원용하려 했던 기(氣) 또는 신기(神氣)라는 메타포에 해당된다.53) 현대 물리학이 대체적으로 지지하는 빅뱅이론(big bang theory)을 신학적으로 긍정하고 원용하는 경우에54) 주의할 점은 빅뱅조차 절대무로부터 기인하지 않을 것이라는 이론물리학계의 판단이다. 즉 "표준 빅뱅이론에 의하면 현재 관측 가능한 우주는 탄생 초기에 엄청나게 작았지만, 모든 물질과 에너지는 이미 처음부터 그 안에 다 들어있었다"는 것이다.55) 그리고 앨런 구스, 알렉세이 스타로빈스키, 안드레이 린데 등의 유수한 이론물리학자들은 "오래전, 물질과 빛을 비롯해서 지금 우리가 아는 모든 것이 존재하기도 전, 눈에 보이는 우주와 빅뱅 너머에 어떤 장이 있어서

---

51) 본래 장(場, field) 개념은 19세기 패러데이와 맥스웰에 의해 전하와 전류 사이의 힘(전자기력)을 설명하기 위해 고안되었다. 이후 우주의 다양한 현상을 기술하는 데에 있어서 점차 중력장, 양자장, 통일장 등으로 확장되었다. 판넨베르크가 비록 성령을 장(field)에 관련시켰지만, 성령 그 자체가 장이 아니며, "신적 본성의 장(the field of the devine essentiality)의 독특한 현현"이고 창조세계 속에서 그 사역은 "역동적 장 작용들의 성질을 넘어선다"고 밝힌다. Wolfhart Pannenberg, Trans. Geoffrey W. Bromiley, *Systematic Theology*, Vol. 2 (New York: T&T Clark, 2004), 83-84.
52) 위르겐 몰트만, 김균진 역, 『창조 안에 계신 하느님』(서울: 한국신학연구소, 2002), 26.
53) 김경재, "성령론적 창조신학 연구,"『한신논문집』 10 (1993): 30.
54) Ian Barbour, *Religion in an age of science* (London: SCM, 1990), 128. W. Mark Richardson and Wesley J. Wildman eds., *Religion and Science: History, Method, Dialogue* (London: Routledge, 1996), 208.
55) 브라이언 그린 / 박병철 역, 『멀티 유니버스』(파주: 김영사, 2012), 436.

사물을 밀어내는 반중력으로 우주를 가득 채웠다는 것"을 주장한다.56)
그 장이 이른바 '인플라톤장'(inflaton場)이다. 말하자면 빅뱅 역시 '무로
부터의'이 아니고 있는 것으로부터의 폭발(bang)이라 뜻이다. 이상의 내
용들을 종합하면, 장과 성령이 개별적 형체나 구체적 성질이 없기 때문
에 무(無)로 현상될 수 있는 측면과,57) 그 안에 발생·분화(分化)의 잠재력
과 자기 조직화의 능력과 창조성을 지니고 있다는 공통점을 알게된
다.58) 그런데 바람, 호흡, 장, 파동, 에너지, 기 등의 메타포가 성령의
비인격성을 방증하는 것이 아니다. 동양적 사유도 기에 본유적으로 정
신적·인격적·정서적 요건이 있다고 보았다. 이기론의 논사들은 기로부터
칠정(七情), 즉 기쁨(喜)·노여움(怒)·슬픔(哀)·즐거움(樂)·사랑(愛)·미움(惡)·욕
심(欲)이 발현됐다고 통찰했다.59) 사실 성령은 "사랑과 희락과 화평과
오래 참음과 자비와 양선과 충성과 온유와 절제"라는, 감정과 유관한 아
홉 가지 열매(갈 5:22)를 맺게 할 뿐 아니라, 탄식하며(롬 8:26) 근심하는
(엡 4:30) 정서의 주체다. 바이체커가 영과 물질의 두 가지 실재가 아닌
"영"(Psyche) 또는 "비물질적 의식"(virtuelle bewußtsein)이라는 "단 하나의
실재"가 있다고 말했듯이,60) 신학적으로 루아흐의 정체는 영과 물질 사

---

56) 크리스토프 갈파르 / 김승욱 역, 『우주, 시간, 그 너머』(서울: 알에이치코리
아, 2017),
57) 이와 유사하게 장재는 "기는 유와 무를 겸한다"(蓋爲氣能一有無)고 생각했다.
『橫渠易說』 번사 上
58) 여기서 우리가 아시아적 메타포인 기를 총괄적으로 정의한 아래 글을 보자
면 서로 간의 유사점을 파악하기 용이할 것이다. 기의 개념을 굳이 정의한
다면, 한마디로 '현상계에 있는 모든 존재 또는 기능의 근원자'라 하겠
다. 기는 이 세상 모든 존재물을 구성하는 궁극묘미의 원초적 질료(質料)
이다. 여기서 모든 존재물이란 뜻은 물질적 존재뿐만 아니라 정신적 존
재까지를 포함한다. 김봉주, 『현대과학으로 본 기·역』(대전: 충남대학교 출
판부, 1999), 82-83.
59) 四端是理之發, 七情是氣之發. 『朱子語類』 권53.
60) Carl Friedrich von Weizsäcker, *Der Mensch in seiner Geschichte*

이의 이원적 대립성을 극복할 뿐만 아니라 비인격적 주장도 배격한다.

　우리의 물질 우주는 루아흐를 원질(原質), 생명의 호흡(시 104:29-30), 그리고 어머니의 자궁(子宮, matrix)[61]으로 하면서 생산적·능동적으로 자기를 조직화하고 생명을 창조해 나아간다. 그러할 때 모든 생명-유기체들은 상호인과(mutual causality), 호혜적 인과(reciprocal causality), 의존적 상호발생(dependent co-arising), 상호의존성(interdependance), 상호결정(interdetermination) 등의 존재-당위적 특징을 갖춘다. 모든 개체들이 루아흐의 질서 안에 있지만 결코 일방적인 피지배의 구조 안에 있지 않다. 그들은 제한적이나마 하나님의 그것에 버금가는 자율성 및 책임을 지닌다. 루아흐에 기인하여 창조된 역동적 존재자들은 하나님과 더불어 "드라마, 다양성, 모험, 강렬한 아름다움" 또는 "새로움, 상이함, 위험, 대변동, 장려함" 등을 내포한 모험을 통해 "재미없고 빈약한 세계"를 극복해 나간다.[62] 인격적·정서적 존재가 아파하게 될 세계의 파탄과 비참들마저 하나님과 더불어 우리가 감내하며 극복해야할 우주적 서사(敍事, narrative)의 계기가 된다. 이러한 경험은 하나님의 내재적 필연에 의거하지 않지만, 하나님이 자유로운 결단에 의해 그 피조물인 타자들과 사랑과 역사(歷史)를 공유하는 방식이다. 그렇게 성령은 세계 창조에 있어 무형의 에너지와 파동과 장의 출처이자 사랑하고 근심하는 감정과 인격성의 출처가 되시는 하나님이다.

　성령은 영원 전에, 또는 시간이 창조되기 전부터 하나의 위격(ὑπόστασις)으로 존재했기 때문에 앞서 살핀 이기론(理氣論)의 모호함을 해결한다.

(München: ETV, 1994), 44-46.
61) 몰트만은 이와 관련하여 세계가 "어머니의 상징"으로서 "모태", "몸체", "그릇" 등의 상징으로 쓰이고 있음을 밝힌다. 위르겐 몰트만 / 김균진 역, 『창조 안에 계신 하느님』(서울: 한국신학연구소, 2002), 428.
62) 존 호트 / 구자현 역, 『과학과 종교, 상생의 길을 가다』(파주: 들녘, 2008), 96.

폴킹 혼이 "그리스도인에게 있어서 참된 만물이론(Theory of Everything)
이란 삼위일체 신학"63)이라고 했듯이, 만약 우리가 삼위일체로써 이기
론에 접근한다면 그것을 보완하며 설득력 있는 창조이론도 세워갈 수
있을 것이다. 삼위는 시간과 만유가 창조되기 이전, 아니 무시간적으로
함께 했다. 그러한 신학적 진술을 원용하자면, 이와 기 사이에 우열과
선후를 나눌 수 없다. 여러 에큐메니컬 신조들이 표방한 것처럼, 삼위는
영광과 능력이 동등하고 하나의 본질(동일본질)을 공유하면서도 서로 다
르다. 그렇듯 다만 이와 기는 일치되면서 구별된다.

　마지막으로 필자는 이러한 관점을 견지하고 동양 형이상학의 '삼재'
(三才, 즉 天地人)64)의 유비를 응용하면서 창조에 관련하여 삼위에 대한
동양적 이해를 시도하고자 한다. 우선 성부는 완전한 인식이 불가능하
고 완전한 언표도 불가능한 무극으로서의 이(理), 정보, 이성(理性)이다.
폴킹혼이 "순수정신으로서의 하나님은 오로지 정보입력을 통하여 활동
한다"65)고 했듯이 지성·정신·마음으로서 비물질적이고 초월적인 '누
스'(νοῦς)이며 삼재 가운데 천(天)이다. 창조세계로부터의 절대적 자유와
거리 가운데 있고 순수한 미발(未發) 상태에 자족하는 "영원한 도"(常道)
로서의 하나님이다.66) 성령과 성자가 각각 세계의 원질과 이(理)의 성육
화로서 현시된 전경(foreground)이라고 한다면, 아버지는 전경을 초월한

63) John Polkinghorne, "The Demise of Democritus," *The Trinity and
an Entangled World* (Grand Rapids: Eerdmans, 2010), 12.
64) 『주역』(周易)의 「계사전」(繫辭傳)에는 세상에 펼쳐지는 사태 및 사건의 정형
(定型)을 나타내는 64괘(卦)에 각각 여섯 개의 효(爻)를 사용하는지 그 이유
를 설명하면서 이렇게 적고 있다 : "천도(天道)가 있고, 지도(地道)가 있고,
인도(人道)가 있으며, 삼재(三才)를 겸하여 이를 둘로 한다. 그래서 여섯이다."
65) 존 폴킹혼 / 이정배 역, 『과학시대의 신론』(서울 : 동명사, 1998), 71.
66) 도가의 『도덕경』 1장 참고. 42장을 신학적으로 원용하면서 하나님의 부정성
과 하나님의 발현을 논한 자료로서 다음을 참고하라. 박혁순, "현대 삼위일
체론 재구성을 위한 모색." 「한국기독교신학논총」98(2015), 121-147.

배경(background)으로 물러나 있는 분이다. 인식과 경험의 대상으로부터 은폐되어 있고 그 어떤 양적 개념, 인식 객체, 경험 대상으로 포착되지 않은 무형식 가운데 가려져 있기 때문에 이사야가 통찰한 '숨은 하나님'(Deus absconditus)이자 부정신학의 전통에서 오직 '부정의 길'(via negativa)로만 묘사될 수 밖에 없는 신비한 부정성(否定性)을 지닌 신성 (Godhead)이다. 이에 관한 동양 문화권의 메타포들을 조금 더 사용하자면, "없으며 있고, 없지도 않고 있지도 않은"67) 태극이자, 태허(太虛), 역(易), 공(空, sunyata), 무(無)에 대한 기술들을 공유할 수 있고, 양비(兩非)의 부정 '네띠 네띠'(नेतिनेति, neither this, nor that)의 방식으로 형용할 수 있다.

　이에 반해 아들은 신비로운 아버지의 본체(ὑπόστασις)가 밝히 드러난 형상(히1:3)이고, 아버지와 영원히 함께했던 말씀(λόγος)이며 감추어졌던 것들을 성육화로써 보이고 증거하는 '계시'(Offenbarung)다. 그는 시공간에서 자신에게 부과된 육체적 한계와 자기 소외를 겪어 내면서 인간적 실존과 세계역사에 동참하는 '참하나님'(vere Deus)이며 '참사람' (vere homo)로서 삼재 가운데 인(人)에 해당한다. 인간의 본래적 형상으로서 성자는 하나님의 고통불가능성(impassivity), 자기충족성(self-sufficiency) 및 자존성(自存性, aseity), 불변성(immutability) 등에 역행하면서 신-인 양립 가능성을 살아내었다.

　마지막으로 성령은 창조에 앞서 장(場, field)으로 선재한 원초적 '숨'(ㄱ, m) 곧 '기식'(氣息)이다. 그래서 이기론적 도식 가운데 기(氣)라는 유비를 취할 수 있다. 또한 창조의 물질적 근거로서, 아우구스티누스가 부분적으로 통찰한 "보이지 않고 형상 없는 땅"68)의 메타포를 적용할 수 있으

---

67) 김봉주는 「태극도설」의 "無極而太極"을 그렇게 해석한다. 김봉주, 『현대과학으로 본 기·역』(대전: 충남대학교 출판부, 1999), 40.
68) 아우구스티누스가 창조의 원질을 성령으로 연결시키지는 않았다. 다만 필자는 그가 '무로부터의 창조' 이론에 논리적으로 보완할 필요를 느꼈던 것으로

므로 삼재 가운데 지(地)에 해당한다. 그러면서도 "입자가 아니라, 순수한 유동적 질료"[69]로서 "자체 안에 전체를 내포하고 있으며 무한하고 무규정적 실체의 거대한 바다"라는 파동 및 유체(流體)의 이미지를 겸하고 있는 인격적이며 자기 창조적 하나님이다(cf. 창1:2). 물적 세계가 루아흐에 의거한다 하더라도 우리 세계가 영존한다는 의미가 아니다. 우리 세계는 창조된 사실에 맞서 또 언젠가는 종말을 맞이한다. 다중우주론을 참고하자면, 지금 우리의 우주는 원초적인 막(膜, membrane)의 표면에 맺힌 하나의 가능적 세계의 발현이고 임시적 존재물이다.[70](느 9:6, 사 34:4 참고) 따라서 우리 세계는 지금과 방식으로 조성되지 않을 수 있었고, 아예 조성되지 않을 수도 있었다. 다만 우리가 복음의 수혜자로서 이 세계를 긍정하자면, 하나님은 이 세계를 창조하여 사랑과 자유와 은총, 그리고 진선미를 위한 자기 확인의 계기를 삼고 인격적 존재들과 함께 신적인 모험과 유희(paly)를 만끽하신다는 점이다.

V. 나가며

하나님은 영으로서의 하나님이고, 만유는 오직 하나님으로 말미암는다.(롬 11:36) 또한 하나님의 영, 곧 하나님의 "기운과 숨"(욥 33:4)이 무형의 에너지장과 파동으로서 물적 창조의 근거였다. 이러한 해명을 가능

사료된다.
69) 미시물리학의 권위자 하이젠베르크는 유동적인 물의 유비를 긍정하며 근원 물질을 설명한 바 있다. 가타야마 야스히사 저 / 박정덕 역, 『소립자론의 세계』(서울: 전파과학사, 1995), 19. 이것은 창세기 1:2에 드러난 물의 메타포와 부합한다.
70) 미치오 카쿠/박병철 역 『평행우주』(파주: 김영사, 2010), 344, 352-353.

케 하는 '루아흐' 성령론은 뿌리 깊은 '영-물질'의 이원론을 극복하도록 돕는다. 그리고 '무로부터의 창조'가 지닌 논리적 모순을 해소하고 과학적 발견들과 호응하여 무자비한 초월주의와 무책임한 타계주의(他界主義)를 극복하도록 독려한다.

그동안 많은 신학자들이 영으로서의 하나님을 설명할 경우, 물질에 기준을 두고 하나님을 비물질적 존재로 규정하는 신학적 입장을 견지해 왔다. 그러나 그것은 이기이원론이나 플라톤주의가 당착한 사유방식이며 성서가 증언하는 만유재신론에 배치되고 창조자 하나님 및 창조이론에 대한 기술을 모호하게 만든다. 필자는 이러한 문제점들을 인식하고 삼위일체와 세계 사이에 신학적 지평을 넓히고자 성리학과 현대과학 사이의 대화와 접촉을 시도해 보았다. "우리가 하나님에 관한 우리의 개념을 정교하게 해서 그 개념을 그럴싸하게 만들어도 그럴수록 그것은 무의미하다"는,71) 노벨 물리학상 수상자 와인버그의 비판을 겸허히 받아들이는 한이 있어도, 신학은 설득력을 잃어가는 신론 및 창조이론을 지속적으로 극복해야할 사명을 면피할 수 없다. 필자는 이러한 작업을 위해 전통적 교의학과 전위적인 상상 사이에 긴장을 유지하는 연구와 보완이 필요하다고 본다.

* 주제어 : 무로부터의 창조, 창조이론, 성령론, 아시아 신학, 신학과 과학, 이기론
  (Creatio ex Nihilo, Doctrine of Creation, Pneumatology, Asian
  Theology, Theology and Science, Theory of Li-Qi)

---

71) Steven Weinberg, *Dreams of Final Theory*(New York: Pantheon
    Books, 1992) 256.

참고문헌

갈파르, 크리스토프 / 김승욱 역.『우주, 시간, 그 너머』. 서울: 알
　　에이치코리아, 2017.
과학세대(편저),『우주의 탄생에서 종말까지』. 서울: 벽호, 1993.
곽영직,『양자역학의 세계』. 파주: 동녘, 2008.
그린, 브라이언 / 박병철 역.『멀티 유니버스』. 파주: 김영사, 2012.
------ / 박병철 역.『엘러건트 유니버스』. 서울: 승산, 2005.
------ / 박병철 역/『우주의 구조』. 서울: 승산, 2005.
김경재, "성령론적 창조신학 연구."『한신논문집』10 (1993).
김봉주,『현대과학으로 본 기·역』. 대전: 충남대학교 출판부, 1999.
김용규,『신』. 서울: 휴머니스트, 2011.
레녹스, 존 C / 원수영 역.『빅뱅인가 창조인가』. 고양: 프리윌, 2013.
마사오, 아베 / 변선환 역.『선과 현대신학』. 서울: 대원정사, 1996.
메이시, 조애너 / 이중표 역.『불교와 일반 시스템 이론』. 서울: 불
　　교시대사, 2004.
몰트만, 위르겐 / 김균진 역.『창조 안에 계신 하느님』. 서울: 한국
　　신학연구소, 2002.
배철현, "Creatio ex Nihilo?."「종교학 연구」21 (2002).
야수히사, 가다야마 / 김명수 역.『양자역학의 세계』. 서울: 전파과
　　학사, 2008.
야스히사, 가타야마 / 박정덕 역.『소립자론의 세계』. 서울: 전파과
　　학사, 1995.
카쿠, 미치오 / 박병철 역.『평행우주』. 파주: 김영사, 2010.
카프라, 프리초프 / 김용정 역.『현대 물리학과 동양사상』. 서울: 범
　　양사, 1993.
칼빈, 존 / 김종흡 외 3인 역.『기독교 강요』. 서울: 생명의말씀사, 1998.
아퀴나스, 토마스 / 박승찬 역.『신학요강』. 서울: 나남, 2008.

펑유란 / 정인재 역.『중국철학사』. 서울: 형설출판사, 1999.
폴킹혼, 존 / 이정배 역.『과학시대의 신론』. 서울 : 동명사, 1998.
호트, 존 / 구자현 역.『과학과 종교, 상생의 길을 가다』. 파주: 들녘, 2008.

※ 이하 중국 및 한국의 한문 텍스트는 Chinese Text Project (https://ctext.org)
  및 한국고전종합DB(http://db.itkc.or.kr)를 참고했다.

주돈이,「太極圖說」
미상,「繫辭傳」.『周易』.
호광 외 41,『性理大全』.
장재,『正蒙』.
주희,『朱子語類』.
----,『朱子文集』.
최한기,『人政』.

Augustinus, *St. Augustine : The Literal meaning of Genesis*,
    trans. John Hammond Taylor. New Jersey: Paulist Press,
    1982.
Barbour, Ian. *Religion in an age of science*. London: SCM,
    1990.
Barth, Karl. *Kirchliche Dogmatik* III/3. Zürich: EVZ, 1986.
Chadwick, Henry. *Early Christian thought and the classical
    tradition: studies in Justin, Clement, and Origen*. Oxford:
    Clarendon Press, 1966.
Clayton, Philip. "The Panentheistic Turn in Christian
    Theology: A Response to My Critics, from Symposium
    on Clayton's Panentheism." *Dialog: A Journal of Theology*,
    38 (Summer 1999).

Clayton, Philip. *God and Contemporary Science*. Grand Rapids: WM. B. Eerdmans, 1997.

Heidegger, Martin. Was ist Metaphysik?. Frankfurt: Vittorio Klostermann, 1955.

Pannenberg, Wolfhart. *Systematic Theology* Vol. 2. Trans. Geoffrey W. Bromiley. New York: T&T Clark, 2004.

Polkinghorne, John. "The Demise of Democritus." *The Trinity and an Entangled World*. Grand Rapids: Eerdmans, 2010.

Richardson, W. Mark and Wesley J. Wildman, eds. *Religion & science: history, method, dialogue*. London: Routledge, 1996.

Shotwell, Willis Allen. *The Biblical Exegesis of Justin Martyr*. London: Alec R. Allenson, 1965.

Valente, Mario Bacelar. "A Case for an Empirically Demonstrable Notion of the Vacuum in Quantum Electrodynamics Independent of Dynamical Fluctuations." *Journal for General Philosophy of Science*, 42/2 (November 2011).

Weinberg, Steven. *Dreams of Final Theory*. New York: Pantheon Books, 1992.

Weizsäcker, Carl Friedrich. *Der Mensch in seiner Geschichte*. München: ETV, 1994.

Abstract

Creatio ex Nihilo and Theory of Li-Qi

   The classical doctrine of creation, 'creatio ex nihilo' (creation from nothingness) has an extensive history. It must be a theological statement suitable to represent God's omnipotence, self-sufficiency, aseity, and immutability. And this serves the function of a confession of faith or a doxology, which let churches praise God. However, we have to ask whether this doctrine can be definite with its logical consistency, when we reexamine the creation records in Genesis and church fathers' theologies. Accordingly, I explore the theological probability that 'creation from nothingness' might be 'creation from God'.

   For conducting my study, I recapitulate debates over Li-Qi Theory(理氣論) arisen in Song China and Joseon Korea, and some findings from modern physics as well. Especially, a few problems found in Li-Qi Metaphysical Dualism(理氣二元論) derived from Zhu Xi's view are worthy of comparing to those found in 'creatio ex nihilo' theory. In Eastern philosophy, Qi(氣) is regarded as the protyle, i.e. fundamental, but hazy substance, on the other hand, Li(理) is regarded as the principle and order of everything. Even though Li and Qi are mutually distinct, but they are reciprocally undetachable. This has been the major metaphysical premise since ancient era. The long and pedantic controversies over Li-Qi Theory in history imply that we can come up with a more persuasive cosmology in accordance with the very premise. Furthermore, modern space physics requires us to have a radical understanding of the identity of vacuum and the nature of matter. For what has been conventionally recognized as void or nothingness is the field of full energy, and the identity of the substance believed to exist is not particle but wave in fact.

In this age when dualism between thing and nothing, particles and waves, and matter and energy is getting invalid, theology also needs to be deeply skeptical about the dualism between spirit and body, mind and matter.

Putting all these theories together, I would like to broaden an understanding of the Holy Spirit as the life giver, the breath of life, the fundamental field of matter, and to complement the doctrine of creation, creatio ex nihilo, by a new understanding of the Trinity.

한국 개신교 신앙에 대한 인식론적 성찰

김 동 석

한국 개신교 신앙에 대한 인식론적 성찰

김 동 석

I. 서론

유럽의 계몽주의 사상가들이 암흑기라고 부르던 중세시절에 종교개혁과 르네상스의 원동력이 된 것은 그 당시에 대학이라고 불리었던 신학교였다. 성직자들을 통해서 전수되었던 중세의 진리와 지식체계의 한계를 경험한 유럽의 기독교 세계에서 대학은 토론, 세속화, 자유사고, 그리고 관찰과 측정이라는 과학적 방법이 시작된 곳이었다. 또한 민주주의, 무신론, 기하학, 초기 원자이론 등의 기원이 될 그리스 철학을 새롭게 소개한 곳이기도 했다. 중세의 수도원은 이러한 지식을 보관하고 전수하는 역할을 했다(Hugh Carroll, Knowledge : Rational Philosophy and Natural Boundaries, Mango Bay Press, 2009, p35-36).

그런 의미에서 본다면 중세의 기독교는 단순히 암흑기라는 평가로만 다루어질 수 없다. 오히려 스콜라 철학 등의 영향을 통해서 이성적이고 논리적인 신학적 사고가 발전하고 있었다고 할 수 있으며, 르네상스와 종교개혁은 이런 이성적인 신앙관이 과거의 사상이 가지고 있는 한계를 성찰하는 과정에서 자연스럽게 발현된 것이라고 볼 수 있다. 기독교 신앙은 이성주의와 반이성주의의 상관관계 속에서 계속 발전해 왔다고 할 수 있다. 그런 면에서 이성적인 기독교가 완전한 것도 아니며, 감성적인 신앙이 불완전한 것도 아니다. 특히 기독교의 신비의 영역과 실천의 영역은 이성과 상호 연결되어서 완전한 신앙형태를 이루게 된다고 할 수 있다.

1. 현대 한국 개신교회의 이탈현상

한국에 기독교가 전래된 지 개신교 130여년, 천주교 200~400여년이 흐른 지금, 한국교회는 이성적인가라는 질문에 적절한 답을 할 수 있는지에 대한 의구심이 든다. 그것은 기독교가 이성적인 종교라는 기대감 때문이다. 적어도 기독교는 '실학'이라는 이름으로 불리었으며 일제강점기에 추구된 '계몽운동'과도 밀접한 것으로 여겨졌다. 그러나 최근에 신문과 TV 뉴스에 보도되는 '일부' 기독교회의 현상은 비도덕 혹은 부도덕함을 포함하여 비이성적, 몰이성적이며 나아가 반이성적인 것으로 평가될 정도이다.

1980년대부터 90년대의 급격한 부흥기를 지난 후 급격한 쇠퇴를 보이는 개신교의 모습은 '젊은이들의 교회 이탈'로 분명히 드러나고 있다 (이상화, 「청년들이 교회를 떠나는 33가지 이유」, 브니엘, 2007).[1] '가나안 성도'라고 언급되는 그들은 교회를 떠나는 이유가 기독교회 내에 존재하는 배타적 성향 때문이라고 대답한다. 그것은 기독교적 우월감, 신앙의 교조주의, 순종을 강요하는 억압적 구조와 깊은 관계가 있다고 생각된다. 개신교회 내부에는 목회자와 성도들 사이에 수직구조가 존재하며, 연령에 따른 한국적인 구조적 서열도 존재한다. 이것은 기독교회 내부

---

1) http://indust.kr/archives/1201,
http://www.hanjiter.com/NEWS/2252, 등 이러한 보고서들은 많이 존재한다.

가 개방적이지 않고 폐쇄적이며, 서로 동등하게 대하지 않는 불평등이
존재하며, 모든 관계가 깨져 있기 때문이라고 해석할 수 있다.

　이와 같은 부정적인 현상들이 교회 내적으로 머물러 있지 않고 교회
외적으로 물의를 일으키는 상황에까지 와 있다. 한국의 개신교회들 안에
존재하고 있는 부조리함이 교회를 넘어서서 사회로 흘러가고 있다. 이제
기독교인들은 교회의 문제들을 내부에서 단순히 덮고 조용히 넘어가려
는 방식을 멈추고, 그것들을 보다 더 명확히 규명하고, 수정하고, 발전
시키려는 노력을 해야 할 것이다. 본 연구는 이런 문제의식에서 출발하
고 있는데, 이런 시도가 보다 더 확실한 방향으로 나아가기 위해서 철학
적인 깨달음을 추구하고, 반성하는 인식론적 성찰을 제안하고자 한다.

2. 신앙의 구성요소

　제임스 파울러는 신앙의 발달을 이야기하기 위하여 몇 가지 측정도구
를 제시한다. 그의 이론을 살펴보면, 신앙은 인지적 측면, 정서적 측면,
도덕적 측면이 있다. 그것은 각각의 영역에 대한 발달이론을 고려한 것
인데, 피아제의 인지발달이론, 에릭슨의 사회-심리발달이론, 콜벅의 도
덕발달이론 등이다. 이 가운데에서 인지적 측면은 논리적 사고를 하는
것과 지식을 습득하고 다루는 것에 대한 것으로, 철학의 인식론과 유사
한 면이 있다(James W. Fowler, *Stages of Faith*, 사미자 역, 「신앙의 발달단
계」, 대한예수교장로회총회출판국, 1987. p. 83-100).

　그런데, 상식적인 관점에서 종교적 신앙은 신비를 포함하게 된다. 최
근에 '영성'이라는 말로 애매모호하게 표현된 기독교의 '신비'는 한 개
인의 신앙적 지식을 포함할 뿐만 아니라, 정서적인 측면과 도덕적(혹은
비도덕적) 실천으로 이어지는 것과 관련되어 있는 개념이다. 그러나 본

연구에서는 이 신비적인 것에 대한 부분을 다루지 않고 있다. 그러나 조셉 캠벨이 '신화가 인간에게 의미를 경험하게 하는 것'이라는 정의에 동의하며 신비에 대한 견해를 대신한다. 그것은 인간에게 어떻게 살아갈 것인가 하는 원동력을 제공하는 것이라고 할 수 있다(Joseph Campbell, *The Power of Myth*, 이윤기 역, 「신화의 힘」, 이끌리오, 2002, p.30).

본 연구에서는 기독교적 지식이 기독교인들의 실천에 어떻게 작용하고 있는지에 대한 분석을 수행하고자 한다. 기독교 신앙을 가지게 된 사람이 기독교적 지식을 어떻게 습득하고 그 지식에 따라서 살기 위해서는 어떤 연관성이 있는지를 밝히고자 하는 것이다. 그러나 일반적으로 칸트의 견해를 따르면, 인지적 측면은 선험적인 것으로 설명된다. 그것은 신적인 것과 관련된 어떤 것이라고 설명될 수 있다(Edmund Husserl, 「심리현상학에서 선험현상학으로」, 신오현 역, 민음사, 1994, p.153-155). 다시 말해서 우리 인간이 가지고 있는 인지적 영역은 신적인 것이라는 뜻이다. 그래서인지 모든 사람은 자기 인식에 대한 확신을 가지고 있다. 한 개인의 판단은 수준 차이가 존재하겠지만, 판단하는 그는 자기의 판단이 적절하고 옳다고 확신한다. 자신의 판단이 오류임을 확인하기 전까지 자기의 판단이 잘못되었다고 생각하지 않는 확실함은 선험적인 것이라고 여겨졌다. 그러나 훗설 등의 현상학자들의 이론을 따르게 된다면, 우리의 판단은 의식적/무의식적 과정을 통해 형성된 것이며, 그것은 '경험'을 통해 이루어진 것이다.

신앙의 판단을 이와 같은 방식으로 구분한다면, 어려서부터 기독교적 분위기에서 양육된 사람은 '기독교 문화' 안에서 성장했다고 할 수 있다. 20대에 기독교 신앙을 가진 사람, 40대, 60대에 신앙인이 된 사람의 경우, 각각의 사람은 기독교 신앙을 갖게 되기 전에 다른 판단기준을 가지고 있었을 것이다. 그것이 한국 문화의 배경 속에 자란 사람이라고 할지라도 각각의 개인이 가지고 있는 판단의 구조는 매우 다양하게 존재하게 된다. 그런 다양성 속에서 기독교인이라는 정체성은 객관적인 기독교 지식과 주관적인 자기 판단 그리고 타인에게 인정받는 방식으로 수립될 것이다.

II. 기독교 신앙과 인식론적 성서해석

1. 성서해석

성서는 기독교신앙의 가장 근본적인 요소이다. 성서에 대한 관점은 축자영감설에 대한 세 가지 태도로 구분된다. 첫째는 근본주의인데, 성경의 구절들이 오류가 없는 것들로 구성되어 있다는 견해이다. 두 번째 반응은 성경주의라고 이름지어질 수 있는 태도인데, 성서가 궁극적인 것을 포함하고 있는 비역사적인 것이라는 견해이다. 셋째는 성서의 문학적, 언어적 양식을 따라서 해석을 할 수 있다는 객관주의이다(Luis Alonso Schökel, *A Manual of Hermeneutics*, Sheffield Academic Press, 1998, p.23).

Schökel은 성서 해석의 과정, 대상, 내용, 방법 등에 대해 다음과 같이 서술하고 있다. 그는 성서의 저자(author)에 대한 해석학과 그들의 작품(text)에 대한 해석학을 구분한다. 이런 구분은 이어서 저자, 작품, 독자의 구조를 보여주며, 이런 해석학적 구조 속에 교회의 가르침(teaching of the church)가 작동하고 있다는 것도 밝혀 준다. 그는 역사비평학적 방법(Historical-Critical Method)이 독자와 성서(text) 사이의 거리를 이어주는 다리를 만드는 것이라고 말한다(Luis Alonso Schökel,

1998, p.28-47).

우리가 여기에서 주목해야 할 것이 있는데, 기독교인이 성경을 읽을 때에 이 세 가지 영역을 고려하고 있는가 하는 것이다. 과연 기독교인들은 성경을 읽을 줄 알고 있는지 그리고 실제로 독서를 하고 있는지 궁금하다. 그와 함께 실제로 독서를 하게 될 때에, 적어도 성경의 저자들에 대한 연구도 충분히 하면 좋을 것이다. 본문을 읽는 것은 단순한 문법적 이해와 함께 시대적 상황을 연결할 수 있어야 한다. 더구나 저자가 과거의 것을 기록하고 있다면 실제로 그 본문이 기록되던 때와 과거의 상황 사이에는 어떤 차이가 존재할 수도 있음을 이해하고 있어야 한다. 아울러 현재 특별한 본문을 읽고 있는 독자의 상황은 해석에 영향을 받는 것들을 인식할 수 있어야 한다.

가다머는 해석이라는 활동은 오해를 피하기 위한 예술이라고 말한다. 그는 이해(understanding)란 언어로 둘러싸인 것이며 사람들과의 관계라고 보았다. 이런 언어적 영역은 개별적인 존재들의 만남으로 들어오게 된다. 그러므로 해석이라는 것은 이런 것들을 의식하며 수행하는 활동인 것이다(Hans-Georg Gadamer, *Philosophical Hermeneutics*, tr. David E. Linge, University of California Press, 1976, p.3-17).

위와 같은 견해를 고려한다면, 기독교적 성서해석은 성서 저자에 대한 해석, 성서 내용에 대한 해석, 그리고 그 성서가 기록될 당시의 역사적 상황을 고려하는 해석이 필요하다. 또한 그 성서를 읽고 있는 독자에 대한 해석과 교회의 전통과 같은 것에 대한 해석도 아울러 진행되어야 한다. 그런데, 이러한 해석학적 활동이 학문적 영역의 것만이 아니라 신앙이라는 '현재'와 관련되어 있음을 인지한다면, 성서 해석의 주체인 독자(성도, 기독교인)는 해석학적 능력을 함양할 필요가 있다. 왜냐하면, 해석학적 능력이 부족한 일반적인 수준이라는 상식적인 관점에서 해석자-

독자인 사람은 성경을 비롯하여 신앙과 전통에 대하여 잘못된 해석 혹은 오해를 할 수 있기 때문이다.

2. 인식론적 구조에 대한 이해

파울러는 우리 인간이 본능만으로 살아가는 것이 아니라 의미를 필요로 한다고 말한다. 인간은 어떤 목적을 필요로 하며, 일에 순서를 정하여 처리하는 등의 의미를 부여한다. 이러한 의미부여는 일정한 패턴을 갖게 되는데, 신뢰하는 사람들, 기관들, 자기 자신, 선악의 이미지 등과 관련되어 있다(James W. Fowler, 1987, p.26-27).

그는 한 개인이 신앙이 축적된 전통의 형태들을 인식하고 파악한 결과로 초월적인 가치와 능력에 대한 응답이라는 Smith의 견해를 따라서 신앙과 종교가 서로 상호적인 것이라고 이해한다. 또한 Richard Niebuhr와 Paul Tillich의 견해를 따라서 신앙이 세계를 바라보는 방법, 즉 인식론적 구조로 파악하고 있다(James W. Fowler, 1987, p.35, 168).[2] 이것은 우리로 하여금 기독교 신앙을 가진 한 개인이 자의적으로 자신과 세계를 바라보지 못하고 특정의 구조 속에서 보는 경향이 있음을 알게 해 준다. 그러므로 어떤 종교적 신념을 가졌는지에 대한 것을 포함하여, 그가 주로 속했던 신앙 공동체가 어떠했는지에 따라서 각각의 기독교인들은 독특한 사고구조를 형성하게 됨을 고려할 수 있어야 한다.

---

2) Wilfred Cantwell Smith는 종교가 축적된 전통들이라고 설명한다. 축적된 전통이란 과거에 살았던 사람들의 다양한 신앙적 표현이다. 설화, 신화, 예언, 계시에 대한 설명을 담고 있는 경전이나 율법이 있으며, 상징들, 구전 전승, 음악, 춤, 윤리적 가르침, 신학, 신조, 의식, 예전, 건축물 등의 다양한 가시적, 비가시적 요소들로 구성되어 있다.

　일반적인 발달이론에 의하면, 인간의 발달은 생물학적, 선천적인 기능에 의한 것으로 모든 문화권에서 보편적인 단계를 거친다고 한다. 그러나 서양사회를 배경으로 한 연구가 다른 지역에서는 다르게 일어나는 것이 보고되었고, 이에 대한 설명은 인간이 자기가 속한 문화 환경에 의해 다양한 형태의 발달과정을 갖는다는 것과 한 개인의 경험의 중요함을 인정하게 해 주었다(최수향, "비교문화 발달심리학을 위한 방법론적 고찰", 한국심리학회 학술위원회 편, 「심리학에서의 비교문화 연구」, 성원사, 1997, p.176-179).

　여기서 우리는 한 명의 기독교적 개인이 자신과 세계를 바라보는 인식론적 구조를 형성함에 있어서 본능, 경험, 내면화된 문화, 그리고 초월적인 경험 등이 관여되어 있음을 이해할 수 있다. 그런데 인간의 이러한 인식론적 구조가 전적으로 인지적인 것으로만 구성되어 있는가라는 의문이 제기된다. 서양의 전통에 의하면 정서와 인지는 서로 반대되며 무관한 것으로 여겨졌다. 그러나 최근에 풍성한 결과를 내는 정서심리학의 관점에서 보면 인간의 인지는 정서와 분리되지 않는다고 한다. 그것은 모두 뇌의 영역에서 이루어지는 것이며, 감각, 정서, 인지의 영역은 서로 밀접하게 연결되어 있다. 강력하고 세분화된 정서반응은 논리적 사고가 나타난 후에 경험할 수 있으며, 반대로 합리적 판단력, 주의집중력, 학습에 대한 동기, 창의력, 정보평가능력 등은 인간의 정서적인 측면과 깊이 관련되어 있다고 한다(정명화 외, 「정서와 교육」, 학지사, 2005. p.145-151).3)

---

3) 정서의 인지적 측면과 인지의 정서적 측면을 다음과 같이 구분하여 설명할 수 있다.
1) 정서의 인지적 측면 : 인간은 비참하다는 사고를 함으로써 비참하다고 느낀다. 질투를 느낀다는 것도 그런 상황을 판단한 후에 이루어지는 정서이다. 타인의 정서를 언어적으로 표현하는 것을 공감이라고 한다.
2) 인지의 정서적 측면 : ①사회적 지능(정서지능)은 다른 사람을 이해하는 능력

한국의 한 개신교 기독교인이 가지고 있는 인식론적 구조는 연령에 의한 인지발달, 정서발달, 축적된 기독교 전통을 경험하는 것과 함께 한국인이기 때문에 갖게 되는 의식적/무의식적으로 습득하게 된 민족적 전통을 또한 고려할 수 있다. 서구의 사상과 문화가 전파되어 온 것만큼 우리는 동양의 종교철학, 동양의 고전을 통한 전통사상이 수립되어 왔으며, 한국인만의 특별한 성격특성, 가치관, 행동양식, 대인관계 등을 경험하여 내면화하였을 것이다. 대표적인 한국인의 정서로 꼽는 것은 한, 정, 체면, 무속 등이 있다(이수원, "한국심리학에서 비교문화 연구의 위상", 한국심리학회 학술위원회 편, 「심리학에서의 비교문화 연구」, 성원사, 1997, p.35-37). 이런 것들이 기독교 신앙 안에서 어떻게 섞여 있는지를 구분하는 것이 쉽지는 않지만 지속적인 성찰을 통하여 발견하는 노력을 하지 않으면 토착화라는 이름으로 '혼합주의적'인 신앙들이 형성될 것이다.

3. 인식론과 문화

한국 개신교인의 인식론적 구조를 형성하게 된 것은 앞서 서술한 것처럼, 한 개인의 성향, 그의 양육환경과 사회적 경험 등이 기독교적 지식, 교회의 전통과 결합된 것으로 파악할 수 있다. 개인의 성향을 제외

이다. 자신과 타인에 대한 정확한 인식을 바탕으로 자신과 타인의 정서를 상황과 맥락에 맞게 변화시키거나 긍정적인 상태로 변화시키고 유지하는 능력이다. 또한 정서를 활용하는 인지능력은 창의적 문제해결, 융통성 있는 계획 수립, 필요한 곳에 집중하거나 행동을 동기화하고 유지하는 능력이다. ② 정서를 적절히 조절함으로써 인지과정을 촉진하고, 기억을 활성화하여 생존에 도움을 준다. ③ 정서는 기억에 영향을 주는데, 주의집중을 높이기도 하며, 부적절한 정서로 인해 기억능력이 둔감하기도 한다. ④ 정서는 생존에 위협을 주는 상황에서 경고를 보냄으로써 생존의 기회를 높인다.

한 것들을 한 마디로 표현한다면 '문화'라고 할 수 있다.

윌리엄스에 의하면, 문화는 지적, 정신적, 심미적인 계발의 일반적인 과정이라고 정의된다. 또한 문화는 한 인간이나 시대 또는 집단의 특정한 생활방식을 의미한다. 그리고 문화는 지적인 작품이나, 실천행위, 그 중에서도 예술적인 활동들을 일컫는 말로 사용된다. 이런 문화의 개념이 대중문화라는 명칭으로 불리게 될 때, 이데올로기라는 개념과 혼용되기도 한다(John Story, *An Introductory Guide to CULTURAL THEORY and POPULAR CULTURE*, 박모 역, 「문화연구와 문화이론」, 현실문화연구, 1994, p.12-18).[4]

또한 문화는 문명과 혼용되기도 한다. 인간이 교양 있는 사람이 되고, 역사, 문학, 미술, 그리고 철학에 대한 교육을 받고, 고급문화를 추구하는 것을 문명화라고 설명한다면, 일반적인 문화는 대중문화를 포함하는 것이라고 할 수 있다. 여기서 문화와 문명, 순수문화와 대중문화 사이에 긴장관계 혹은 해석의 차이가 발생한다(Judy Giles and Tim Middleton, *Studying Culture*, 장성희 역, 「문화학습」, 동문선, 2003, p.19-28).

문화는 특정한 대상에 대한 태도를 갖게 한다. 예를 들어, 관광명소가 된 성당은 예술품으로 이해되어서 그곳이 예배의 장소일 뿐만 아니라 방문할 만한 가치가 있는 곳으로 여겨질 수 있다. 그러나 특정 종교를 가진 사람은 성당이 신성한 예배의 공간으로 이해되기 때문에 단순히 관광을 하는 사람들과 긴장감을 느낄 수 있게 된다. 이와 유사하게 유럽에 거주하던 한 개인이 자신이 이슬람교도로 인식하게 될 때, 유럽인으로서의 정체성을 가지고 살아가는 데에 어려움을 느낄 수 있게 된다

---

4) "문화와 이데올로기는 상당히 큰 공통의 개념 영역을 갖고 있다. 차이점이 있다면 이데올로기는 공통영역내에 정치적 차원을 도입하고 있다는 것이다. 또한 이데올로기의 개념을 소개함으로써 문화/이데올로기의 영역이 권력과 정치관계에 의해 불가피하게 규정된다는 사실이다."

(Judy Giles and Tim Middleton, 2003, p.40, 57).

이처럼 문화는 단순히 한 개인이나 집단을 둘러싸고 있는 환경의 수준이 아니라 정체성을 형성하고, 특별한 행위를 유발할 수 있는 이데올로기를 담고 있는 것이다. 문화적 영향을 인식하고 성찰할 수 있다면 타인의 문화에 대하여 느끼게 되는 정서를 또한 인식하게 되어 인식의 수준을 올릴 수 있는 여지가 있다. 특히 공감이라는 정서지능이 반드시 고려되어야 하는데, 이것은 이질적인 문화를 경험하게 될 때 더욱 필요하다. 만약에 우리가 익숙한 것을 대하듯이 타인을 대한다면 암묵적이고 묵시적으로 양해해야 하는 신화적인 것을 간과하는 것이 된다. 그리고 그것은 서로 다른 것에 대한 긴장과 갈등으로 이어질 수 있다(Joseph Campbell, 2002, p.36).

4. 인식론과 언어

인식론은 세 가지의 것들과 관련되어 있다고 한다. 실제(reality)가 있으며, 그것을 우리는 감각(sense)를 통해 경험하게 되고, 그것에 대한 인식(ideas)를 내면화하게 된다(Frederick Ferre, *Knowing and Value*, State University of New York, 1998, p.13-16). 우리의 신체를 포함한 자연의 실제를 감각기관을 통해 인식하여 기억하는 일련의 과정에서 중간적인 역할을 하는 것은 바로 '뇌'이다. 뇌는 우리의 신체 기관인 실제이면서 뇌의 작용으로 우리는 정신이라는 개념으로 활동하게 된다. 뇌는 우리가 경험한 실제를 그것에 상응하는 어떤 것이라는 의미로 저장한다(Read Montague, Why choose This Book?, 박중서 역, 「선택의 과학」, 사이언스북스, 2011, p.32-38).

그런데 이런 경험의 결과를 우리는 언어로 기억하고 표현하게 된다.

우리가 경험한 것을 타인에게 전달하려고 할 때 우리는 상징을 사용하게 되는데 그것을 가장 잘 수행할 수 있는 것이 바로 언어이다. 데리다(Jacques Derrida)는 최초의 언어가 형상이었다고 확신한다. 그는 언어가 그림을 그리는 것과 같은 형상적이었는데, 그것이 문자로 글을 쓰는 것보다 앞서며, 글쓰기는 말하기의 보조 수단이라고 보았다(신방흔, 「시각예술과 언어철학」, 생각의 나무, 2001, p.18-19).

언어에 대한 이해는 원전과 번역이라는 개념으로 구분될 수 있다. 원전은 유일무이하고 독창적인 것이라면, 번역은 가치나 내용에 있어서 원전과 같지만 다른 언어나 기호로 표현된 것이다. 하나의 언어를 다른 언어로 번역하게 될 때, 원전과 번역의 위계에 대한 개념과 동일한 수준으로 다루어야 한다는 갈등이 생겨난다(신방흔, 2001, p.22-23). 기독교 신앙의 언어를 대할 때 원전으로서의 기독교적 언어와 번역된 기독교 언어를 구분하는 시도가 있어야 한다. 원전으로서의 기독교적 가치를 가진 언어가 교회의 역사와 전통 속에서 형성된 번역의 개념으로 대체된 부분이 있다면 이에 대한 긴장관계를 가질 필요가 있다는 것이다.

Carroll은 '생각하는 인간'의 핵심적인 것으로 언어를 꼽는다. 데리다의 견해와 달리 그는 음성언어(spoken language)보다 기록된 언어(written language)를 더 훌륭한 창조의 도구로 꼽고 있다(Hugh Carroll, 2009, p65). Carroll의 견해를 따른다면 기독교는 이미 경전인 성서가 존재하고 있기 때문에 성서를 읽고 해석하는 것이 신앙활동의 중요한 부분임을 인정하게 된다.

사람들에게 언어는 우리에게 이미 익숙한 것으로 여겨지고, 다루어진다. 그러나 우리가 조금만 성찰해 본다면 우리는 언어를 모른 채 이 세상에 태어났다. 우리는 어느 특별한 순간에 언어를 습득하게 되었고, 자기 언어에만 익숙하여 외국어를 접하게 될 때 심한 불안감과 두려움을 느끼기도 한다. 언어는 자기의 정체성을 인식하도록 하는 것이기도 하지만, 이미 한 언어를 배움으로 인해 특별한 정체성을 획득할 수밖에 없는 이데올로기적인 경향도 존재한다.

그러나 언어는 고정적인 의미만 가지고 있는 것이 아니라 시간의 흐름을 따라 그 의미가 달라지기도 한다. 파울러는 '믿는다'라는 동사 believe가 세속화되는 과정을 3단계로 설명한다. 원래 믿는다는 것은 어떤 마음의 상태와 관련된 것이었지만, 이것이 개인이나 집단의 1인칭 고백으로 변화하였고, 점차 믿는다는 말은 의존적 대상과 관련된 것으로 변하게 되었다고 한다(James W. Fowler, 1987, p.34). 이런 변화를 고려한다면 우리는 신앙을 성찰할 때에 원전의 의미를 찾고, 번역 상태 등을 고려할 수 있어야 할 것이다. 다시 말해서 우리가 지금 고백하는 기독교적 신앙은 어떤 면에서는 예수의 가르침의 번역일 수 있다는 것이다. 또 중세 유럽의 교회나 현대 서양의 기독교적 신앙고백과 한국의 선교가 이루어지던 때의 고백과 21세기의 신앙고백은 차이가 발생할 수 있다. 그 차이를 간과하게 될 때 진정한 기독교인으로서의 정체성은 제한된다고 여겨진다.

III. 기독교신앙에 대한 인식론적 성찰

그람시는 마르크스의 헤게모니의 개념을 발전시켜서 설명하였다. 그에 의하면 헤게모니라는 것은 당 엘리트들이 조작하여 강요하는 방식으로 진행되는 것이 아니라 교육과 이해의 과정을 통해 민중이 완전히 동의하는 것을 의미한다(Robert Bocock, *Hegemony*, 이향순 역, 「그람시의 헤게모니의 사회이론」, 학문과 지성사, 1991, p.37).

기독교를 포함한 종교들이 이데올로기적 성향을 가지고 있다고 할 때, 그 영향력이 조작과 강요에 의한 것인지, 아니면 교육과 이해의 과정인지를 판단해 볼 수 있어야 한다. 문화로서의 기독교 지식이나 종교적 전통은 현대에는 특별한 지식의 대상이 아닐 수 있다. 보다 높은 수준의 기독교적 지식을 얻기 위해 전공으로 선택하고 오랜 시간을 들여서 공부를 할 수도 있지만, 일정 수준의 교육을 받은 사람들은 정보화 시대의 축적된 지식들을 찾아보고, 대화할 수 있는 능력을 이미 획득하였다고 할 수 있다. 그럼에도 불구하고 기독교회 안에 지식의 불평등, 맹목적 신앙, 비이성적, 비도덕적 현상이 발생하는 이유는 그 내부에 조작과 강요의 이데올로기가 내포되어 있기 때문이다.

인식론은 가치에 대한 판단을 수행한다. 예를 들어서 신의 중요성을 강조한다면, 그 신은 존재, 선, 인식의 조명에 대한 근원으로서의 중요성을 갖고 있는 것이다. 이것은 인식론이 형이상학적인 측면을 가지고 있다는 것이며, 모든 판단은 인식론적 이론의 세계관 아래 놓이게 된다(Frederick Ferre, 1998, p.16-19). 어떤 면에서 한국 개신교회의 구성원들은 신에 대한 다른 가치관을 가진 것이 분명하다. 과거에는 사람들이 사제나 여사제를 통해 계시를 구한 것처럼 현대인들은 사회과학적 지식을 통해 무엇인가를 결정하고 싶어한다. 이것은 인간이 가진 기본적인 속성을 표현한 것이다. 이성의 시대 이전에는 종교 지도자로부터 인생의 해답을 추구하였고, 이성의 시대에는 높은 이성적 능력을 행하는 전문가에게 의존하고 있다(W. James Bradley, Kurt C. Schaefer, *The Uses and Misuses of Data and Models*, Sage Publications, 1998, p.3-4).

데카르트가 현대를 열어준 회의론적 접근이 전문적 훈련을 받지 못한 사람들이나, 고등교육을 받은 사람들에게는 반쪽의 기능만 하고 있다. 회의론의 목적은 적극적인 이성활동을 통하여 무엇인가를 규명하고 내적 확신을 갖는 것이라고 할 수 있다. 우리 인간의 삶은 다양하다. 그러 므로 우리의 앎도 역시 다양한 방식으로 얻게 된다. 최소한 우리는 오감 을 통해 실제를 인식하고, 자기를 성찰할 수 있다. 우리 인간은 사실을 발견하게 되고, 그 안에 논리적인 앎을 얻게 된다(Frederick Ferre, 1998, p.2-13). 그러나 우리는 우리의 감각이 착각을 유발한다는 것을 알고 있 다. 그러므로 우리는 경험에 대한 회의주의적 접근을 통해 실제를 분류 할 수 있어야 한다. 그리고 그것은 한 가지 해석이 아니라 다원주의적 해석을 수행할 때 가능하게 된다(Hugh Carroll, 2009, p.25).

　한국 기독교회에서 수행되는 성서해석과 교회전통에 대한 이해는 해 석의 주체가 목회자이며, 회중은 단순한 '청중'의 수준에 머무르고 있을 뿐이다. 성서에 대한 해석을 시도하지도 못하고 있으며, 해석을 시도한 다고 하더라도 외부 권위자의 목소리를 되뇌이거나 자기 내면에 떠오르 는 기대감 정도를 투사한 해석에 머무르고 있다. 한국 기독교인들에게 서 역사-비평적 해석이나, 감각에 근거한 관찰과 회의론적 방법을 통한 합리적인 의심, 그리고 합의(consensus)에 의한 기독교의 전통을 새롭게 수립해 나가는 실천을 기대하기 어려운 수준 이하의 상태가 만연하다고 생각된다. 그것은 신앙교육을 수행함에 있어서 현대적인 방식을 따르지 않고 있기 때문이다.

　앞서 서술한 내용에도 들어 있는 것처럼 데카르트 이후의 합리성 혹 은 이성중심주의는 기존의 서구 기독교적 전통과 대립적인 관계에 있었 던 것은 사실이다. 그리고 현대의 지성인들과 과학자들이 기독교를 포 함한 종교에 대하여 비판적인 태도를 취하는 것도 인지하고 있다. 그러 나 그러한 비기독교적인 공격보다 교회 내부에 있는 비논리적, 맹목적, 기복적 신앙이 더 큰 문제이며 한국교회의 실제적인 위기를 가져온 것 이라고 판단된다.

Ⅳ. 결론

기독교 신앙을 이성적 관점에서만 설명할 수 없다는 비판이 항상 제기된다. 그러나 지난 기독교의 역사에서 가장 기독교적인 것은 이성적, 합리적, 개혁적 노력이었다고 할 수 있다. 기독교적 내세관이나 현실의 고난과 고통에서 벗어나는 것 역시 매우 중요한 신앙의 활동이다. 그러나 파울러가 신앙의 측정 기준으로 삼았던, 인지발달, 도덕발달, 정서발달의 영역을 고르게 발달시키는 것이 필요하다. 왜냐하면 내세를 향하여 가는 현실의 시간이 소중하기 때문이다. 그리고 고난과 고통을 벗어나는 것과 현실의 개인적인 복을 구하는 것만큼 소중한 것은 타인과 세계에 평화와 안녕을 나누는 것이다. 이러한 것들을 생각할 수 있고, 소중하게 여기며, 그러한 일을 위해 행동하는 사람을 훌륭한 신앙을 가졌다고 판단할 수 있을 것이다. 결과적으로 이러한 판단의 기준을 가지고 행동하는 원동력이 되는 것이 기독교적 인식론이다. 이러한 기독교적 인식론적 구조를 형성하기 위해 필요한 것이 바로 신앙교육이다. 한국교회는 설교중심의 신앙교육, 주입식, 일방적인 신앙교육에서 관계 중심적이고 공감하는 신앙교육으로 전환할 수 있어야 한다. 목회자 중심의 교회 전통에서 모든 성도가 평등하고 소중한 대상으로 인식하는 관계가 수립될 수 있어야 한다. 그러나 그 평등은 낮은 수준으로 내려가는 평등이 아니라 성도들이 목회자 수준만큼 혹은 그 이상으로 성숙해질 수 있는 평등을 지향해야 한다. 또한 기독교회가 사회와 국가, 타종교와 타민족에게 열린 마음으로 다가갈 수 있어야 한다. 성서의 해석을 제대로 수행했다면 그 기독교인은 기독교적 정신에 따라 현재 잘못 진행 중인 한국교회의 신앙에 대해 합리적으로 의심하고, 새로운 교회전통을 수립할 수 있는 인식론적 구조에 변화를 이루는 성찰을 통해 한국 교회의 진정한 변화를 모색해야 될 때라고 확신한다.

참고문헌

신방흔, 「시각예술과 언어철학」, 생각의 나무, 2001

이상화, 「청년들이 교회를 떠나는 33가지 이유」, 브니엘, 2007

이수원, "한국심리학에서 비교문화 연구의 위상", 한국심리학회 학술위원회 편, 「심리학에서의 비교문화 연구」, 성원사, 1997

정명화 외, 「정서와 교육」, 학지사, 2005

최수향, "비교문화 발달심리학을 위한 방법론적 고찰", 한국심리학회 학술위원회 편, 「심리학에서의 비교문화 연구」, 성원사, 1997

Bocock, Robert, *Hegemony*, 이향순 역, 「그람시의 헤게모니의 사회이론」, 학문과 지성사, 1991

Bradley, W. James and Schaefer, Kurt C., *The Uses and Misuses of Data and Models*, Sage Publications, 1998

Campbell, Joseph, *The Power of Myth*, 이윤기 역, 「신화의 힘」, 이끌리오, 2002

Carroll, Hugh, *Knowledge : Rational Philosophy and Natural Boundaries*, Mango Bay Press, 2009

Ferre, Frederick, *Knowing and Value*, State University of New York, 1998

Fowler, James W., *Stages of Faith*, 사미자 역, 「신앙의 발달단계」, 대한예수교장로회총회출판국, 1987

Gadamer, Hans-Georg, *Philosophical Hermeneutics*, tr. David E. Linge, University of California Press, 1976

Giles, Judy and Middleton, Tim, *Studying Culture*, 장성희 역, 「문화학습」, 동문선, 2003

Husserl, Edmund, 「심리현상학에서 선험현상학으로」, 신오현 역, 민음사, 1994

Montague, Read, *Why choose This Book?*, 박중서 역, 「선택의 과학」, 사이언스북스, 2011

Schökel, Luis Alonso, *A Manual of Hermeneutics*, Sheffield Academic Press, 1998

Story, John, *An Introductory Guide to CULTURAL THEORY and POPULAR CULTURE*, 박모 역, 「문화연구와 문화이론」, 현실문화연구, 1994

요한복음 서론(1:1-18)에 반영된 요한공동체의 정황

조 재 형

요한복음 서론(1:1-18)에 반영된 요한공동체의 정황[1])

조 재 형

I. 들어가는 말

요한복음의 서론(1:1-1:18)과 나머지 장들과의 관계에 대해서 많은 학자들은 연구를 해왔고, 여전히 이 문제는 많은 관심 속에서 논쟁되는 주제이다(Staley, 2002, 15).[2]) 서론은 종종 나머지 요한복음의 본문과는 떨어져서 연구되기도 하였다. 즉 나머지 본문을 다룰 때는 역사적이고 문학적 상황과 관련하여 연구하나 유독 서론만은 제외되었다. 서론을 복음서의 사회역사적(socio-historical)이고 문학적 정황과 연결시키는데 실패한 명백한 예는 앞 시대의 학자들을 통해 알 수 있다. 예를 들면 하르낙(V. Harnack)은 서론을 헬라계 독자들에게 쉽게 복음서를 소개하기 위한 부록으로 보았다(Carter, 1990, 35). 왜냐하면 서론이 나머지 요한복음의 본문과 비교해 볼 때 문체나 분위기가 다르다고 보았기 때문이다. 불트만(R. Bultmann)과 케제만(E. Käsemann)은 서론의 원래적 형태

---

1) 이 논문은 필자가 「복음과 교회」에 발표했던 것을 수정한 것이다(조재형, 2013, 152-78).
2) 요한복음은 그리스도교 성서에서 신약성서에 속하고, 공관복음서(마태, 마가, 누가)와는 신학과 내용이 많이 달라서 제4복음서라고도 불린다.

와 기원에 대해서 관심을 가졌다. 이들의 해석은 1장 14절에 초점을 맞추어서 서론을 독립적인 단위로 다루었다(Käsemann, 1969, 138-67). 불트만은 서론의 유용성은 이해력이 부족한 독자들을 위한 것에 있다고 보았다(Bultmann, 1971, 13-14). 케제만은 1장 14절-18절에 주목해서 서론이 그리스도교 공동체의 고백이지만 요한공동체의 경험보다는 초기 가톨릭교회의 정황이라고 주장하였다(Carter, 1990, 36). 토빈(Thomas H. Tobin)은 서론이 고대세계의 종교의 흐름을 연구하는 데 귀중한 열쇠를 제공한다고 보았다. 그러나 그는 그것을 복음서 전체의 서론으로는 보지 않고, 본문과는 독립된 유대지혜문학에 뿌리를 둔 찬양시로서 연구하였다. 그에 의하면 유대 지혜문학에서 지혜는 서론의 로고스처럼 성육신되어 나오지 않는다는 사실을 밝힘으로써 요한복음 전체에 나오는 기독론에 대한 단초를 서론이 제시하고 있다고 주장하였다(Tobin, 1990, 252-55).

지금까지 살펴본 것처럼 위의 연구들은 문학비평과 사회학적 비평을 서론에 적용시키지 못하고 있다. 요한복음 기자를 창의적인 신학자이면서 동시에 공동체의 대변자로 보는 사회학적 성서해석 방법론과 문학적 완결성을 강조하는 문학비평에서는 서론을 부록이나 복음서와 독립된 단락으로 나눠서 보지 않는다(Suh, 1995, 5). 만약 서론이 요한복음에 나중에 추가된 것이라 해도, 문학비평에서 보면 그것은 복음서 전체 작품의 구도 속에서 요한복음 저자의 문학적 의도에 의해서 이뤄진 것이고, 그 저자는 자신이 속해있는 공동체의 정황을 서론에 반영한 것이다(Kysar, 1996, 67-68). 이런 관점에서 필자는 서론을 독립된 단위로 다루지 않고, 앞으로 전개될 요한복음의 모든 것을 암시하고 있다는 문학비평의 전제를 가지고 살펴 볼 것이다. 좋은 문학작품일수록 서론이 앞으로 전개될 이야기의 방향을 치밀한 구성 속에서 예시해 주는 것처럼, 요한복음의 서론 또한 그러한 기능을 수행하고 있다. 서론은 다른 장처럼 사회적/역사적 정황을 반영하고 있으며, 나머지 부분을 해석하는 데 중요한 역할을 담당한다(Carter, 1990, 43). 필자는 요한복음에 나타난 역사적 예수의 행적과 사건을 재구성하기 보다는, 요한복음 서론이 기록되던 시기3)에 초점을 맞추어서, 서론에 반영된 요한공동체의4) 정황을 살펴볼 것이다. 즉, 복음서들은 일차적으로 그것들이 쓰였던 교회의 상황에 대해 말해주며, 예수 시대의 상황에 대해서는 이차적으로만 말해주고 있다는 것이다(Brown, 1994, 20).

II. 하느님이신 말씀

"한 처음 태초가 창조되기 전부터 말씀이 있었다"5)는 요한복음 서론의 1-4절은 창세기 1장을 연상하게 만든다(Barrett, 1984, 231; 성종현, 1991, 120). 1세기의 스토아 사상에서 말씀(로고스)은 일종의 우주적 이성으로 이해되었다. 그것은 우주의 전체 운행에 질서와 구조를 부여하고, 그 우주적 로고스의 한 조각이 모든 인간에게 깃든다고 단언하였다

---

3) 브라운은 요한 공동체의 형성시기를 제사복음서가 기록되기 전인 주후 50-80 년대 사이로 추정하고, 요한복음의 기록연대를 약 주후 90년으로, 페린 그리고 쿰멜(Kummel)과 막센(Marxsen)은 주후 90-100년 사이로 보고 있다. 필자는 요한복음의 기록연대를 주후 약 100-120년경으로 추정한다.
4) 요한 공동체의 기원과 성장과정에 대해서는 여러 학자들의 연구업적들이 있어서 우리에게 좋은 지침을 주고 있다. 특히 R. E. Brown은 요한공동체를 연구함에 있어서, ①복음서가 기록되기 이전 ②복음서가 기록되던 시기 ③요한 서신들이 기록되던 시기 ④서신서들의 기록 이후라는 범주를 사용해서 요한공동체의 신학과 역사를 세밀하게 연구하였다. Brown, 「요한 공동체의 역사와 신학」을 참조하라.
5) 이 글에서 사용하는 성서는 특별한 표시가 없는 한 공동번역 성서이다.

(Kysar, 1996, 68). 또한 태초에 하느님께서 천지를 만드시기 전부터 함께 계셨던 것에 대해서 당시 유대인들이 떠올렸던 연상은 "지혜"라는 개념이었다. 지혜는 하느님이 인간에게 나타나는 한 형태로 이해되었고, 그것을 통해서 하느님을 알고 경외할 수 있다고 보았다. 구약성서 잠언서는 지혜를 "야훼를 두려워하여 섬기는 것이 지혜의 근본이요, 거룩하신 이를 깊이 아는 것이 슬기다"(9:10)라고 말한다.

구약외경인 지혜서 9:1-2절에 의하면 지혜는 하느님의 말씀과 하느님의 지혜로 하느님과 밀접하게 연관되어 있다(Tobin, 1990, 256). 그런데 서론에서는 지혜를 유대 지혜문학에 나오는 하느님의 여성동반자(잠언8장)나 하느님과 인간을 중재하는 인격화된 실체로만 규정하지 않고, 육신으로 온 예수와 관련시킨다(요 1:10, 11, 14, 18). '말씀이 육이 되었다'(1:14)는 것은 17-18절과 함께 서론의 핵심이라고 할 수 있는데, 이러한 관점은 유대교의 지혜문학에서 묘사하는 지혜의 모습을 더욱 진전시킨 새로운 사고였다(Kysar, 1995, 74). 왜냐하면 플라톤의 이원론적 사고와 영지주의의 영향 속에서 "육"($\sigma \acute{\alpha} \rho \xi$)[6]은 천한 것으로 간주되었기 때문이다(Kittel, 1971, 99; 조재형, 2020, 198). 유대교 지도자들에게 있어서 그 천한 "육"이 하느님으로부터 왔다는 것은 이해하기 어려웠을 것이다. 지혜 전승 어디에도 '육'으로 된 지혜는 나타나지 않으며, 이것이 곧 하느님이라고 선언되지 않는다. 말씀이 육신이 되었다는 요한복음 저자의 선언은 유대인들에게는 분명히 새로운 개념이었다.

요한복음 저자는 예수가 베짜타 못가의 병자를 고친 사건(요 5:1-18)의 끝 부분에 "예수께서 안식일 법을 어기셨을 뿐만 아니라 하느님을 자기

---

6) '육($\sigma \acute{\alpha} \rho \xi$)은 인간, 짐승, 혹은 물고기의 살을 의미하고, 살에는 종종 뼈와 피가 수반되었다. 그러다가 육($\sigma \acute{\alpha} \rho \xi$)의 용법은 몸 전체를 의미하는 데까지 확장되었다.

아버지라고 하시며 자기를 하느님과 같다고 하셨기 때문이다."(5:18)고 기록하여 유대인들이 예수를 죽이려는 마음을 더욱 굳혔다는 사실을 보도한다. 유대인들에게 있어서 하느님이 아닌 다른 실체(예수)가 하느님과 같다는 사실은 받아들일 수 없는 생각이었다. 그것은 야훼 종교가 생기고부터 중요하게 여겼던 유일신 신앙을 정면으로 거부하는 사상이었다. 고대로부터 안식일법과 할례는 유대교의 종교적 순수성을 유지하기 위한 가장 강력한 표식이었다(드보, 1988, 94-98). 그런데 그 상징 중의 하나인 안식일법을 어겼을 뿐만 아니라 그 상징의 의미를 제정한 하느님과 본인을 동일시한 예수를 유대인들은 용납하기 어려웠다. 그래서 레이몬드 브라운(Raymond Brown)은 요한공동체가 해석하고 주장하는 예수의 행적에 대해서, 그리고 이 행적들에 대한 신앙화에 대해서 유대인 지도자들이 거부감은 그들의 목숨을 내걸고 싸울만한 충분한 가치가 있었다고 서술한다(Brown, 1994, 58). 요한복음 저자는 예수가 예루살렘에 올라갔을 때, 이러한 유대인들의 항변을 다음과 같이 기록한다. "당신이 좋은 일을 했는데 우리가 왜 돌을 들겠소? 당신이 하느님을 모독했으니까 그러는 것이오. 당신은 한갓 사람이면서 하느님 행세를 하고 있지 않소?"(요 10:33). 적어도 유대교 지도자들에게 있어서 예수는 신성모독의 죄를 범하고 있으며 그들의 전통으로는 이해할 수 없는 주장을 하고 있다. 유대 지도자들이 니고데모를 핀잔한 사건("성서를 샅샅이 뒤져 보시오. 갈릴레아에서 예언자가 나온다는 말은 없소" 7:52)을 통해서도 예수에 대한 그들의 거부감을 읽을 수 있다.

요한복음 저자는 예수의 수난이야기 안에서 이 문제에 대한 반론을 제기한다. 예수의 수난이야기에서 유대인들은 빌라도를 압박하여 예수를 죽이는 데 앞장선다. 체포된 예수는 먼저 총독에게가 아니라 제사장인 안나스와 가야바에게 끌려간다(18:19-28). 빌라도는, "나는 이 사람에게서 아무런 죄목도 찾지 못하였다.”(18:39)고 하면서 세 번이나 (18:39; 19:4; 19:6) 예수의 무죄를 선언하여 예수를 놓아 줄 기회를 찾기 시작한다(19:12). 반면에 유대인들은 “만일 그자를 놓아 준다면 총독님은 카이사르의 충신이 아닙니다. 누구든지 자기를 왕이라고 하는 자는 카이사르의 적이 아닙니까? … 우리의 왕은 카이사르밖에는 없습니다.”(19:12-16)고 주장하여 하느님 대신에 카이사르를 자기들의 왕으로 고백하는 모순을 범한다. 바렛트(C. K. Barrett)에 의하면, “여기서 이스라엘인들은 로마황제의 왕권 이외에 왕권에 대한 모든 주장을 부인함으로써 하느님의 직접적인 주권 아래 있는 그 자신의 독특한 지위를 포기하였다.”고 적절하게 지적한다(Barrett, 1984, 440-41).[7] 그래서 요한복음 저자는 유대 지도자들이야말로 진정한 의미에서 유일 신앙을 범하고 있다고 지적한다. 요한공동체는 예수의 선재를 인정하고(1:1), 예수 그리스도를 아는 것이 영생(생명)[8]이라고(1:4, 17:3) 확신하며(김득중, 1996, 318-26) 하느님이 천한 “육”이 되었다는 것을 고백한다. 이것은 신성모독이 아니다. 오히려 자기들의 목적을 위해서 그들이 그토록 혐오하던 황제에 대한 숭배를 용인하는 유대인들이야 말로 하느님을 모독하는 자들이다. 반면에 육신이 된 말씀인 예수 그리스도가 이제 요한 공동체 안에 거한다(1:14)는 주장은 하느님이 그 공동체 안에 함께 하신다는 뜻이다.

---

7) “구약성서에서(사사기 8:23, 사무엘상 8:7) 이스라엘의 유일한 참 왕은 하느님 자신이고 유다의 왕일지라도 그가 하느님에게 복종하고 민족적 종교에 충실한다는 조건에서 인정받을 수 있었다.”
8) 요한복음에서는 ‘영생’, ‘생명’, ‘구원’은 동의어로 쓰이고 있다(요 3:16-17, 10:9-10, 14:6, 11:25).

III. 세례요한과 예수의 선재성

서론에 나오는 세례요한과 관련된 부분(1:6-8, 15)은 서론 가운데서도 그 진정성이 의심되어왔다(Bultmann, 1971, 48). 그러나 세례요한에 대한 언급은 현재의 서론의 의도를 보다 분명하게 한다(Barrett, 1984, 230). 서론의 세례요한과 관련된 단락은 요한공동체가 세례요한 공동체에 대해 가지는 입장이 반영된 것이다. 그것은 세례요한을 의도적으로 낮추는 것인 데, 다른 복음서에 나오는 세례요한에 대한 묘사와 비교해 보면 더 명확해진다.

첫째, 예수의 사역은 요한이 옥에 갇히기 전이었다는 지적(3:24)은 마가복음 1장 14절("요한이 잡힌 뒤에 예수께서 갈릴래아에 오셔서...")을 수정하기 위한 것이다. 요한복음 저자는 예수가 세례요한이 옥에 갇히기 이전부터 이미 공생애 활동을 시작했다고 함으로써 자신들의 공동체가 신앙하는 예수가 세례요한의 투옥 때문에 비로소 등장했다는 사실을 의도적으로 제거한다. 둘째, 예수가 요한에게 직접적으로 세례를 받았다는 언급을 삭제한다. 즉, 요한복음 1장 32-33절은 예수가 세례를 받았다는 암시가 될 뿐이다. 셋째, 요한복음에는 다른 복음서들에 나오는 ①세례요한의 탄생(눅 1장) ②세례요한의 수난 (막 6:14-29) ③세례요한의 설교 등이 전혀 나오지 않는다. 넷째, 세례요한이 세례를 주던 곳이 요한복음에선 "요단강"이 아니라 살렘 가까운 애논(3:23) 또는 "요단강 건너편 베다니"(1:28)로 묘사하여 요단강과 세례요한의 연관성을 약화시킨다. 다섯째, 다른 복음서들에서 세례요한을 높이 평가하는 본문들이 거의 다 생략된다. 부연하면, ①"여자의 몸에서 태어난 사람 중에 침례자 요한보다 더 큰 인물은 없었다."(마 11:11)는 구절이나 "예언자보다 더 훌륭한 사람"(마11:9)이라는 구절, ②세례요한의 인기를 반영하는 "그 때 온 유다 지방과 예루살렘에 사는 모든 사람이 그에게 와서 죄를 고백하며 요르단 강에서 침례를 받았다."(막 1:5; 마 3:5 참조)는 구절, ③세례요한의 역할을 긍정적으로 평가하는 예수의 말씀, "사실 요한이 너희를 찾아와서 올바른 길을 가르쳐줄 때에 너희는 그의 말을 믿지 않았지만 세리와 창녀들은 믿었다"(마 21:32)는 기술, ④요한의 세례가 하늘로부터 왔다는 것을 인정하는 예수의 말씀 등이 생략되었다(막 11:30; 마 21:25)(김득중, 1996, 215-17).[9]

또한 로버트 카이사르(Robert Kysar)의 지적에 의하면, 요한복음 저자는 유대교 지도자들이 던졌을 만한 비난, "너희가 말하는 예수라는 것이 결국 세례자 요한과 같은 그러한 예언의 음성이다" 는 주장에 반대하여 예수를 세례요한과는 차별성이 있는 존재로 묘사하려고 한다(Kysar, 1996, 85). 요한복음 저자는 요한은 빛이 아니고 빛에 대하여 증거하고(1:6-8), 세례요한 스스로가 "그분은 내 뒤에 오시지만 사실은 내가 나기 전부터 계셨다"라고 말함으로써 예수의 선재를 말한다. 이 "선재의 개념은 1절의 그리스도-말씀에 대한 언급"에서 더욱 두드러진다(Kysar, 1996, 15).

Ⅳ. 회당으로부터의 출교와 서론의 정황

요한복음 9장 22절, 12장 42절, 16장 2절 등에서 요한공동체가 분명

---

9) 요한공동체는 세례요한공동체와 경쟁을 하였고, 바로 이런 이유 때문에 요한복음 저자는 "나는 메시아가 아니라"(1:20), "나는 그리스도가 아니요 그의 앞에 보내심을 받은 자라"(3:28)라는 나름대로의 기술방식을 고안하여 요한공동체가 세례요한공동체 보다 우월하다는 점을 부각해서 요한공동체 구성원들이 세례요한 공동체에 현혹되지 않도록 한 것이다.

하게 회당으로부터 출교를 당한 정황이 기록되어 있다.[10] 회당은 70년 로마 장군 티투스의 예루살렘 성전 파괴 때까지 고대 성전의식과 나란히 존재하면서 점점 늘어났다가 성전이 파괴되자 그 중요성은 훨씬 커졌다. 성전파괴 당시 예루살렘에는 480여 개의 회당들이 있었고 그 각각은 율법 낭독을 위한 집과 미쉬나 연구의 집을 가지고 있었다. 예루살렘 성전 파괴 이후, 회당은 유대인들에게 있어서 누구나 부인할 수 없는 종교생활의 중심지가 되었다(편집자, 1983; 편집자, 1993). 성전의 파괴되기 전, 즉 68년-69년 사이에, 랍비 요하난 벤 자카이(Johanan ben Zakkai)는 예루살렘 바로 앞에까지 쳐들어온 베스파시아누스와 협상하여 황실령인 얌니아에서 율법학자들이 계속 그 직무를 수행할 수 있다는 보장을 받고 얌니아(야브네)로 피신하였다(Bo Reiche, 1995, 304). 70-85년 사이에 다른 바리새인 율법학자들이 모여들어서, 거기서 산헤드린을 계승하는 대위원회와 한 학교를 설립해서 바리새적 공동체를 재건하였고, 이것은 형성기의 유대교를 거쳐서 오늘날까지 이어지는 랍비적 유대교가 되었다(Clevenot, 1993, 197).

요한공동체의 인종적 구성을 다수의 이방인과 소수의 유대인, 또는 소수의 이방인과 다수의 이방인으로 나누든지, 또는 브라운처럼 유대인과 이방인의 혼합으로 보든지 간에 회당을 중심으로 한 유대교 공동체는 유대인들에게 영향력을 행사했을 것이다(Brown, 1994, 97). 성전이 파괴되기 전에도 최고회의인 산헤드린은 유대인들만이 사는 도성과 마을에서만 사법권을 행사하였기 때문에 형성기의 유대교 공동체는 유대인들에게 사법권을 사용했을 것이다(Förster, 1996, 170-71). 그러나 이

---

10) 회당 안에서는 회당이 가지고 있는 자체의 통제력과 규제를 통해서 그 성원들에게 압력을 행사할 수가 있었다. 그러나 회당밖에 있는 이방인들에 대해서 회당이 얼마만큼 영향력을 행사할 수 있었는지는 더 많은 연구가 필요하다.

방인들과 하느님 경외자들에게까지 이 사법권이 적용되었다고 보기는 어렵다(Tyson, 1995, 19-38). 물론 유대교 회당이 이방인들에게 호기심의 대상이었고, 이 회당을 매개로 해서 유대교와 이방인들의 접촉이 일어났다고 보면 회당의 영향력을 높게 평가할 수 있다(Saldarini, 1995, 241-65). 그러나 이 경우에도 이방인들이 자발적으로 회당에 가지는 호의는 인정할 수 있으나, 회당이 사법적 영향력을 행사했다고 보기 어렵다. 무엇보다 요한공동체 스스로가 회당으로부터의 분리를 당연하게 받아들이는 상황에서 유대인들이 회당을 매개로 그리스도인들에게 박해를 가할 수 있는 개연성은 다소 적어 보인다. 중요한 변수는 로마제국이다. 요한복음서나 공관복음서들에서 로마제국과 제국의 관리들에 대한 묘사는 결코 부정적이지 않다. 왜냐하면 세계 선교에 초점을 둔 그리스도교는 되도록 로마제국과의 마찰을 피하려고 했기 때문이다(안병무, 1996, 273).[11] 1세기 지중해 세계에서 최강대국인 로마의 네로 황제는 64년 로마의 대화재 사건의 방화범으로 그리스도인들을 몰아서 수천 명을 처형시켰다. 그들 중의 일부는 짐승의 가죽을 뒤집어쓰고, 개들에게 뜯어 먹히며, 죽어 갔다. 십자가에 달렸던 많은 사람들은 날이 저물 무렵에 밤을 밝히기 위해서 불살라졌다(Clevenot, 1993, 184-85). 그런데 로마권력은 어떻게 유대인과 그리스도인들을 구분해 냈을까? 먼저 유대인들은 자신들이 그리스도인들과 혼동되지 보이지 않도록 모든 일을 다 했다고 한다. 특히 나중에 네로의 아내가 된 네로의 정부 폼페아의 측근이었던 사두개인들 진영에서 폼페아를 통해서 그 새로운 종교를 자신들과 구분하는데 성공하였다(Clevenot, 1993, 184). 로마는 70년에 예루살렘 성전을 초토화시킨 후에도 유대인들에 대한 산발적인 박해를 가했다.

---

11) 누가와 요한에게 있어서 이 부분은 마가보다 더욱 뚜렷하다.

베스파시아누스 이후, 도미티안은 유대에서 다윗 왕의 후손이라고 나설 수 있는 자들을 색출하라고 명령했다. 그래서 유대인들의 다윗 왕의 후손인 메시아에 대한 희망은 약화되지 않고 비밀리에 묵시문학적 작품들을 통해서 유포되었다. 많은 묵시문학 작품들 중에서 에스드라의 묵시록은 열두 날개(열두 명의 황제들)와 세 개의 머리(세 명의 플라비우스 왕조의 황제를)를 가진 독수리(로마제국)가 "전능하신 분이 마지막 날을 위하여 예비해 둔 메시아"를 상징하는 한 사자에 의해서 심판을 받는 환상을 보여 주고 있다(Clevenot, 1993, 227-28). 요한복음 11장에서 다시 살아난 나자로 사건을 보고 대책회의를 소집한 대사제들과 바리사이파 사람들의 근심어린 절박한 말은 로마에 대한 유대지도자들의 두려움과 피해의식을 요한복음 저자가 반영한 것이다. "그대로 내버려 두면 누구나 다 그를 믿을 것이고 그렇게 되면 로마인들이 와서 이 거룩한 곳과 우리 백성을 짓 밟고 말 것입니다"(11:48). 즉, 그들은 예수의 기적을 통해서 로마에 대항하는 정치적인 운동이 일어날 것을 두려워하고 있다(Haenchen, 1984, 75). 로마의 위협에 대한 이러한 묘사는 복음서들 중에서 요한복음서가 유일하다.

유대교의 종교적 순수성을 지킨다는 명분도 있었지만, 그 당시의 정치적 상황은 유대교 지도자들로 하여금 자신들을 더욱 분명하게 그리스도인들과 구분하게 만들었다. 주후 85-95년경 랍비 가믈리엘 2세의 요청에 의해 랍비 소 시므온이 작성하여 회당예배에서 사용되었던 기도문 '부의 축복문'은 이런 상황을 잘 보여주고 있다(Overman, 1990, 48-56).

> 배교자들에게는 희망이 없게 되며 완악한 지배자들은 우리 시대에서 절멸되리로다.
> 나자렛 사람들(그리스도인)과 이교자들은 곧 멸망할 것이다.

> 그들은 생명책에서 지워지고 의인들의 반열에도 들지 못할지어다
> (Overman, 1990, 50).

자신들의 종교에 대한 위기감은 적극적으로 그리스도인들에 대한 박해를 유대교 지도자들이 수행하게 되었고, 과거 네로황제 시절에 그렇던 것처럼 어느 정도 로마당국의 인정을 받은 공인 종교로서의 기득권을 충분히 이용했을 것이다. 로마제국은 유대교에 황제숭배를 강요하지 않았으나 그 대신 유대 전쟁이 일어나기까지는 매일 성전에서 황제를 위한 예물을 드리게 했다. 유대전쟁 이후에도 이러한 법규가 유효하였다. 로마관원들은 처음에는 그리스도인과 유대인을 같은 유대종파로 보다가 그리스도교가 회당으로부터 분리되자 그리스도인들에게 황제숭배를 강요하였고, 일단 차이가 드러나자 그리스도인들은 더 탄압을 받았다(Lohse, 1990, 191). 로마제국은 그리스도교를 이상한 마술 집단으로 의심을 하였고, 더 나아가서는 무신론집단(국가의 신들을 부인하는)과 소요집단으로 간주하였다. 유대교의 그리스도교에 대한 박해가 힘을 가질 수 있었던 이유는 로마의 이러한 그리스도교에 대한 정책에 힘입은 측면이 컸다. 94년 도미티안 황제가 기독교인들을 박해할 때 유대인들은 그리스도인들을 무신론자들이요 반사회적인 자들이라고 모함하고 로마 관리들에게 그리스도인과 유대인의 차이를 주목하도록 밀고자로서 행동하였다(Reiche, 1995, 310-11).

그러므로 서론에 나오는 세상(1:10)은 넓은 의미로 박해를 가하는 로마제국을 암시하며, 자기 땅(1:11)과 자기 백성(1:11)은 예수를 믿지 않을 뿐더러 요한공동체를 회당에서 내쫓고 박해하는 유대인들을 가리킨다. 회당 안에 있었기 때문에 로마의 초대황제인 아우구스투스 이후 유대인에게 보장되었던 종교의 자유를 통해서 선교를 용이하게 하던 그리스도

교는 이제 새롭게 자신들의 추방에 대한 신학적 설명을 해야만 했다 (Reiche, 1995, 260-61). 요한복음 저자는 총체적인 탄압이 자행되는 세 상으로부터 예수도 미움을 받았으나(7:7), 마침내 이 세상을 이기고 세 상임금을 쫓아내고(12:31) 심판하고(16:11) 마침내는 세상을 이긴 것 (12:31) 같이 요한공동체도 그렇게 승리할 것임을 선언하고 있다. 그리 고 요한공동체 구성원들을 내쫓은 유대인들을 예수를 영접하지 않은 "마귀의 자녀(8:44)," "그릇된 아브라함의 자손(8:39)"으로 규정하고 예 수를 영접한 요한공동체를 "하느님의 자녀(1:12)"로 대조시키고 있다 (Brown, 1994, 76). 앞에서 언급했듯이 회당으로부터의 출교에 대해 오 직 요한복음만 구체적으로 명시하고 있다. 요한복음 9장 13-22절은 태 어날 때부터 소경 된 사람을 예수가 고치자 바리새인들이 그 맹인의 부 모를 추궁을 할 때, 그 부모의 태도를 다음과 같이 보도한다. "그의 부모 는 유다인들이 무서워서 이렇게 말한 것이다. 유다인들은 예수를 그리 스도라고 고백하는 사람은 누구나 다 회당에서 쫓아내기로 작정하였던 것이다."(9:22) 요한복음 1장 11절은 바로 이러한 회당으로부터의 출교 의 정황을 암시하고 있다. 즉 예수의 거부와 박해를 요한공동체의 출교 와 거부와 연결시킨다. 요한복음 저자는 자신이 속해있는 요한공동체에 대한 박해를 예수에 대한 박해로, 예수를 박해했던 바리새인, 사두개인, 서기관들을 요한공동체 당시의 회당에 있는 유대인들로 대치시켜서 자 신들이 당하고 있는 고난과 박해를 예수의 고난과 박해로 연결시킴으로 써 자신이 속해있는 공동체 성원들이 신앙을 확고하게 하고, 공동체의 유대감을 형성하여 박해를 신학적으로 해석한다(서중석, 1992, 260-61). 1장 12-13절은 이런 출교 당하고 박해 받는 요한공동체 구성원(멤버)들 에게 "하느님의 자녀"가 되는 특권이 부여됨을 알려준다. 키이(H. C. Kee)는 "유대교로부터 단절되고 로마 당국에 의해 박해를 받음으로 말미암아 점차 곤경에 처하게 되었을 때 요한복음서는 [요한공동체에게] 중요한 역할을 하였다"고 주장한다(Kee, 1991, 249).

V. 서론과 요한복음의 기독론

요한복음은 다른 복음서들보다 예수의 신적(神的) 모습을 강조한다. 서론에서부터 예수 그리스도가 하느님과 처음부터 함께 존재했다고 주장한다(1:1-4). 동시에 다른 한편으로는 예수의 지상 활동과 생애에도 관심을 가지고, 예수가 요셉의 아들이라고 유일하게 기록함으로써(6:42) 예수의 인성에도 관심을 가진다. 어얼 리차드(Earl Richard)는 이 같은 요한의 이중적인 관심을 가리켜 "요한의 구성의 두 초점"이라고 말한다 (Richard, 1988, 203). 즉 요한의 관심은 이 세상에 거하며 활동하는 지상의 인물과 하느님으로부터 내려왔다가 하느님께로 돌아가는 하늘의 인물이란 두 초점에 집중되고 있다는 것이다(Pearson, 2007, 17-19). 즉, 요한공동체는 기독론에 대한 2중 전략을 가지고 있었는데, 저(著)기독론(low Christology)과 고(高)기독론(high Christology)은 둘 다 요한공동체를 위해서 필요했다(Brown, 1994, 31).[12] 저기독론은 육의 한계 속에 있는 공동체의 지상의 삶을, 고기독론은 미래의 하늘에서의 공동체의 영광을 반영한다(Suh, 1995, 13).

그러나 브라운과 마틴은 예수를 다윗 계통의 메시아로 믿는 세례요한

---

12) 저기독론이라는 학술용어는 구약이나 중간시대의 기대로부터 파생된 명칭들을 예수께 적용시키는 것에 관련되어 있는데, 이 명칭들은 신적은 의미를 가지고 있지 않다. 반면에 고기독론은 예수를 신적인 차원으로 높여서 평가하는데, 예를 들면, 하느님의 아들이나 주가 "하느님"을 지칭하리만큼 고양된 의미로 사용한다.

의 제자들을 포함한 초기 요한공동체는, 예수를 하느님과 선재했던 존
재로 이해한 두 번째 집단을 용납하고 수용함으로써 회당지도자들의 의
심과 적대감을 얻게 되었다고 주장한다. 이 두 명의 학자에게 있어 요한
공동체의 첫 번째 집단은 고기독론을 가지고 있지 않았다. 고기독론은
회당으로부터의 출교를 당한 후에 발전하게 된 것이다(Brown, 1994,
32-58). 그러나 고기독론 자체가 회당으로부터의 출교라는 사회적 정황
을 반영하지 않는다. 회당으로부터의 출교는 요한복음에서 다른 사건을
해석하는 결정적인 사건이 아니라 단지 하나의 배경에 불과하다. 초창
기 요한공동체는 고기독론과 저기독론을 함께 가지고 있었다. 이들이
추방당한 것은 예수를 메시아로 고백할 뿐만 아니라 하느님의 아들로
고백했기 때문이었다. 다양한 박해의 상황(16:2, 11:53)은 고기독론을 촉
진시켰을 것이다(Suh, 1995, 8-13).

　　요한복음에서 예수를 "하느님(의) 아들"이란 명칭으로 직접적으로 쓰
인 경우는 8번13)이고 아들이란 명칭으로 쓰인 경우는 18번나온다.14)
요한복음에서 예수를 "아들"로 지칭하는 것이 "하느님의 아들" 과 같은
개념으로 쓰이므로 "하느님의 아들"로 쓰인 경우는 26번 된다.15) 예수
를 그리스도(메시아)로 쓰인 경우는 약 13번 나온다.16) 적어도 요한복음
에 있어서 메시아(그리스도)라는 호칭보다는 "하느님의 아들"이라는 호칭

---

13) 1:34, 1:49, 5:25, 10:36, 11:4, 11:27, 19:7, 20:31.
14) 3:17, 3;35, 3:36(2번), 5:19(2번), 5:20(2번), 5:21, 5:22, 5:23(2번),
　　5:26, 6:40, 8:36,14:13, 17:1(2번).
15) 카이사르(Robert Kayar) 같은 경우에는 "인자"라는 칭호에 주목하였고, 요한
　　복음 전체를 통해서 "하느님의 아들"이 인자 칭호의 약어로 쓰였다고 보고 있
　　으며, 아무런 수식 없이 "아들"이라고 하는 칭호는 "하느님의 아들"이라는 칭
　　호와 "인자"라는 칭호 두 가지를 의미적으로 종합한 것으로 본다.
16) 1:17, 1:41, 4:25, 4:29, 7:26, 7:31, 7:41, 9:22, 10:24, 11:27, 12:34,
　　17:3, 20:31.

이 주도적으로 나온다. 큄멜은(Werner Georg Kümmel) 요한복음 20장 31절에 근거해서 요한복음 저자는 예수가 기름부음을 받은 메시아이며 "하느님의 아들"이라는 점을 철저하게 드러내려고 하는 작업에 관심을 가졌다고 주장한다.17) 그러나 이 두 개의 명칭은 요한복음에서 예수의 정체성을 묻는 넓은 범주에서는 같은 개념으로 쓰일 수 있지만 어떠한 정황 속에서 누구에 의해서 고백되었느냐에 따라 그 의미가 달라진다.

서론이 끝나자마자 예루살렘의 종교지도자들이 세례요한에게 나타나 "당신은 누구요?"라고 묻는다. 세례요한은 자신은 메시아도 엘리야도 아니고, 메시아는 자기 뒤에 오는 예수임을 밝힌다(요 1:19-34). 또한 예루살렘의 군중들 중에서 "그리스도가 정말 온다 해도 이분보다 더 많은 기적을 보여 줄 수 있겠는가?"(요 7:31)라며 예수를 믿는 사람이 많았다. 유대인들 가운데서 예수가 그리스도인지 아닌지가 중요한 문제로 제기되었고, 일부 유대인들과 유대 지도자들18) 중에서 예수를 메시아로 믿고 있었음을 보여준다(김득중, 1996, 310). 즉 몇몇 유대인들은 유대교의 메시아사상에 입각해서 예수를 그리스도로 고백하고 있었기 때문에 메시아라는 명칭은 유대인들과 관련되어 많이 사용되었다(1:41, 7:26, 7:31, 9:22, 10:24, 11:27, 12:34). 그러나 요한공동체에게 있어서 예수가 메시아/그리스도라는 신앙고백은 예수의 신성에 분명하게 이르지 못하기 때문에 완벽한 신앙고백이 아니었다(Brown,1994, 54). 예수는 유

---

17) 구약적인 배경에서 보면 하느님의 아들은 이스라엘의 기름부음 받은 왕을 의미하고, 하느님에 의해 특별히 선택 받은 사람이다(삼하 7:24). 이스라엘 백성들은 흔히 하느님의 아들들이라 불렸다(호 1:10). 하느님의 아들이라는 개념이 신적인 존재로 등장하게 된 것은 헬라 세계에서다. 신적인 인간은 신성에 근원을 둔 능력을 특별히 부여 받은 존재로 나온다.
18) 유다 지도자들 중에서도 예수를 믿는 사람들이 많았으나 바리사이파 사람들이 두려워서 예수를 믿는다는 말을 드러내 놓고 하지는 못하였다. 회당에서 쫓겨날까 겁이 났던 것이다(요12:47).

대인들이 기대하던 메시아일 뿐만 아니라 그 이상의 분이라는 믿음이야
말로 요한공동체가 추구한 기독론이었다. 즉, 유대인들이 가장 존경하
는 권위 있는 인물 모세조차도 예수에 비해서 높지 않다. 모세에게서는
율법을 받았지만 예수 그리스도에게서는 은총과 진리를 받았기 때문에
(1:17, 3:13, 5:20, 6:46, 7:16 참조), 요한공동체에게 예수는 새로운 모세
이상이었다(Barrett, 1984, 260; 김득중, 1996, 29-38). 유대 지도자들이 율
법에 근거해서 갈릴래아에서 예언자가 나올 수 없다는 주장(7:45-52)을
서론의 1장 17절에서 이미 암시하고 있으며, 18절은 바로 요한공동체
가 추구하는 기독론을 잘 보여주고 있다. 예수는 유대인들이 생각했던
메시아를 넘어선 바로 하느님의 유일한 독생자이다. 이 독생자의 이름
을 믿을 때 하느님의 자녀가 되는 권세를 가지게 된다(1:12). 예수는 하
느님의 아들이 되지만, 그 예수를 믿는 요한공동체는 "아들"로 표현되지
않는다(Barrett, 1984, 250.).[19] 요한복음 저자는 예수가 하느님의 아들
됨을 독생자(1:14, 18, 3:16, 18)로 표현하고 요한공동체 성원들은 "자
녀"[20]로 칭하고 있다(Kysar, 1995, 96).

---

19) 요한복음에서는 "아들"이라는 말은 예수에 대해서만 사용되고 "자녀"라는 말
　　은 그리스도인에 대해서 사용되었다.
20) 요 1:12 " 영접하는 자 곧 그 이름을 믿는 자들에게는 하느님의 자녀가 되
　　는 권세를 주셨으니"; 요 11:52 "또 그 민족만 위할 뿐 아니라 흩어진 하느
　　님의 자녀를 모아 하나가 되게 하기 위하여 죽으실 것을 미리 말함이러라"
　　(개역, 강조는 필자가 함).

VI. 결론

세고비아(F. F. Segovia)는 "인간정체성의 중요한 요소는 사회·종교적 결연과 그것을 수반하는 종교적·신학적 입장에 상응한다"고 주장한다 (Segovia, 1995, 377). 서론에 반영된 요한공동체의 정황은 요한복음 저자가 속해있었던 공동체가 맺고 있었던 사회적·종교적 연결망과 요한공동체가 가지고 있었던 신학적 입장을 함께 고려할 때 올바르게 파악할 수 있다. 서론은 부가물이나 독립된 단락이 아니라, 전체 요한복음가 전개될 방향을 예고해 주는 오페라의 서막과 같다. 요한공동체는 회당으로부터의 출교와 다양한 박해 상황을 능동적으로 받아들여 그 고난과 박해를 자신들의 공동체 구성원들의 단합과 통합을 위하여 사용하였다.

서론에서 요한복음 저자는 유대인들과 이방인들이 모두 로고스의 의미를 잘 파악 할 수 있도록 스토아 사상의 로고스와 구약의 말씀, 그리고 지혜에 대한 유대교의 사색을 사용하였다. 다양한 전승을 사용하는 것은 요한공동체의 구성원들이 유대인들과 이방인의 혼합으로 되어있었다는 사실을 알려준다. 회당으로부터의 출교의 상황과 유대교의 박해 상황에 있어서 단순히 종교적 차원에서뿐만 아니라 로마 정부라는 정치적 변수까지 고려할 때 유대교 지도자들이 가했던 요한공동체에 대한 박해의 정도를 알 수 있다. 요한복음의 서론은 박해의 상황 이면에 있는 보다 복잡한 갈등과 대립·경쟁들을 통해서 요한공동체의 목표와 이상을 확고하게 하기 위해서 고투하였던 정황들이 반영되어 있다.

참고문헌

김득중. 1996. 『요한의 신학』. 서울: 컨콜디아사.

김철손. 1985. 『신약성서개론 』. 서울: 대한기독교서회.

드보, R. 1988. 『舊約時代의 生活風俗 』. 이양구 역. 서울: 대한기독
교출판사.

서중석. 1992. 『예수 』. 서울: 동아출판사.

성종현. 1991. "요한복음서의 주요신학사상." 「교회와 신학 」 XXIII:
112-35.

안병무. 1996. 『공관복음서의 주제』. 충남: 한국신학연구소.

조재형. 2013. "요한복음 서론(1:1-18)에 반영된 요한공동체의 정황,"
「복음과 교회」19:152-178.

──────. 2020. 『초기 그리스도교와 영지주의』. 서울: 동연.

편집자. 1993. "회당." 『브리태니커 세계대백과사전』.

──────. 1983. "회당." 『기독교대백과사전』. 서울: 기독교문사.

Barrett, C. K. 1984. 『요한복음 I』. 서울: 한국신학연구소.

Brown, Raymond E. 1994. 『요한 공동체의 역사와 신학』. 최홍진 역.
서울: 성광문화사.

Bultmann, Rudolf Karl. 1971. *The Gospel of John: A Commentary.*
Translated by G. R. Beasley-Murray, R. W. N. Hoare and
J.K. Riches. Philadelphia: Westminster Press.

Carter, Warren. 1990. "The Prologue and John's Gospel:
Function, Symbol and the Definitive Word." *Journal of
Study of the New Testament* 39: 35-58.

Clevenot, M. 1993. 『예루살렘에서 로마로』. 이오갑 역. 서울: 한
국신학연구소.

Förster, Werner. 1996. 『신구약 중간사』. 문희석 역. 서울: 컨콜
디아사.

Haenchen, Ernst. 1984. *John 2: A Commentary on the Gospel of John Chapters 7-21*. Hermeneia. Philadelphia: Fortress Press.

Kümmel, Werner Georg. 1988. 『신약정경개론』. 박익수 역. 서울: 대한기독교출판사.

Käsemann, E. 1969. "The Structure and Purpose of the Prologue to John's Gospel." *New Testament Questions of Today*: 138-67.

Kee, H. C. 『신약성서이해』. 1991. 서중석 역. 충남: 한국신학연구소.

Kittel, G. 1971. *Theological Dictionary of the New Testament*. Translated by G .E. Bromiley. Vol. VII, Grand Rapids: Eerdmans.

Kysar, Robert. 1995. 『요한의 예수이야기』. 서울: 한국장로교출판사.

――――. 1996. 『요한복음서 연구』. 나채윤 역. 서울: 성지출판사.

Lohse, Eduard. 1990. 『신약성서배경사』. 박창건 역. 서울: 대한기독교출판사.

Overman, J. Andrew. 1990. *Matthew's Gospel and Formative Judaism: The Social World of the Matthean Community*. Minneapolis: Fortress Press.

Pearson, Birger A. 2007. *Ancient Gnosticism: Traditions and Literature*. Minneapolis, MN: Fortress Press.

Perrin, Norman. 1991. 『새로운 신약성서신학』. 박익수 역. 충남: 한국신학연구소.

Reiche, Bo. 1995. 『신약성서시대사』. 서울: 한국신학연구소.

Richard, Earl. 1988. *Jesus: One and Many: The Christological Concept of New Testament Authors*. Delaware: Michael Glazier.

Saldarini, A. J. 1995. "Boundaries and Polemics in the Gospel of Matthew." *Biblical Interpretation* 3:241-65.

Segovia, Fernando F. 1995. "The Significance of Social Location in Reading John's Story." *Interpretation* 49: 370-79.

Staley, Jeffrey L. 1986. "The Structure of John's Prologue: Its Implications for the Gospel's Narrative Structure." *Catholic Biblical Quarterly* 48: 241-64.

Suh, Joong Suk. 1995. *The Glory in Th Gospel of John.* Oxford, OH: M. P. Publications.

Tobin, Thomas H. 1990. "The Prologue of John and Hellenistic Jewish Speculation." *Catholic Biblical Quarterly* 52: 252-69.

Tyson, Joseph B. 1995. "Jews and Judaism in Luke-Acts: Reading as a Godfearer." *New Ttestament Study* 41: 19-38.

Voorwinde, Stephen. 2002. "John's Prologue: beyond Some Impasses of Twentieth-Century Scholarship." *Westminster Theological Journal* 64, no. 1: 15-44.

Abstract

The prologue (1:1-18) of the Gospel of John has been often regarded as an independent part from the main body of John. The relationship between the John 1:1-18 and the rest of John has been also interesting subject. In this paper, I investigate the Johannine community reflected on the prologue by using sociological and literary approach. I argue that although the prologue is influenced by Stoic philosophy and wisdom tradition, it presents unique expressions that "In the beginning was the Word, and the Word was with God, and the Word was God" (1:1) and "the Word became flesh and lived among us" (1:14). Through these statements, the Johannine community insists that they are with God and God becomes flesh and dwells with them. Focusing on 1:6-8 and 1:15, I argue that Johannine community had a competition with the community of John the Baptist in order to demonstrate Jesus' divinity. In addition, the persecution of Roman is implied in 1:10 and the excommunication from synagogue is implied in 1:11. In 1:1-4, John emphasizes the divinity of Jesus who was with God. Therefore, the prologue of John presents the whole plot of the Gospel of John and the social situation of Johannine Community.

Keywords: prologue, John, Christology, Johannine Community, John 1:1-18, Logos, Sociological approach
핵심어: 서론, 요한복음, 기독론, 요한공동체, 요한 1:1-18, 로고스, 사회학 적 접근.

BTS 음악성에 나타난 사제성과 예언자성

막스 베버의 종교 유형론을 중심으로

김 종 만

BTS 음악성에 나타난 사제성과 예언자성
막스 베버의 종교 유형론을 중심으로[1)]

김 종 만

Ⅰ. 서론

2013년 한국 가요계에 '방탄소년단'(이하 BTS)이라는 낯설고 어색한 이름의 아이돌 그룹이 데뷔한다. 당시 가요계는 SM, YG, JYP라는 빅3 기획사의 삼파전이었다.[2)] 이때 작곡가 방시혁이 설립한 빅히트엔터테인먼트가 남자 7인조 그룹 BTS(RM, 진, 슈가, 제이홉, 지민, 홉, 정국)을 데뷔시킴으로써 그 누구도 예상치 못했던 한국 가요계에 큰 지각 변동을 일으킨다. 현재 BTS는 한국 K-Pop의 3세대 아이돌 가운데 가장 큰 인기를 누리고 있을 뿐만 아니라 전 세계인의 글로벌 팬덤(global fandom)을 형성하고 있는 세계적인 그룹이다.[3)] 한국 K-Pop의 1세대 아이돌은 H.O.T, 젝스키스, 신화, 핑클 등이었다. 2세대 아이돌은 동방신기, 소녀시대, 원더걸스, 빅뱅 등인데 이들을 통해 비로소 한국 K-Pop이 한

---

1) 이 논문은 2020년 대한민국 교육부와 한국연구재단의 인문사회분야 학문후속세대(박사후국내연수) 지원사업의 지원을 받아 수행된 연구임(NRF-과제번호)(NRF-2020S1A5B5A01040198).
2) 이지행, 『BTS와 아미컬처』 (서울: 커뮤니케이션스북스, 2019), p.1.
3) 김영환 외, "대중가요 가사를 통한 학교와 교육에의 시사점 연구: 방탄소년단 노랫말 분석을 중심으로", 『학습자중심교과교육연구』 14(2021) p.88.

국을 넘어 해외시장까지 진출한다. 그리고 지금은 3세대 아이돌이라 할
수 있는 EXO, 트와이스, 블랙핑크, BTS로[4] 대표되는데, 그 가운데 가
장 큰 시장을 형성하고 있는 아이돌 그룹이 BTS이다. 그 점에서 BTS에
관한 연구는 문화, 예술, 사회, 경제, 역사 영역에서 뿐만 아니라 오늘날
종교에 이르기까지 그 중요성이 증대되고 있고 그에 따른 의의 또한 적
지 않다고 할 수 있다.

　지금까지 BTS와 관련된 기존의 연구들은 BTS의 성공의 요인, BTS의
팬덤 형성, BTS의 음악적 예술성 등을 사회-경제학적, 철학적, 심리적,
예술학적 관점에서 다루어졌다. 그러나 본 연구는 독일의 사회학자 막
스 베버(Max Weber)의 종교 이론을 통해 BTS의 음악성[5]에 나타난 종
교적 함의를 규명하는데 그 목적이 있다. 구체적으로는 막스 베버의 종
교 이론인 사제형과 예언자형을 중심으로 BTS의 음악에 나타난 사제적
특징과 예언자적 특징이라는 '종교성'을 탐색하고자 한다.

　본 연구에서 주목하는 방법론적 차원은 종교사회학의 주요한 연구주
제[6] 가운데 하나인 종교와 문화의 관계를 규명하는 종교문화(religious

4) 최서원·임성준, "3세대 K-Pop 아이돌의 전략 분석: EXO, 트와이스,
　방탄소년단을 중심으로", 『산업혁신연구』 35(2019), p.59.
5) 여기서 '음악성'이라 함은 BTS의 노래 가사 뿐만 아니라 뮤직비디오, 연설문,
　인터뷰, 그리고 유튜브 개인 방송, 페이스북, 인스타그램 등에 나타난 삶의 정
　신 모두를 포괄한다는 뜻에서 '음악성'이라고 명명했다. 그러나 BTS의 기존
　유형적 작품들을 모두 분석하는 것은 사실상 학위논문 수준의 방대한 연구에
　속하므로 본고에서는 BTS의 노래 가사에 연구범위를 한정하여 논하고자 한
　다. BTS의 연설문과 유튜브 분석에 관련한 자료는 정문주 외, "BTS의 노래
　와 유엔 연설문을 소비하는 청소년의 정서탐색과 심리표상-자아존중감의 회복
　-", 『문화와 융합』 40(2018), 유지영·김미영, "한국전통춤과 k-pop 댄스의
　융합: 2018 MMA 방탄소년단 'IDOL'유튜브 댓글 분석", 『한국엔터테인먼트
　산업학회논문지』 8(2019)을 참고.
6) 종교사회학의 연구주제는 첫째, 종교와 사회구조와의 관계, 둘째, 종교와
　사회제도와의 관계, 셋째, 종교와 사회변동과의 관계, 넷째, 종교와 문화
　와의 관계로 매우 다양하다. 이원규, 『종교사회학의 이해』 (파주: 나남,

culture)이다. 종교는 물질적, 규범적, 인지적, 심미적 차원으로 구분되는 문화적 요소들에 영향을 미치고, 반대로 그것에 의해 종교가 영향을 받는다. 이러한 문제들에 천착하여 본 연구는 종교문화적 관점에서 종교를 하위문화(sub-culture) 유형으로 간주하여 종교의 문화적 특성을 분석하는데 집중하고자 한다.[7] 이는 종교가 사회 제반 현상에 영향을 미친다고 보는 독립변수로서의 종교이거나 반대로 사회가 종교의 여러 수준에 영향을 미치는 것으로 보는 종속변수로서의 종교도 아닌 종교를 하나의 사회현상이나 문화현상적 차원으로 간주하고 문화 현상으로서 종교를 고찰하는 것이다.[8] 따라서 본고에서는 베버의 종교 유형론을 토대로 하면서도 여기에 나타난 사제적 특징과 예언자적 특징을 통해 한국을 넘어 전 세계적으로 한국 음악의 위상을 높이고 있는 아이돌 그룹인 BTS의 음악에 나타난 사제성과 예언자성을 고찰함으로써 그들의 음악에 나타난 종교적 함의를 살핀다는 점에서 그 어느 때 보다 중요하고 시의적절한 연구라 할 수 있다.

II. 막스 베버와 BTS

1. 막스 베버의 종교이론

사회학(sociology)이라는 명칭은 1839년 콩트(Auguste Comte)에 의해

2019), pp.41-43.

7) 이원규, 『종교사회학의 이해』 pp.41-43; Anthony Wallace, *Religion: Anthropological View*, (New York: Random House), 1966.

8) 이원규, 『종교사회학의 이해』 pp.42-43.

처음으로 명명되었다. 산업혁명과 프랑스 혁명을 통해 경제구조와 정치 구조의 격변을 겪으며 사회현상에 대한 설명을 요구하는 학문적 관심으로 시작된 사회학은 다윈(Charles Robert Darwin)의 생물학적 진화론을 응용하여 발전하였다. 초기 사회학자들의 관심은 대부분 종교에 있었다. 따라서 종교사회학 역시 사회학의 역사와 함께 시작한다.[9] 종교사회학은 베버와 그의 친구 트뢸취(Ernst Troeltsch), 그리고 좀바르트(Werner Sombart)에 의해 시작되었다. 하지만 종교에 대한 사회학적 연구의 기초를 마련하여 종교 연구의 이론적, 경험적 분석의 큰 틀을 형성한 두 사회학자는 베버와 에밀 뒤르켐(Emile Durkheim)이다.[10] 전자는 피터 버거(Peter Berger)에 의해, 후자는 스완슨(Guy E. Swanson), 탈콧 파슨즈(Talcott Parsons), 로버트 벨라(Robert Neelly Bellah) 등을 통해 그 사상이 이어진다.

베버는 1864년 4월 21일 독일 튀빙겐에서 태어났다. 아버지는 법률가이자, 시청공무원으로서 다소 향락적이고 현실적이었던, 반면 어머니는 청교도적 신앙심이 뿌리 깊은 사람이었다. 가족적 배경은 그에게 종교적 체계를 형성하는데 적지 않은 영향을 미쳤다. 베버는 세속적 권력에의 의지와 신앙적 경건성의 의지가 현실 세계에서 모순되지 않고 어떻게 상보적으로 사회적 의미로 전환될 수 있는가에 대해 주목하였다.[11] 이러한 문제의식에 몰두한 베버는 18세기 계몽주의의 특징인 이성주의, 합리주의로 인한 종교의 탈주술화(disenchanment)[12]를 제창한

---

9) 이원규, 『종교사회학의 이해』 pp.34-35.
10) 김성건, 『종교와 이데올로기』 (서울: 민영사, 1991), p.79; 이원규, 『종교사회학의 이해』 pp.36-37.
11) 김성건 외, 『21세기 종교사회학』 (서울: 다산출판사, 2013), p.62.
12) 베버는 합리화 과정을 탈주술화 과정이라고 말한다. 탈주술화는 "모든 종교 가치에서부터 해방되는 것이 아니라 근대 사회가 지향하는 새로운 가치를 추구하기 위해 전근대 사회의 주술에서 자유로워져야 한다는 것으로, 이는

다. 그는 자신의 책 『종교사회학』(The Sociology of Religion)에서 종교를 정의하는 것은 불가능하고 종교의 본질은 우리의 관심사가 아니라고 말한다. 베버가 종교를 정의하지 않는 이유는 다음과 같다.

> 종교적 체험은 다른 체험들과는 달리 당연히 비합리적이다. 종교적 체험의 가장 높은 단계는 신비적 형태를 띠는 체험이며, … 타인과의 절대적인 소통 불가능을 특징으로 한다. 그래서 그것은 우리의 언어나 개념적 도구와 같은 수단으로는 적절히 재생할 수 없는 특수한 성격을 지니는 깨달음의 형태로 등장한다. 따라서 모든 종교적 체험은 합리적인 형태로 구성하려 하면 할수록 더욱 그 본질을 잃게 마련이다.13)

베버는 자신을 "종교적 음치"로 규정하며 종교의 본질적 정의를 회피하고 서구 합리적 사고에서 일반화되어 있던 연역적 방식을 탈피한다. 대신 경험주의적 귀납법을 기초로 가설을 설정한 뒤 그 가설을 수정하는 해석학적 순환(hermeneutical circle)에 의한 종교 연구 방식을 제기한다.14) 즉 종교의 형이상적 담론을 자제하고 사회 가운데 드러난 종교적 의미를 추구하자는 것이다. 그 이유는 관념이 아니라 물질적, 이념적 이익이 사람의 행위를 직접적으로 지배하기 때문이다. 그에 따라 베버는 종교의 사회행위의 지향성을 구체화한다.

과거 주술에 기반한 종교 가치에서 벗어나 새로운 가치를 추구해야 한다는 것을 의미한다." 따라서 베버가 주장했던 탈주술화를 오늘날의 탈종교화 같은 의미로 이해하는 것은 무리가 있다. 임영빈, "한국 개신교와 탈종교화 - 막스 베버의 합리화 개념을 중심으로-", 『사회이론』58(2020), p.112; 막스 베버, 『경제와 사회 I』 박성환 역, (서울: 문학과지성사, 1997), 막스 베버, 『종교사회학 선집』 전성우 역, (파주: 나남, 2008)에서 재인용.

13) 김성건 외, 『21세기 종교사회학』 pp.62, 66.

14) 김종서, 『종교사회학』(서울: 서울대학교 출판부, 2005), p.2. 베버가 종교 정의를 피한 이유는 그 정의 자체를 무시해서가 아니라 오히려 섣부른 정의에 얽매여 종교의 경험적 연구 자체를 망치는 오류를 경계하기 위함 때문이다.

따라서 베버는 종교를 세 가지 유형(type)으로 구분한다.15) 첫째는 주술가(magician)형이다. 주술가는 보이지 않는 영적인 존재들과 소통하며 신적인 능력을 통해 사람들에게 악한 영향으로부터 보호하고 각종 복(福)을 얻도록 도와준다.16) 그러나 그런 역할은 단지 개인적 이익이나 청원자의 이득을 만족시켜주는 비공동체적인 행위이다. 즉 주술가는 공동체 전체의 선을 추구하거나 공동선이나 초월적 존재에 대한 복종을 촉진하지 않고 오직 사적(私的)인 일에만 관여한다.17)

둘째는 사제(priest)형이다. 사제는 신과 인간의 중재 역할에 중점을 둔다. 사제직에서 기인하는 사제의 권위는 직책(office)의 카리스마에 달려있다. 이 점은 사제직과 주술사에게 공통적이다. 그러나 사회학적 측

---

15) 이원규는 종교사회학자들의 연구를 토대로 종교지도자의 유형을 창시자 (founder), 예언자(prophet), 사제(priest), 성자(saint), 개혁자(reformer), 그리고 종교의 기능을 중심으로 주술가(magician), 선견자 혹은 선각자 (seer), 점술가(diviner) 등으로 구분한다. 그 가운데 인류 문명의 두 종교를 양분하고 있는 기독교와 불교의 경우에 해당하는 창시자(founder)형을 살펴보면 다음과 같다. 종교 창시자는 하나의 새로운 종교 집단을 시작하거나 기성종교집단에서 파생하여 새로운 종파를 형성한 범주이다. 전형적인 종교의 창시자는 예수와 붓다이다. 하지만 예언자로 분류되는 마호메트, 조로아스터, 선생과 철학자, 그리고 현자로 분류되는 공자와 노자 등도 협의적 차원에서 이에 속한다. 바흐(Joachim Wach)에 따르면, 종교적 창시자들은 의식적으로 몰몬교를 창시한 스미스(J. Smith)를 제외하고 처음부터 종교를 창건하려는 의도는 아니었다. 다만 이들의 종교적 태도에 영향을 받은 추종자들에 의해 종교조직의 창시자가 된다. 하지만 종교 창시자들의 핵심적인 활동은 설교와 가르침에 있다. 이들의 주된 관심사는 구원과 완전한 메시지 전달, 자신의 경험으로 터득된 계시의 진리를 대중이 수용하도록 하는 것이다. Joachim Wach, Sociology of Religion, (Chicago: The University of Chicago Press, 1958), p.341; 이원규, 『종교사회학의 이해』 p.512; Joachim Wach, Sociology of Religion, p.343.

16) 주술사의 이러한 개인적 종교 자질은 예언자와 유사하지만 주술사는 계시나 교리, 그리고 계명과 같은 형태의 종교성을 추구하지 않는다.

17) Emil Durkheim, *The Elementary Forms of the Religious Life*, (New York: The Free Press, 1965), pp. 60-61.

면에서 보면 사제와 숙련된 주술사의 차이는 뚜렷하다. 전자가 신의 뜻을 해석하고 신과 인간들 사이의 관계를 규제, 강화하며 "공동체를 위해 공동선을 추구하고 보편적인 종교적 윤리를 제시"하는, 반면 후자는 신성 혹은 영이 그에게 복종하도록 강요하고 공동체와 공동선보다는 개인적 일에 관여된 자영적(自營的) 측면이 강하다.18) 사제직은 기능적으로 기적이나 계시에 의존하는 주술사나 예언자와 구별된다. 따라서 사제직에는 특수한 지식이나 교리, 소명과 같은 자격요건들이 구비 되어야 하고 가르침, 연구, 명상과 기도, 금욕적 수행 등과 같은 기능이 요구되므로 훈련을 위한 전문적인 교육 기관이 필요하다.

그러나 종교가 점점 제도화되면서 사제의 역할도 다양화, 전문화, 분화되어 전통의 수호자, 지식과 명상, 기도, 기술 소유자, 의례적 질서의 법의 수호자 등의 전문 사제직이 출현하였다. 재판관, 행정가, 교사, 학자로서의 사제가 등장한 것이다. 사실 행정가, 교사, 학자의 역할도 중요하지만 사제직의 가장 중요한 기능은 '의례의 수행'이다. 사제는 종교와 관련된 정보와 지식, 기술을 독점하여 "악을 물리치고, 건강, 힘, 부, 다산(多産), 성공"을 부여한다. 하지만 신의 축복을 대중들에게 나누어 주는 사제적 권위의 능력은 신으로부터 부여받은 것으로 간주된다.19) 그러므로 사제는 공동체 안에서 사제 계층의 한 일원으로 종교적 능력을 발휘함으로써 현존 사회질서의 수호자 역할을 감당한다.20) 여기서 사제의 역할과 기능은 전통과 기성 질서를 유지하려는 보수적인 특징을 지닌다. 이는 전통의 기존 사회질서와 떨어져서 사회변화와 종교갱신을 요구하는 예언자의 기능과 상충하는 측면이 있다.

---

18) 이원규, 『종교사회학의 이해』 p.516; 김성건, 『종교와 이데올로기』 p.83.
19) 이원규, 『종교사회학의 이해』 p.517; 김성건, 『종교와 이데올로기』 p.83.
20) Max weber, *The Sociology of Religion*, (Boston: Beacon Press, 1963), pp.58-59.

셋째는 예언자(prophet)형이다. 사회학적 관점에서 예언자는 구원의
전달자(bringer)로 이해된다. 개인적 카리스마(charisma)21)를 담지한 예
언자의 임무는 종교 교리나 신의 명령을 선포한다.22) 예언자는 개인적
카리스마를 가진 전형적인 종교지도자로 신과 의사소통을 한다고 믿고
환상, 꿈, 황홀경, 말, 몸짓, 표시 등의 일상적 혹은 비일상적 성격으로
신의 계시를 전달한다.23) 따라서 예언자는 귀족 계급, 식자층, 고위 계
층 출신의 사제(priest)와 달리 대부분 민중계층에서 나타난다.24) 이에
대해 종교사회학자 김성건은 다음과 같이 설명한다.

> 대부분의 예언자들이 사제 계급으로부터 나오지 않은 것은 우연한 일
> 이 아니다. 인도의 구원을 가르친 도사(guru)들은 브라만이 아니었고,
> 이스라엘의 예언자들도 사제가 아니었다. 예언자는 그의 개인적 자질에
> 의해서 영향력을 행사한다는 점에서 마술사와 비슷하나, 예언자는 명백
> 한 계시를 주장하고 또한 그의 사명의 핵심은 마술이 아니라 교리나 계
> 명인 점에서 마술사와 대조된다.25)

---

21) 카리스마는 고대 종교에서 신으로부터 받은 은사(恩賜), 곧 특별한 자질을 말하
  는 용어로 카리스마는 베버의 종교사회학 뿐 만 아니라 권위를 설명하는 사회
  학적 이론에도 중심이 되는 이론이다. 베버는 카리스마적 권위, 합리적-법적 권
  위, 전통적 권위, 이 세 종류의 권위가 모든 사회질서의 기초를 형성한다고 본
  다. 김승혜 편저, 『종교학의 이해: 종교연구방법론을 중심으로』, 로버트 벨라,
  『종교와 사회과학의 관계』 (칠곡: 분도출판사, 2004), p.226.
22) Max weber, *The Sociology of Religion*, p.46.
23) 이원규, 『종교사회학의 이해』 p.513.
24) Joachim *Wach, Sociology of Religion*, p.348.
25) 김성건, 『종교와 이데올로기』 p.84. 예언자는 근동 지역에서 출현한 윤리사명
  적 예언자(the ethical prophet)와 인도의 예언자들로 대표되는 모범예시적
  예언자(the examplary prophet)로 나뉜다. 전자는 신으로부터 사명을 받은
  자로서 윤리적 의무로서 복종을 요구한다. 반면 후자는 신의 명령 또는 복종을
  필요로 하는 윤리적 의무에 대해서는 전혀 말하지 않고, 그 자신이 겪은 것과
  동일한 종교적 구원의 길을 타인들에게 권하는 것이 특징이다.

　무엇보다 예언자형의 가장 두드러지는 특징은 그의 전달이 '저항의 메시지'라는데 있다. 파슨즈에 의하면, 예언자는 자기 자신을 의식적이고도 분명하게 기성 질서에 대항하고 도덕적 권위를 주장하는 지도자이다.26) 그러므로 예언자는 전통을 돌파하고 자신의 카리스마적 권위로 예언을 수행한다. 베버는 사회 저항적 성격을 가진 예언자형의 이러한 특징이 사제와 구분된다고 말한다: "사제는 거룩한 전통 안에서 그의 역할 수행에 의해 권위를 주장하는 한편, 예언자의 주장은 개인적 계시와 카리스마에 기초한다."27) 또한 예언자형의 중요한 특징 가운데 하나는 그의 예언이 경제적으로 무보수라는 점이다. 베버는 예언자가 보수를 받지 않는 것을 카리스마의 순수성이 반(反)경제적인 힘에서 비롯된다는 사실로 인식하였다.28)

　요컨대, 본 연구에서 주목하는 종교 유형은 사제형과 예언자형이다. 전자의 종교 유형에서 나타나는 가장 큰 특징은 '의례의 수행'이다. 사제는 전문화된 종교적 기술로 의례를 집행함으로써 현존 질서체제에 상응하는 메시지로 상처와 고통에 빠진 대중들의 마음을 위무(慰撫)한다. 반면 후자의 종교 유형의 가장 큰 특징은 '저항의 메시지'이다. 예언자는 기존 사회체제와 거리를 두고 사회적 모순과 죄를 고발하고 사회 변

---

26) Talcott Parsons, *The Structure of Social Action,* (New York: The Free Press, 1968), p.663.
27) 이원규, 『종교사회학의 이해』 p.514; Max weber, *The Sociology of Religion*, p.46. 따라서 사제 계급에서 예언자가 거의 나오지 않은 것은 우연이 아니다. 왜냐하면 사제는 그의 직책(office)에 의해 구원을 시행한다면, 예언자는 그의 은사에 힘입어 능력을 발휘하기 때문이다.
28) Max weber, *Economy and Society Vol 3*, (New York: Beminster Press, 1968), p.114. 예언자는 마술적 치료와 상담의 기능을 제공한다. 그러나 예언자는 보수를 받지 않는다. 이는 예언자와 사제를 구별하는 가장 큰 기준인 경제적 요인이다. 전자는 자신들의 종교적 기능에서 보수를 받지 않는 것이고 후자는 보수를 받는다는 점이다.

혁과 갱신에 중점을 둔다. 구체적으로 말하면, 사제형의 특징은 사회 수용적 메시지를 전달하는 것으로 여기서는 관료적 권위가 나타나고 전통을 수용하는 측면이 강하다. 관료적 권위란 직업적 정의가 아니라 일정한 '직책(office)'을 의미하는 것으로, 전통을 수용하는 성향이 강하고 결혼, 장례와 같은 일상적 삶과 관련된다. 그래서 이러한 특징을 구현할 조직이나 기관(건물)이 외형적으로 나타난다. 반면 예언자형은 그 메시지가 사회 비판적이다. 여기서는 관료적 권위가 아니라 카리스마적 권위가 강하게 나타난다. 따라서 전통보다 개인을 중요시하고, 일상적 삶과 무관한 측면이 짙다. 그러므로 예언자형에서는 사제형에서 나타나는 조직이나 기관이 없다.

베버에 의하면, 운명적으로 모든 종교는 예언자형에서 사제형 종교로 옮겨간다. 예언자형은 1세대의 카리스마가 없어지기 때문에 카리스마가 없는 2세대부터는 카리스마를 대체할 관료(직책)을 만들어 그 권위를 대체하는 사제형 종교로 변모한다. 베버는 이를 '일상화(rutinization)'로 명명한다. 그 이유는 종교적 '카리스마'는 결코 영속할 수 없기 때문에 반드시 사회 속에서 '일상화' 될 수밖에 없다. 만일 카리스마를 관료적 권위로 대체하는데 실패하면 그 종교는 운명을 다하고 사라진다.[29]

2. BTS 음악의 특징

방탄소년단의 영어 약어는 BTS이다. BTS는 세 가지 뜻으로 사용된다. 첫째는 'Bangtan Boys'으로 방탄소년단의 단순한 영어식 표현이다. 둘째는 'Bulletproof Boys Scouts'인데, 이 말은 방탄이 총알을 막

---

29) 이원규, 『종교사회학의 이해』, pp.500-511; 니니안 스마트, 『종교와 세계관』 김윤성 역, (서울: 이학사, 2000), pp.209-212 참고.

아내는 것처럼 청춘을 위협하는 편견과 억압, 아픔을 막아내고 자신들의 음악적 가치를 지켜낸다는 의미를 지닌다.[30] 셋째는 'Beyond The Scene'이다. 원래 'BTS'는 '무대 뒤에서', '막후에서'(Behind the scene)에서 라는 뜻인데, 'Behind'가 암울한 어조를 띈 단어의 느낌이 강해 BTS의 소속사인 빅히트엔터테인먼트가 방탄의 로고를 교체하면서 'Behind'를 'Beyond'로 바꾸면서 'Beyond The Scene'가 되었다. 이는 청춘들이 겪는 모든 장면들을 뛰어넘는다는 의미를 가진 것으로, 이때문에 BTS의 음악에는 청춘의 방랑과 관련된, 정신건강, 자살, 괴롭힘 등과 같은 요소들이 드러난다.[31]

따라서 BTS 음악에 담긴 주목할 만한 특징은 사회 문제에 대한 비판이 내포되어 있다는 점이다. 이에 대해 이지영은 "방탄은 한국 사회에 존재하는 구조적 억압, 불평등, 편견 등의 문제를 자기 세대의 눈으로 읽어내고 이로 인한 고통스러운 감정들을 음악으로 표현하면서 힘을 모아 정의롭지 않은 현실을 바꾸고자 외쳤다."[32] 고 말한다. 또한 BTS의 음악은 대형기획사가 만들어낸 '공장형 아이돌'과 차별되는 또 다른 특징이 있다. 대형기획사가 제조한 공장형 아이돌은 10대 여성들을 주 타깃으로 설정하여 가볍고 달콤한 사랑 노래를 부른다. 그러나 BTS의 음악은 "본인들이 직접 곡을 쓰고 프로듀싱한 노래 속에 교육 문제, 세대

---

30) 윤민향, "학이시습(學而時習), '사랑하기'를 통한 치유와 성장의 날갯짓 - 자기애(自己愛)와 방탄소년단(BTS) 열풍을 중심으로", 『한국철학논집』 67(2020), p.241; 정영규, "An Analysis of Social Network Strategies of K-pop : Focusing on Culture Marketing of BTS ", 『글로벌문화연구』 3(2020), p.87.

31) https://brunch.co.kr/@jlee5059/247, 2021년 8월 6일 검색; 정영규, "An Analysis of Social Network Strategies of K-pop : Focusing on Culture Marketing of BTS ", p.87.

32) 이지영, 『BTS 예술혁명-방탄소년단과 들뢰즈가 만나다』 (서울: 파레시아, 2019), p.15.

문제, 우울증, 자존감 같은 주제"를 다룬다. 이는 동시대의 모순되고 불합리한 사회구조 속에서 고통당하는 대중들을 위로하는 측면이 있다.

그 점에서 BTS의 음악은 문화적 상상력과 공감을 토대로 종교의 역할을 대변하고 있다고 봐도 무방하다. 이것은 벨라가 주창한 시민 종교(civil religion)와 유사한 것으로, 종교를 분석하는 틀로써 비종교적이고 세속적인 현상들을 들여다보려는 시도와 맥을 같이한다.33) 따라서 이들의 음악에는 사회가 지닌 문제점을 종교적 시각에서 정화하는 종교적 함의가 내포되어 있다는 점에서, 벨라의 시민 종교가 기본적으로 종교가 지닌 사회의 통합 기능을 전제로 한 긍정적 역할론에 치중하듯이 BTS의 음악에 이러한 기능이 탑재되어 있다고 할 수 있다. 이를 베버의 종교 유형으로 환언하면 BTS의 음악에는 사제적 역할과 예언자적 역할을 나타내는 종교적 특징을 가진다.34) 즉 BTS의 노래에 담긴 사회적 메시지는 공감과 위로35)를 이끌어내는 '사제적 기능'과 비판과 변혁을 요구하는 '예언자적 기능'이 공존한다.

이처럼 BTS 음악에서 읽어 낼 수 있는 이러한 두 종교적 요소는 여타의 음악인들과 달리 BTS가 "자기 세계"를 스스로 구축했기 때문이다. 미국 빌보드의 팝 칼럼니스트 제프 벤자민(Jeff Benjamin)은 서양인들이 BTS를 추종하는 이유를 그들이 미국의 트렌드를 따르지 않고 자기 세

---

33) 신재식 외, 『종교전쟁』 (서울: 사이언스북스, 2009), pp.481-482.
34) 벨라는 미국의 시민종교(civil religion)도 사제적 기능과 예언자적 기능을 수행한다고 보고 있다. 이에 대해서는 Robert Neelly Bellah, *The Broken Covenant: American Civil Religion in the Time of Trail*, (New York: Seabury, 1975) 참고.
35) 이에 대해서는 글락(Charles Y. Glock)의 저서들이 도움이 된다. 그 중에서도 *The Role of Deprivation in the Origin and Evolution of Religious Groups*, (New York: Oxford University Press, 1964)가 주요 참고 자료가 될 수 있다.

계를 구축했기 때문인 것으로 분석한다.36) BTS 음악에 담긴 두 종교적 기능의 상보적(相補的) 역할은 BTS의 노래를 여타의 아이돌 그룹의 음악과 극명한 대조를 이루게 한다. 그것은 다름 아닌 BTS 음악이 품고 있는 강한 '사회적 메시지'이다. 이와 같은 사실은 BTS와 빅뱅 그리고 트와이스 가사에 나타난 빅데이터 분석에서 나타난다.37)

그룹	사용 단어(반복 횟수)	주요 가사
방탄소년단	-노력(38), 인생(17) 등 청춘의 화두	- "맨날 몇 포 세대, 노력 노력 타령 좀 그만 둬"('뱁새') "똑같은 꼭두각시 인생"('N.O.') "우린 다 개돼지"('엠 아이 롱') "장래 희망 넘버원, 공무원?"('노 모어 드림')
빅뱅	- 부조리 비판 노(No), 롱(Wrong) 등 넘치는 부정어(166)	
트와이스	- 스위트(Sweet·12), 치어(Cheer·11) * 최다반복 '베이비"(144)	

BTS는 사회적 모순 구조 속에 신음하는 대중들에게 의례를 대변하는 음악을 통해 사람들을 위무하는 '음악의 사제'이자, 사회에 만연한 죄를 고발함으로써 정의와 평등, 쇄신을 꾀하는 '음악의 예언자'라 할 수 있다.38) BTS 음악에 나타난 이러한 기능들은 저들의 음악에 스며든 진정

---

36) 장정윤, "다양한 예술 매체의 통합으로 완성한 '기억하기' : 방탄소년단의 뮤직비디오 〈봄날〉의 이미지 연구", 『스토리앤이미지텔링』 19(2020), p.248.
37) 도표의 출전. 이지영, 『BTS 예술혁명-방탄소년단과 들뢰즈가 만나다』 p.33.
38) 이는 종교의 배타적 정의가 아닌 포괄적 정의를 따른 것으로 이런 관점으로 본다면 BTS의 음악은 종교에 대한 기능적 대행물(functional equivalents)이 될 수 있다. 이에 대해서는 루크만의 논의를 참고. Thomas Luckmann, *The Invisible Religion*, (New York: The Macmillan Co, 1967).

성 있는 인간미 때문이다. BTS 멤버들은 실제 자신들의 사생활을 담은 많은 영상을 가감 없이 보여준다.

> 방탄소년단은 신비주의, 이상성, 파격 등 직관적 상호작용을 탈피하고 공감, 공유, 공생 등 양방향 소통을 통해 지구촌 팬들과 하나의 세계관(BTS Universe)을 구축하고 있다.[39]

이러한 요소는 그대로 BTS의 음악적 요소로 환원된다. 그들의 음악에는 삶에 내포된 시련과 아픔, 절망과 두려움, 그리고 희망이 고스란히 드러난다.[40] BTS의 실생활에 침윤된 철학은 BTS 노래의 가사[41]로 이어진다.[42] 사실 서사적 구조로 이루어진 문학이나 영화에 비해 노래의 가사는 언어학적 의미 규정이 쉽지 않기 때문에 다의적 해석이 가능하다. 뿐만 아니라 BTS는 뮤직비디오나 유튜브 영상을 활용한 지구촌 팬들과의 소통을 통해 자신들의 노래에 담긴 가사의 의미를 더욱더 확장한다. 주목할 점은 BTS의 노래 중 거의 대부분은 그들의 삶에서 녹아든 생각과 느낌들을 토대로 멤버들 스스로 지은 것이기 때문에 그 어떤 음악보다 그들의 가사에는 BTS의 정서와 가치관이 짙게 함축되어 있다.[43] 따라서 BTS가 제작한 노래 가사를 기초로 이들의 음악성에 내재

---

39) 윤여광, "방탄소년단(BTS)의 글로벌 팬덤과 성공요인 분석"『한국엔터테인먼트산업학회논문지』4(2019), 초록 중에서.
40) 이지영, 『BTS 예술혁명-방탄소년단과 들뢰즈가 만나다』 p.11.
41) BTS의 노래 가사 분석을 위해서는 Andrew Eungi Kim · Joon sik Choi, *Contemporary Korean Culture: The Persistance of Shamanistic and Confucian Values and Practices,* (Seoul: Korea University Press, 2015), 김도경, "BTS 가사의 주제와 세계전유방식 고찰", 경희대학교 석사학위논문, 2019가 도움이 된다.
42) 이지영, 『BTS 예술혁명-방탄소년단과 들뢰즈가 만나다』 p.34. 실제로 BTS의 노래 90% 이상은 멤버들 스스로가 쓰고 프로듀서와의 공동 작업을 통해 음악으로 재생된다.

된 사제성과 예언자성을 분석하는 작업은 그 의의가 충분하다고 할 수 있다.

III. BTS 음악의 사제성과 예언자성

1. BTS 노래 가사에 나타난 사제성

종교학자 마틴 에밀 마티(Martin E. Marty)는 하나의 시민 종교 안에는 기존의 사회질서를 수호하려는 성향을 지닌 '사제적'(priestly) 흐름과 기존의 사회질서를 변혁하려는 의지를 지닌 '예언자적'(prophetic) 흐름이 공존한다고 말한다.44) 사실 시민 종교라는 용어는 루소가 『사회계약론』 (1762)에서 처음 사용한 것으로 "사회질서를 위해 국가에 의해 의도적으로 창조되어 시민들에게 부과된 일련의 신념들"을 의미한다. 이후 1967년에 벨라가 이 개념을 미국적 맥락에 맞게 적용했는데, 이때부터 시민 종교는 뒤르케임적 접근과 루소적 접근으로 양분된다. 전자는 벨라 이후의 것으로, "시민 종교를 아래로부터의 현상 즉 '자연발생적이고 비강제적이고 통합적인 사회현상'으로 간주하는 '문화'로서의 시민 종교 접근"인 반면, 후자는 "시민 종교를 위로부터의 현상 즉 '정치엘리트들에 의해 만들어지고 시민들에게 강제로 부과되는 정치적 자원'으로 간주하

---

43) 김소연, "방탄소년단의 「봄날」과 「Life Goes On」에 나타난 복괘(復卦)의 함의", 『인문사회 21』 12-1(2021), p.3133.
44) Martin E. Marty, "Two Kinds of Two Kinds of Civil Religion," in Russel E. Richey and Donald G. Jones(eds.), *American Civil Religion*, Harper & Row, Publishers, 1974, pp.144-145 참조; 강인철, "두 개의 대한민국?: 시민종교 접근으로 본 전환기의 한국사회", 『민주사회와 정책연구』 36(2016), p.134에서 재인용.

는 '이데올로기'로서의 시민 종교 접근"이다.45) BTS의 음악을 비종교
적인 요소를 지닌 종교성의 함의란 차원의 시민 종교의 시각에서 보면,
위로부터의 현상으로 간주하는 루소적 접근보다 아래로부터의 현상으
로 인식되는 뒤르켐이나 벨라의 시민 종교의 접근과 부합한다. BTS의
음악은 이데올로기로서의 시민 종교가 아니라 문화로서의 시민 종교의
접근이라 할 수 있기 때문이다.

현대사회에서 종교는 사제직 기능과 예언자적 기능을 수행함으로써
사회에 일정 부분 기여할 수 있다. 그 점에서 BTS 음악은 시민 종교로
서 사회 통합적 기능을 수행할 수 있는 계제가 있다. 사제의 기능은 "예
배와 같은 의식을 통해 사람들에게 삶의 의미를 부여하고 소속감과 일
체감을 심어줌으로써, 하루하루를 의미 있게 살아가게 하는 것을 뜻한
다."46) 사제의 기능에 관한 이와 같은 정의는 한국인의 전형적인 종교
적 가치와 상응한다. 이에 대해 종교사회학자 김성건은 다음과 같이 주
장한다.

> 한국문화 일반의 영향을 받아 형성된 한국인의 전형적인 종교문화
> (religious culture) 혹은 종교적 가치 지향성은 윤리적, 철학적인 것보
> 다는 재앙을 피하고 현실 생활의 복(福)을 비는 극히 현실적이며 기복적
> 인 것이어서 자신이나 자기 가족의 번영을 빌거나 자신만의 내세를 비는
> 것에 초점을 맞추는 특징이 있다.47)

이것은 기독교의 신학적 보수주의 진영의 종교적 가치로 사회의 변혁

---

45) 강인철, "두 개의 대한민국?: 시민종교 접근으로 본 전환기의 한국사회", p.133.
46) 정재영, "우리교회, 사제이자 예언자로 살자", 『새가정』 53(2006), pp.15-16.
47) 이원규, 「한국 종교문화의 특성」, 『종교사회학적 관점에서 본 한국교회의 위
    기와 희망』 서울: kmc, 2010, p.45; 김성건, "IMF 사태이후 한국 사회문
    제와 개신교의 대응 -보수교단의 빈곤문제와 양극화에 대한 관점을 중심으
    로-", 『원불교사상과 종교문화』 56(2013), p.280에서 재인용.

이나 정의를 강조하기보다 개인이나 가족을 돌보는 것에 초점을 맞춘 종교성이다.48) 사제적 기능은 BTS의 노래 가사 「봄날」과 「Life Goes On」에서 나타난다. 이 두 작품은 "시련과 아픔을 딛고 더 나은 세상으로 나아가자는 메시지"를 통해 청자에 대한 '위로'의 성격을 내포한다는 공통점 있다. 우선 2017년 2월13일에 발표된 「봄날」은 앨범『윙스 외전: You Never Walk Alone』의 타이틀곡으로, 청춘들이 겪는 갈등과 성장, 그들에게 행동을 촉구하는 메시지, 그리고 세월호 침몰을 연상시키는 작품으로 해석되면서 "친구인 '너'에 대한 그리움 및 너와의 재회를 소망하는 것"이 가사의 주요 내용이다.49)

> 여긴 온통 겨울 뿐이야 / 8월에도 겨울이 와 / 마음은 시간을 달려가네 / 홀로 남은 설국열차 / 니 손잡고 지구 반대편까지 가 / 이 겨울을 끝내고파 / 그리움들이 / 얼마나 눈처럼 내려야 / 그 봄날이 올까 / friend (후략).50)

「봄날」의 도입부는 "여긴 온통 겨울 뿐이야, 8월에도 겨울이 와"라며 유독 '겨울'을 강조한다. 겨울은 4계절 가운데 가장 춥고 음산한 시기로 만물을 꽁꽁 얼게 하는 것이 특징이다. 겨울은 춥고 강수량도 적어 식물이나 농작물이 자라지 못하며 이에 따라 사람도 육체적으로 정신적으로 기후의 영향을 크게 받는다. 한국인이 기후 환경으로부터 받는 쾌적도(快適度, comfort index)나 스트레스를 받는 정도의 분석에 의하면 여름

48) 김성건, "IMF 사태이후 한국 사회문제와 개신교의 대응 -보수교단의 빈곤문제와 양극화에 대한 관점을 중심으로-", 『원불교사상과 종교문화』 p.282.
49) 김소연, "방탄소년단의 「봄날」과 「Life Goes On」에 나타난 복괘(復卦)의 함의", pp.3132, 3136.
50) 본고에서 사용한 전체 노래 가사와 그 형식에 대해서는 김소연, "방탄소년단의 「봄날」과 「Life Goes On」에 나타난 복괘(復卦)의 함의"와 네이버 검색을 통해 인용했음을 밝힌다.

더위로부터 받는 스트레스보다 겨울의 추위로부터 오는 스트레스가 더 큰 것으로 알려져 있다.51) 이렇듯 겨울의 이미지는 '차가움', '단절', '죽음', '고통' 등 부정적이고 어두운 면이 강조된다는 특징이 있다. 주목할 점은 「봄날」의 가사에 "8월에도 겨울이 와"라는 표현이다. 계절의 순환으로 볼 때, 겨울을 상징하는 어둡고 부정적인 이미지는 2월에 끝나고 봄을 지나 여름이 오면서 끝나는 것이 자연의 순리이다.

그러나 겨울과 정반대의 시기이면서 여름의 절정기에 해당하는 8월에도 '겨울'이 온다는 것은 고통과 아픔이 종결되지 않고 영속된다는 것을 의미하는 것으로 추측된다. 겨울이 끝나지 않고 8월까지 지속된다는 것은 지옥과 같은 고통이 사라지지 않고 영속된다는 뜻으로 풀이된다. 이후 가사에서 화자는 "홀로 남은 설국열차"라는 표현으로 '겨울', 즉 고통 혹은 죽음과 고군분투하는 설국열차의 상징을 통해 인류의 유일하고 외로운 생존자로서의 이미지를 부각한다. 그러면서 "니 손잡고 지구 반대편까지 가, 이 겨울을 끝내고파… 그 봄날이 올까"라며 화자의 소원을 강조한다. 이는 홀로 죽음과 고통을 감내하며 힘겨운 투쟁을 벌이고 있는 사람들, 특히 청춘들에게 위로의 손을 내밀고 고통을 들어주면서 결국 아픔도 눈물도 없는, 즉 겨울과 상반되는 따스함, 생명, 기쁨 등으로 표상되는 봄날과 같은 세상을 연상케 한다. 이렇듯 '봄날'은 구원과 해원을 상징하는 것으로 사제적 요소를 담지하며 이러한 기능을 수행하려는 의지를 보인다고 할 수 있다. 특히 지구 반대편까지 가서 이 겨울을 끝내고 싶다는 표현은 사도신경의 영어 버전인 "He descended into hell"에 상응하는 것으로 겨울을 지옥과 대비함으로써 지옥(겨울) 속에 있는 사람들을 구제하려는 예수의 사제적 기능을 떠올리게 하고 다른

---

51) [네이버 지식백과] "겨울", 한국민족문화대백과, 한국학중앙연구원, 2021년 9월23일 검색.

한편으로는 지옥까지 가서 중생을 보호하고 극락으로 인도하려는 지장보살(地藏菩薩, Ksitigarbha)과 연관되기도 한다.[52]

이렇듯 「봄날」의 가사는 '겨울'과 '봄날'을 나란히 평행시키는 대조법을 사용한다. 즉 겨울은 죽음과 고통, 봄날은 구원 혹은 해원이라는 상징을 통해 8월까지 지속되는 겨울에도 불구하고 네 손을 잡고 이 겨울을 끝냄으로써 구원과 희망, 그리고 위로를 선사하려는 사제적 기능을 수행하고 있다고 할 수 있다. 특히 사제적 기능으로써 BTS가 초점하고 있는 주요 대상은 무한 경쟁 속에 힘겨운 삶을 감내하고 있는 청년들이다. BTS는 "군림하고 계몽하며 지도하는 리더 혹은 우상이 아니라 공감하고 먼저 실천하면서 참여를 요청"하는 방식으로 접근한다.[53] 이는 가사의 마지막에 있는 호격 조사 "friend"를 통해 알 수 있다. 이것은 불교의 미륵보살(彌勒菩薩, Maitreya)로 환언될 수 있는 것으로, 이를 통해 '봄날'의 세계는 수직적인 상하 관계로 군림하고 통치하는 세상이 아니라 동등하고 수평적인 친구의 관계로 우정을 나누는 방식의 세상을 표상한다.

다음은 「Life Goes on」이다. 「Life Goes on」은 2020년 9월 유엔 총회 연설을 끝내면서 "Life goes on, Let's live on"(삶은 계속될 것입니다. 우리 함께 살아냅시다)는 문구에서 나온 제목으로 코로나 팬데믹 상황에서 고통당하는 인류를 위로하기 위해 만든 노래이다.[54] 「Life Goes on」은 다음과 같이 시작된다.

---

52) 이에 대한 세론은 오강남, 『불교, 이웃종교로 읽다』 서울: 현암사, 2007, pp.129-132를 참고.
53) 장정윤, "다양한 예술 매체의 통합으로 완성한 '기억하기' : 방탄소년단의 뮤직비디오 〈봄날〉의 이미지 연구", pp.248-249.
54) 김소연, "방탄소년단의 「봄날」과 「Life Goes On」에 나타난 복괘(復卦)의 함의", p.3140.

어느 날 세상이 멈췄어 / 아무런 예고도 하나도 없이 / 봄을 기다림을
몰라서 / 눈치 없이 와 버렸어/ 발자국이 지워진 거리 / 여기 넘어져 있
는 나 / 혼자 가네 시간이 / 미안해 말도 없이
    오늘도 비가 내릴 것 같아 / 흠뻑 젖어 버렸네 / 아직도 멈추질 않아 /
저 먹구름보다 빨리 달려가 / 그럼 될 줄 알았는데 / 나 겨우 사람인가봐
/ 몹시 아프네 / 세상이란 놈이 준 감기

주지하듯, 아무런 예고 없이 인류를 집어삼킨 코로나19 바이러스는
인간의 모든 삶의 일상을 바꾸어 버렸다. 바이러스의 침입은 그야말로
재난이었다. 재난의 사전적 정의는 뜻밖의 불행한 일, 액화(厄禍), 화해
(禍害)를 말하는 것으로, 과거의 재난은 홍수, 지진과 같은 자연 재난을
의미했으나, 현대에는 자연 재난과 인적 재난을 포괄한다. 따라서 "재난
은 일반적으로 중앙과 지방 정부의 일상적인 절차나 지원을 통하여 관
리될 수 없는 심각한 대규모의 사망자, 부상자, 재산 손실을 발생시키는
것으로 보통 예측 가능성 없이 갑작스럽게 발생하는 것이 특징이다."[55]
    코로나19는 엄청난 규모의 재산과 인명 손실을 입혔고 이로 인한 막
대한 고통과 피해는 고스란히 인류가 떠안고 있다. 여기서 BTS는 「Life
Goes on」을 통해 인간사회를 급습한 바이러스 인해 세상이 멈추어 버
렸다고 선언한다. "발자국이 지워진 거리"라는 표현은 그간 인류가 이룩
한 문명을 비롯한 모든 성과가 바이러스로 인해 제거된 세상을, "여기
넘어져 있는 나"는 바이러스의 공습에 모든 생명과 재산을 빼앗긴 채,
무기력하게 굴복한 인간을 비유한다. 「Life Goes on」의 가사는 어둡
고 침울한 인류의 파괴자를 비와 먹구름에 빗대면서 "오늘도 비가 내릴
것 같아, 흠뻑 젖어 버렸네, 아직도 멈추질 않아, … 몹시 아프네"라며

---

55) 하정우·김창수, "바이러스 관광위기 극복을 위한 재난회복탄력성 탐색적 연구:
    '코로나19'(COVID-19)재난을 중심으로", 『Tourism Research』 67(2020),
    p.502.

끝이 보이지 않는 바이러스의 침입에 대한 공포와 그에 대한 고통을 강조한다.

그러나 BTS는 비와 먹구름처럼 불안과 공포로 세상을 뒤덮고 있는 절박한 상황에서도 인류에게 다음과 같은 희망과 위로의 메시지를 전달한다.

> …… 늘 하던 시작과 끝 '안녕'이란 말로 / 오늘과 내일을 또 함께 이어보자고 /멈춰 있지만 어둠에 숨지 마 / 빛은 또 떠오르니깐

> …… Like an echo in the forest / 하루가 돌아오겠지 / 아무 일도 없단 듯이 / Yeah life goes on / Like an arrow in the blue sky / 또 하루 더 날아가지 / On my pillow, on my table / Yeah life goes on / Yeah this again

BTS는 바이러스에 갇힌 오늘의 세상을 칠흑 같은 '어둠'으로 표현한다. 그러나 절망에 빠진 인류를 저 홀로 남겨두지 않고 오늘과 내일을 또 '함께' 이어보자며 고통으로 신음하는 인류를 향해 공감(sympathy)의 메시지를 보낸다. BTS는 '함께' 구현해나가는 거버넌스를 통해 실의에 빠진 인류에게 '빛'이 또 오르리라는 희망과 삶이 지속되리라는 생명의 에너지를 선사한다. 이러한 BTS의 문화적 역할은 상처와 고통에 빠진 대중의 마음을 위로하려는 사제적 기능이라 할 수 있는데 여기서는 현존 질서 체제에 대한 저항보다는 그에 상응하는 메신저로서 기능한다. 즉 참혹한 고해(苦海) 가운데 신음하는 인류를 향해 희망을 선포하려는 메신저로서의 BTS는 오늘날 긴급한 시대적 요청과도 같이 생명과 평화의 말씀을 선포하는 '음악의 사제'라 할 수 있다.[56)]

---

56) 유희석, "오늘날 사제의 정체성 -'현대의 사제양성' 문헌을 중심으로-", 『가톨릭신학』 2009(14), p.14.

2. BTS 노래 가사에 나타난 예언자성

기독교와 정치 관계의 관점으로 볼 때, 세계 기독교는 세 가지 입장으로 전개된다. 첫째는 기독교 우파로서 "하나님이 사회질서를 유지하는 주된 도구로 국가를 성화(聖化)시켰기 때문에 크리스천은 국가를 지지해야만 하고 또한 요청 받게 되면 칼을 휘둘러야만 한다"는 입장이다. 이는 신약성서 로마서 13장 1-7절에 근거한다. 둘째는 기독교 좌파로, 이상적 사회를 기독교 사회주의 혹은 기독교 공산주의에 기초하는 것으로 보며 신약성서 사도행전의 여러 구절에 토대한다. 마지막은 무정부주의로 신약성서의 산상 수훈(마태복음 5장, 누가복음 6장)에 근거하여 "폭력과 저항을 반대하고 평화를 추구"하는 입장이다.57) 여기서 기독교 좌파는 신학적으로 진보적 색채를 띠는 것으로, 사제적 특성을 지닌 개인과 가족의 안녕이나 내세의 약속을 희구하기보다 사회 비판에 따른 정의 구현과 사회구조의 변혁을 추구한다. 그 점에서 다소 거칠게 표현하면, 기독교 우파는 사제적 기능의 측면을, 기독교 좌파는 예언자적 기능의 측면을 대변한다고 할 수 있다. BTS의 음악에서는 전술한 사제적 기능뿐만 아니라 동시에 예언자적 역할도 드러내므로 기독교 우파와 좌파의 기능이 혼재되어 있다고 볼 수 있다.

구약학자 김찬국은 성서의 예언자를 두 그룹, 문서 이전 예언자(pre-classical prophet)와 문서 예언자(classical prophets)로 구분한다. 첫째 그룹은 사무엘(Samuel), 나단(Nathan), 아히야(Ahijah), 엘리야(Elijah), 미가야(Micaiah), 엘리사(Elisha) 등으로, 이들은 "당시의 부당한 정치적, 종교적 현실에 개혁을 주창한 인물"들이다. 반면 둘째 그룹은 이스라엘

---

57) 김성건, "IMF 사태이후 한국 사회문제와 개신교의 대응 - 보수교단의 빈곤 문제와 양극화에 대한 관점을 중심으로 - ", pp.281-282.

예언 운동의 전성기의 인물들로 아모스(Amos), 호세아(Hosea), 이사야 (Isaiah), 미가(Micah), 예레미야(Jeremiah)를 들 수 있다.58) 이사야는 왕 과 관료들의 부패와 폭정을, 미가는 남북왕국의 부패한 권력과 백성에 대한 기만과 약탈을 비판하고, 예레미야는 "제사장 세력의 부패와 타락을 미가의 예언을 인용하여 성전과 그 제도에 대한 심판(temple sermon)을 선포한다."59) 그리고 구약학자 박해령은 문서 예언자들인 아모스와 호 세아의 예언자적 특징에 대한 김찬국의 주장을 다음과 같이 풀이한다.

> 문서 예언자 아모스는 당시 사회의 부정을 고발하고, 돈 많은 상인이 나 지도자들의 사회악과 종교인들의 부패, 타락상을 폭로하고 정의를 강 물같이 흐르게 하라고 외치며 사회 정의의 회복을 강력히 주장한 사회 개혁가로서 사회 문제와 역사 창조에 직접 참여한 행동인으로 이해하였 고, 호세아는 사회적 죄악과 국가적 범죄에 대해서 통렬한 비난과 심판 을 선포하지만, 한편으로 사랑으로 용서하고 자비로서 이를 극복할 것을 선언한 사랑의 개혁자로 이해하였다.60)

구약의 예언자 아모스, 호세아, 이사야, 미가 등이 활동한 시기는 주전 8세기로 제국주의적 초강대국인 아시리아가 국가 팽창 정책을 추진하고, 시리아-팔레스틴의 군소국가들이 강대국에 예속되는 시기였다. 우선 예 언자 아모스는 국가 종교에 복무하는 직업적 예언자가 아니라 유다의 촌락인 드고아의 목자(혹은 목장주)로서 북왕국으로 가서 예언을 한 인물 이었다. 그는 북왕국의 국가발전이 절정에 이른 무렵인 여로보암 2세 때 북왕국의 수도인 사마리아를 비롯하여 길갈, 베델 등지에서 활동하

---

58) 박해령, "김찬국의 삶과 신학 – 그의 예언자 이해를 중심으로", 『神學思想』 186(2019), p.61.
59) 박해령, "김찬국의 삶과 신학 – 그의 예언자 이해를 중심으로", p.62.
60) 박해령, "김찬국의 삶과 신학 – 그의 예언자 이해를 중심으로", pp.61-62.

였다. 아모스의 예언은 당시 사회에 만연하던 부정의, 특히 "농민들의 고혈을 빨아먹는 상류층들의 탐욕스러운 행동에 대한 분노"에서 발현되었다.[61] 그 당시 상류층의 사치스러운 생활은 다음과 같다.

> 사회의 상류층은 사치스러운 생활에 점점 몰입되어가고 있었다. 그들은 '여름 별장'과 '겨울 별장'을 두고 계절을 따라 옮겨 다니며 생활할 수 있는 자신들의 여유를 자랑하고 있었다. 그들에게 집은 자기과시의 수단이었다. … 집 내부 또한 온갖 사치스러운 치장으로 뒤덮여 있었는데, 화려하게 장식된 상아침대, 팔레스틴에서는 좀처럼 구하기 힘든 상아세공품 같은 것이 대표적인 예이다. 그들은 번갈아 가며 연회를 베풀어 자신들의 부를 과시하기도 했다.[62]

예언자 아모스는 상류층 귀부인들이 '바산의 암소'처럼 살찐 채 술에 취해 있는 모습과 미(美)를 과시하기 위해 향유로 화장한 모습 등 이들의 타락과 향락을 적나라하게 묘사한다. 부와 권력을 독점한 채 다른 사회계층을 철저히 무시하고 살았던 부유층과 달리 상업적 이익과 법률에서 완전히 소외당한 하류층인 농민들은 궁핍한 생활로 근근히 삶을 이어갔다.[63]

> 농민들의 생활은 궁핍하기 이를 데 없었다. 잇따른 정복전쟁, 주기적으로 발생하는 가뭄, 메뚜기떼, 전염병 등만으로도 농민들은 이루 말할 수 없이 절박한 생활 조건 속에서 헤어나올 수 없었는데, 여기에 더하여 부유층의 경쟁적인 사기행각은 농민들의 생활을 더욱 빈곤하게 만들었다. 생계를 위해 농민들은 빚을 지지 않을 수 없었지만 거의 대부분의 채무농민들은 채무상환 능력을 상실한 상태였다. 채권자들이 고용한 사람들은 거덜난 농민들의 마지막 남은 한 톨의 곡식까지도 무자비하게 강탈

61) 한국신학연구소 성서교재위원회, 『함께 읽는 구약성서』 (서울: 한국신학연구소, 2004), pp.179-180.
62) 한국신학연구소 성서교재위원회, 『함께 읽는 구약성서』 p.180.
63) 한국신학연구소 성서교재위원회, 『함께 읽는 구약성서』 p.181.

하였고, 농민들 자신은 물론 아내와 자식까지도 종으로 팔아야 했다. 종으로 팔려 간 여자는 주인집 부자(夫子)에 의해 성적인 쾌락의 도구로 전락하기도 했다.64)

아모스는 국가발전을 명분으로 지배층이 자행한 온갖 악행과 상류층이 민중에 가한 가혹한 착취를 비판하며 나라의 발전은 특권층의 풍요가 아니라 정의를 세우는 일임을 강조한다. 그리고 아모스와 거의 동시대의 인물인 북왕국의 예언자 호세아 또한 상류층의 불의한 행태를 고발한다. 호세아는 여로보암 2세와 그의 사후 아시리아의 침략으로 나라가 황폐되고 거듭되는 쿠데타로 사회의 상하층 모두가 동요하던 시대, 그리고 북왕국 멸망 이후도 경험한 예언자였다. 호세아는 외형적으로 안정된 사회에서 상류층의 불의한 행태를 고발한 아모스와 달리 파국으로 치닫는 범사회적 혼란을 보면서 국가 구성원 전체를 향해 비판의 칼날을 들이댄다.65) 마지막으로 모레렛 출신인 남왕국의 예언자 미가66)는 좀 더 강한 어조로 정권에 대한 비판을 쏟아낸다. 그의 비판의 칼날은 시골 농민들을 향해 벌이는 중앙의 귀족, 즉 예루살렘의 지배층을 향해 있다. 예언자 미가의 눈에 지배층은 약탈자에 불과했고 지주와 사제들, 그리고 예언자들을 포함한 지배층에 속한 모든 이들은 잔인한 억압자들에 지나지 않았다. 그는 남왕국 유다는 망할 뿐만 아니라 한층 과격한 논조로 그 파멸은 "예루살렘과 성전까지 돌무더기만 쌓인 폐허가 되어 잡초만 우거지게 될 뿐이라고 독설을 퍼붓는다."67)

---

64) 한국신학연구소 성서교재위원회, 『함께 읽는 구약성서』 p.181.
65) 한국신학연구소 성서교재위원회, 『함께 읽는 구약성서』 pp.182-184.
66) 미가는 요담과 아하스의 공동통치기(주전 735-732/31)에서 산헤립이 유다를 침공한 주전 701년경까지 활동했던 남왕국의 예언자로 블레셋과 접경 지역에 위치한 시골인 모레셋 출신이다.
67) 한국신학연구소 성서교재위원회, 『함께 읽는 구약성서』 p.199.

　앞선 세 명의 예언자는 민중을 향한 지배층의 착취와 약탈, 불평등하고 부정의한 사회상을 고발했다. 민중을 향한 이들의 사회적 고발은 오늘날 무너져 버린 사회 생태계와 무관하지 않다. 코로나19로 생존의 벼랑 끝에 서 있는 자영업자, 하늘 높은 줄 모르고 치솟는 부동산 가격, 미래 고용이 보장되지 않은 비정규직 노동자 등은 다름 아닌 구약의 예언자들이 고발했던 착취당하는 농민과 민중들이다.

　BTS는 전술한 사회 고발과 비판의 기능을 수행한 예언자들과 같은 맥락에서 빈곤의 되물림, 빈익빈 부익부의 악순환, 점증하는 미래에 대한 불안, 희망을 약탈당한 오늘날 민중들을 향해 자신들의 음악을 통해 예언자적 목소리를 드높인다. BTS의 음악 가운데 체제에 대한 비판의 목소리가 담지된 곡은 〈쩔어〉, 〈불타오르네〉, 〈뱁새〉가 대표적으로 이는 주로 청년들을 위한 사회 비판과 저항에 집중한다. 특히 〈뱁새〉는 "기성 사회의 불온한 질서를 겨냥한 곡"으로[68] 그 가사를 보면 뱁새와 황새를 대비시키는 부분이 등장한다.

> They call me 뱁새 / 욕봤지 이 세대 / 빨리 chase 'em / 황새 덕에
> 내 가랑인 탱탱 / So call me 뱁새 / 욕봤지 이 세대 / 빨리 chase 'em /

　여기서 BTS는 황새를 태어날 때부터 부와 권력을 손에 쥐고 태어난 사람들, 뱁새를 그렇지 못한 사람들에 비유한다. BTS는 부유한 황새가 빈곤한 뱁새를 조롱하며 빨리 좇아오라고 조롱하는 모습을 풍자하며 황새 덕에 뱁새의 가랑이가 찢어지겠다고 고발한다.

---

68) 길혜빈, 안숭범, "〈Come back home〉 뮤직비디오에 나타난 '집'의 의미와 성격 – 서태지와 아이들, 방탄소년단 작품에 대한 세대론적 접근 –", 『한국 콘텐츠학회논문지』 19(2019), p.28.

난 뱁새다리 넌 황새다리 / 걔넨 말하지 '내 다린 백만 불짜리' / 내게
짧은데 어찌 같은 종목 하니? / They say '똑같은 초원이면 괜찮잖니!'
/ Never Never Never /

BTS는 "내게 짧은데 어찌 같은 종목 하니?"라며 시작부터 공정과 평
등이 무너진 경쟁 사회를 비판한다. 그러면서 부패한 사회구조를 "똑같
은 초원이면 괜찮을 거라는" 지배층의 왜곡된 합리화에 강한 어조로
"Never Never Never"를 외치며 '저항'의 목소리를 대변한다. 뿐만 아
니라 BTS는 한층 더 강한 논조로 기성 권력의 계속적 향유를 기대하는
부패한 황새 세력과 지나친 열정페이 요구, 관습화된 갑질 문화를 일갈
하고 불의한 사회구조의 개혁을 촉구한다.

금수저로 태어난 내 선생님 / 알바 가면 열정페이 / 학교 가면 선생님
/ 상사들은 행패 / 언론에선 맨날 몇 포 세대 / 룰 바꿔 change change
/ 황새들은 원해 원해 maintain

BTS는 'N포 세대', '88만원 세대', '잉여 세대', '달관 세대'라는 자조
(自嘲)의 표현으로[69] 상징되고 집단화된 차별과 불평등으로 미래를 강탈
당한 오늘날 한국 사회의 청년들을 향해 "룰 바꿔 change change"와
"그렇게는 안 되지 BANG BANG / 이건 정상이 아냐 / 이건 정상이 아
냐"를 외치며 기성 지배층들의 안이한 보전의식을 꾸짖는다. BTS는 여
기에 안주하지 않고 〈쩔어〉를 통해 불의와 모순에 가득 찬 현실 사회에
내몰려 공포와 불안에 떨며 패배감과 무력감에 씨름하는 청년들에게 집
단적 각성을 독려하고 있다.

---

69) 길혜빈, 안승범, "〈Come back home〉 뮤직비디오에 나타난 '집'의 의미와
성격 - 서태지와 아이들, 방탄소년단 작품에 대한 세대론적 접근 -", p.27.

　　3포 세대 5포 세대 / 그럼 난 육포가 좋으니까 6포 세대 / 언론과 어른 들은 의지가 없다며 우릴 싹 주식처럼 매도해 / 왜 해 보기도 전에 죽여 걔낸 enemy enemy enemy / 왜 벌써부터 고개를 숙여 받아 energy energy energy / 절대 마 포기 / you know you not lonely /

　　BTS는 구조적 모순과 사회 차별로 인해 발생한 문제를 '의지 박약 아'로 자신들을 매도하는 언론과 기성세대를 "적(敵)"으로 간주한다. 그 러면서 자신들을 선천적인 패배자로 간주하는 이들에게 고개 숙여 굴복 하지 말고 "받아"라며 강력한 저항의 메시지와 더불어 절대 포기하지 말 라는 강력한 생존 의식과 '홀로'가 아님을 강조하는 집단 연대 의식도 전달한다. BTS는 자본가와 임금노동자들간의 점증하는 격차와 굶주린 배를 더 굶주리게 하고 비정규직화와 부당한 해고의 위협으로 생존의 불안을 호소하는 청년들에게 〈쩔어〉를 통해 "공평하다니 oh are you crazy / 이게 정의라니 you mu be kiddin' me!"를 외치며 기성 권력 을 조소한다. 그러면서 〈불타오르네〉에서 BTS는 이러한 부조리한 현실 을 "싹다 불태워라"라며 체제 전복적인 비판을 쏟아 놓는다.

　　전술하였듯이 주전 8세기 이후 구약성서의 예언자들은 집권층에 대한 공격과 사회 정의의 문제를 상기시켰다. 그들은 소수의 엘리트와 이스라엘 의 부를 독점한 소수의 자본가, 그리고 더 가지기 위해 온갖 악행을 자행한 권력층을 향해 준엄한 심판을 선포했다. 그들의 관심은 사회 정의와 공의 의 회복, 가난하고 억눌린 자들을 위한 배려였다.[70] 그 점에서 오늘날과 닮아 있는 그 당시 왜곡된 경제 정의와 부당한 현실을 직시하고 오늘날 자 본과 권력의 억압적 구조에 개혁을 외치며 공정하고 평등한 세계를 갈구하 는 BTS의 비판적 활동은 되살아난 현대판 '음악의 예언자'라 할 수 있다.

---

[70] 유윤종, "구약성서에 나타난 세계화: '세계화' 상황에 대한 예언자적 사역", 『구약논단』 50(2013), p.63.

Ⅳ. 결론

지금까지 본고는 베버의 종교 이론을 토대로 세계적 인기와 해외시장을 잠식하고 있는 BTS의 음악을 문화 현상으로 분석하고 그 종교적 함의를 고찰하였다. 본 연구는 대중문화와 종교를 학문적으로 연계하는 방법론을 통해 종교와 사회와의 관계에서 종교를 독립변수나 종속변수로 보는 입장을 지양하고 종교를 하나의 사회현상이나 문화 현상적 차원으로 간주함으로써 종교와 문화 영역 사이의 소통(communication)을 꾀하는 데 주목했다. 본고에서 다룬 BTS는 유니세프(UNICEF)의 국제청소년 홍보대사 위촉과 2018년, 2020년, 그리고 최근 2021년의 유엔 총회의 연설 등을 통해 드러나듯 인종과 국경, 문화와 종교를 초월한 명실공히 초국적이고 초문화적 팬덤을 형성한 지구촌을 대표하는 아이돌 그룹임을 알 수 있다.

BTS의 이러한 성과는 K-POP이라는 문화적 기반과 소셜미디어의 발전이라는 외부적 요인과 BTS의 "리더십, 자율성, 열정, 노력, 겸손, 소통, 그리고 진정성이 있는 메시지 생산 능력"이라는 내부적 요인을 들 수 있다.71) 하지만 BTS를 향한 세계적 차원의 공감과 지지는 지구촌에 산적한 낡고 부패한 사회적 문제들을 문화적 도구인 음악을 통해 분출했기 때문인 것으로 분석된다. 그들은 자립적인 사유와 성찰을 통해 제작한 음악을 소셜미디어를 활용하여 전 세계의 팬들과의 양방향의 소통 체계를 구축했고, 특히 사회에 만연한 부정과 불평등, 낡은 관습과 제도 등을 비판하고 편견과 억압, 착취로 고통 받는 대중들을 위로함으로써 세계인과 공유적 가치를 형성했다. 이에 따라 본고는 막스 베버의 두 종교

---

71) 김영환 외, "대중가요 가사를 통한 학교와 교육에의 시사점 연구: 방탄소년단 노랫말 분석을 중심으로", 『학습자중심교과교육연구』 14(2021) pp.87-88.

이론인 사제성과 예언자성에 주목하여 BTS의 음악의 가사에 나타난 종교적 요소를 분석하였다. 전자는 현존 질서에 상응하는 사회 수용적 메시지와 전통을 수호하는 측면이 강한 것으로 상처와 고통에 빠진 대중들의 마음을 위로하는 차원, 후자는 기존 사회체제와 일정한 거리를 두고 '저항의 메시지'로 사회적 모순과 죄를 고발하고 사회 변혁과 갱신을 강조하는 차원이다. 이렇듯 BTS의 음악의 가사에는 편견과 억압으로 지친 사람들을 위로하는 사제적 기능과 낡고 부패한 기존 관념과 제도에 대한 날카로운 비판과 개혁적 의지를 표출하는 예언자적 기능이 동시에 상존한다는 사실을 알 수 있었다. BTS의 이러한 음악적 기능은 민중의 한(恨)을 풀어주려는 제사장적 역할과 민중에게 한을 맺히게 한 것들에 대한 고발과 증언을 하는 예언자적 역할도 한다는 점에서 '한의 사제'라 할 수 있다.72) 그 점에서 BTS의 음악 가운데 그들의 가치와 영향력을 더욱 확대한 주요 요인으로 종교적 요소는 간과될 수 없다. 그렇다고 해도 BTS가 이룩한 세계사적인 성과를 종교적 요소로 되돌려 보려는 환원주의는 지양될 필요가 있다고 판단된다.

　본 연구는 대중문화를 현상학적으로 분석하고 거기에 나타난 종교적 함의를 찾는 것을 목적으로 하였다. 따라서 종교와 문화 영역에서 다음과 같은 의의를 찾을 수 있을 것으로 예측된다. 첫째, 종교인들은 문화적 활동이나 기여를 세속적인 것으로 간주하여 백안시하거나 배타하는 성향이 강하다. 그러나 이 연구는 종교와 대중문화의 융합을 통해 종교인들의 문화에 대한 인식 전환으로 사회통합에 기여할 수 있는 측면이 있을 것으로 기대된다. 둘째, 이 연구는 그간 미진했던 대중문화의 종교적 함의를 탐색함으로써 다문화 시대에 요청되는 종교적 문화인, 혹은

---

72) 서남동, 「민중신학을 말한다」, 『민중신학의 탐구』 (서울: 동연, 2018), p.257.

진보된 문화인의 정체성을 형성하는 데 긍정적 영향을 미칠 수 있을 것으로 보인다. 그러나 본 연구는 BTS가 제작한 수많은 음악적 자산 가운데 노래 가사에만 의존하여 진행하였다는 점에서 BTS 음악성에 함의된 다각적인 종교적 요소를 조망하는 데는 한계가 있을 수 있다. 이는 후속 연구에서 더욱 진전된 결과를 도출 할 수 있을 것으로 보인다.

참고문헌

김성건. 『종교와 이데올로기』. 서울: 민영사. 1991.

김성건 외. 『21세기 종교사회학』. 서울: 다산출판사. 2013.

김승혜 편저. 『종교학의 이해: 종교연구방법론을 중심으로』. 칠곡: 분도 출판사. 1986.

김종서. 『종교사회학』. 서울: 서울대학교 출판부. 2005.

니니안 스마트. 『종교와 세계관』. 김윤성 역. 서울: 이학사. 2000.

로버트 벨라. 『종교와 사회과학의 관계』. 칠곡: 분도출판사. 2004.

막스 베버. 『경제와 사회』 I. 박성환 역. 서울: 문학과지성사. 1997.

막스 베버. 『종교사회학 선집』. 전성우 역. 파주: 나남. 2008.

서남동. 『민중신학의 탐구』. 서울: 동연. 2018.

신재식 외. 『종교전쟁』. 서울: 사이언스북스. 2009.

오강남. 『불교, 이웃종교로 읽다』. 서울: 현암사. 2007.

이지영. 『BTS 예술혁명-방탄소년단과 들뢰즈가 만나다』. 서울: 파레 시아. 2019.

이지행. 『BTS와 아미컬처』. 서울: 커뮤니케이션스북스. 2019.

이원규. 『종교사회학의 이해』. 파주: 나남. 2019.

이원규. 「한국 종교문화의 특성」 『종교사회학적 관점에서 본 한국 교회의 위기와 희망』. 서울: kmc. 2010.

한국신학연구소 성서교재위원회. 『함께 읽는 구약성서』. 서울: 한국 신학연구소. 2004.

Bellah, Robert Neelly. *The Broken Covenant: American Civil Religion in the Time of Trail.* New York: Seabury. 1975.

Durkheim, Emil. *The Elementary Forms of the Religious Life.* New York: The Free Press. 1965.

Glock, Charles Y. *The Role of Deprivation in the Origin and Evolution of Religious Groups.* New York: Oxford University Press. 1964.

Kim, Andrew Eungi and Choi, Joon-sik. *Contemporary Korean Culture: The Persistance of Shamanistic and Confucian Values and Practices.* Seoul: Korea University Press. 2015.

Luckmann, Thomas. *The Invisible Religion.* New York: The Macmillan Co. 1967.

Marty, Martin E. "Two Kinds of Two Kinds of Civil Religion," in Russel E. Richey and Donald G. Jones(eds.), *American Civil Religion.* Harper & Row Publishers. 1974.

Parsons, Talcott. *The Structure of Social Action.* New York: The Free Press. 1968.

Wach, Joachim. *Sociology of Religion.* Chicago: The University of Chicago Press. 1958.

Wallace, Anthony. *Religion: Anthropological View.* New York: Random House. 1966.

Weber, Max. *The Sociology of Religion.* Boston: Beacon Press. 1963.

Weber, Max. *Economy and Society Vol 3.* New York: Beminster Press. 1968.

강인철. "두 개의 대한민국?: 시민종교 접근으로 본 전환기의 한국 사회". 『민주사회와 정책연구』 36. 2016.

길혜빈·안숭범. "〈Come back home〉 뮤직비디오에 나타난 '집'의 의미와 성격 - 서태지와 아이들, 방탄소년단 작품에 대한 세대론적 접근 -". 『한국콘텐츠학회논문지』 19. 2019.

김성건. "IMF 사태이후 한국 사회문제와 개신교의 대응 - 보수교단의 빈곤문제와 양극화에 대한 관점을 중심으로 - ”. 『원불교 사상과 종교문화』 56. 2013.

김소연. “방탄소년단의 「봄날」과 「Life Goes On」에 나타난 복괘 (復卦)의 함의”. 『인문사회 21』 12-1. 2021.

김영환 외. “대중가요 가사를 통한 학교와 교육에의 시사점 연구: 방탄소년단 노랫말 분석을 중심으로”. 『학습자중심교과교육연 구』 14. 2021.

박해령. “김찬국의 삶과 신학 – 그의 예언자 이해를 중심으로”. 『神學思想』 186. 2019.

유윤종. “구약성서에 나타난 세계화: ‘세계화’ 상황에 대한 예언자 적 사역”. 『구약논단』 50. 2013.

유지영·김미영. “한국전통춤과 k-pop 댄스의 융합: 2018 MMA 방탄소년단 ‘IDOL’ 유튜브 댓글 분석”. 『한국엔터테인먼터산업 학회논문지』 8. 2019.

유희석. “오늘날 사제의 정체성 - ‘현대의 사제양성’ 문헌을 중심으 로-”. 『가톨릭신학』 14. 2009.

윤민향. “학이시습(學而時習), ‘사랑하기’를 통한 치유와 성장의 날 갯짓 – 자기애(自己愛)와 방탄소년단(BTS) 열풍을 중심으로”. 『한국철학논집』 67. 2020.

윤여광. “방탄소년단(BTS)의 글로벌 팬덤과 성공요인 분석”. 『한국엔 터테인먼트산업학회논문지』 4. 2019.

임영빈. “한국 개신교와 탈종교화 -막스 베버의 합리화 개념을 중 심으로-”. 『사회이론』 58. 2020.

장정윤. “다양한 예술 매체의 통합으로 완성한 ‘기억하기’ : 방탄소 년단의 뮤직비디오 〈봄날〉의 이미지 연구”. 『스토리앤이미지텔링』 19. 2020.

정문주 외. "BTS의 노래와 유엔 연설문을 소비하는 청소년의 정서 탐색과 심리표상-자아존중감의 회복-". 『문화와 융합』 40. 2018.

정영규. "An Analysis of Social Network Strategies of K-pop : Focusing on Culture Marketing of BTS ". 『글로벌문화연구』 3. 2020.

정재영. "우리교회, 사제이자 예언자로 살자". 『새가정』 53. 2006.

하정우·김창수. "바이러스 관광위기 극복을 위한 재난회복탄력성 탐색적 연구: '코로나19'(COVID-19)재난을 중심으로". 『Tourism Research』 67. 2020.

최서원·임성준. "3세대 K-Pop 아이돌의 전략 분석: EXO, 트와이스, 방탄소년단을 중심으로". 『산업혁신연구』 35. 2019.

김도경. "BTS 가사의 주제와 세계전유방식 고찰". 석사학위논문. 경희대학교. 2019.

[네이버 지식백과] "겨울", 한국민족문화대백과, 한국학중앙연구원, 2021년 9월23일 검색.

https://brunch.co.kr/@jlee5059/247, 2021년 8월 6일 검색.

불온한 문화와 종교적 기능 사이

박 종 식 _(卍宗空日)

불온한 문화와 종교적 기능 사이

박 종 식

1. 새로운 흐름, 괴질! 난데없이 등장하여 세상을 어지럽히다!

코로나 팬데믹 경험 이후, 우리 시대는 새로운 시대의 징후들로 가득하다. 한마디로 불온하다. 이성에 대한 근대적 믿음이 사라진 것은 기존의 사실이다. 그 정당성을 의심받던 기존의 형이상학적 가치들은 폐기되고 인간성에 대한 담론들은 자취를 감추고 있다. 텅 빈 그 자리들을 비합리와 광기를 토대로 한 신체에 대한 논의들이 채워지며 욕망에 대한 문제로 담론의 중심이 전이되었다. 그리하여 우리가 살아가고 있는 이 시대는 거대한 변혁의 흐름 한가운데 있다. 20세기 중후반을 전후로 하이데거와 데리다에 의하여 '철학과 형이상학의 종말'이 선고되었으며, 푸코와 바르트는 '인간의 죽음'을 선언하였다 또한 보드리야르는 종교 부문 고유의 항목인 거룩함과 죽음 그리고 일상에 대하여 '초월성의 종언'을 선언[1]한 바 있다. 우리는 이전에 경험하지 못하였던 "두 가지 혁명이 합쳐지는 지점에 와 있다. 한편으로는 생물학자들이 인간 신체,

---

1) 박치완, 김윤재(2017), 『공간의 시학과 무욕의 상상력』, 서울: HUEBOOKS: 한국외국어대학교 지식출판원, p268.

특히 인간의 뇌와 감정의 신비를 해독하고 있다. 동시에 컴퓨터 과학자들은 우리에게 유례없는 데이터 처리 능력을 선사하고 있다. 생명기술 혁명과 정보기술 혁명이 합쳐지면 빅데이터 알고리즘을 만들어 낼 것이고, 그것은 내 감정을 나보다 훨씬 더 잘 모니터하고 이해할 수 있다. 그런 다음에 권위는 아마도 인간에게서 컴퓨터로 이동할 것"[2]이라고 한다. 그리하여 "역사를 이해하는 시각은 달라진다. 즉 온 우주를 데이터의 흐름으로, 생화학적 알고리즘과 다름없는 유기체로 파악하고 인간의 우주적 소명은 모든 것을 데이터 처리 시스템을 만든 다음 그 속으로 통합될"[3] 조짐이 보인다.

이러한 예측들은 코로나 19의 전세계적인 유행으로 아주 빠른 속도로 우리 생활 속으로 유입되고 있다. 그리하여 포스트코로나라는 새로운 시대의 등장과 더불어 불안증이 전 세계를 강타하고 있는 요즘[4], 기존의 가치들을 재검토하며 삶의 근간을 되돌아보아야 한다. 우리 주변에 코로나 바이러스는 깊숙이 들어와 있다. 사실 최근 유행하고 있는 코로나 19의 경우, 동물들과 인간이 공통적으로 감염되는 질환의 일부이다. 그래서 인수공통감염병(人獸共通感染病, zoonosis)이라고 지칭한다. 이 질환들은 동물과 사람 사이에 상호 전파되는 병원체에 의하여 발생되는 전염병으로, 중증급성호흡기증후군(Severe Acute Respiratory Syndrome, SARS), 조류인플루엔자 인체감염증(avian influenza infection for human) 등이 대표적이었다. 이 코로나 바이러스는 그 형태가 왕관의 형태이거나 태양의 모습을 하고 있기에 붙여진 이름이다. 공통적으로 이들은 야

---

2) 유발 하라리, 전병근 역(2018), 『21세기를 위한 21가지 제언』, 김영사, p87.
3) 유발 하라리, 전병근 역, 위의 책. p99.
4) 기후변동, 경제적 불평등, 자연의 파괴, 각종의 문명병, 괴질 등 지구문명차원의 위기들은 차고 넘친다. 금수강산에서조차 이제는 미세먼지로 인해 숨쉬기를 조심하라는 문자를 국가가 보내줄 정도이다.

생동물들을 매개로 인간에게 전파된 것이다. 즉 야생으로부터 문명 세계에 들어온 이질적인 것이다.

이 질병들이 야생과 문명 사이의 격차를 넘어 우리 삶으로 들어온 것은 인간들의 욕망과 무절제한 탐욕으로 인한 결과이다. 그래서 이들 질환들에 대한 대처방법의 첫 번째로는 집합금지 명령이 내려진다. 이는 인간의 고유한 속성인 사회성을 통제하고 격리를 생활로 받아들이라는 것이다. 즉 호모 사피엔스 종의 특징인 사회적 동물로서의 고유한 속성을 내려놓으라는 것이다. 그리고 분절되고 고립된 인간으로서 격리와 고립이 권장되고 있다. 이러한 실태는 디지털 문명의 단절된 세계관과 무관하지 않다. 코로나 19는 아날로그 방식의 일상이 폐기되도록 강요하고 있으며, 새로운 디지털 방식의 사회적 관계를 권장하고 있다. SNS라는 괴이한 사회성을 취득하기를 요구하는 인간상은 이름 하여 호모 디지털리스이다. 구체적으로는 호모 코로니쿠스라고 할 수 있다. 코로나 19의 도래 이후 우리는 새로운 권위를 인정하고 있다. 그 권위는 코로나 자체로부터 유래되는 것이다. 왕관의 형태 또는 태양의 형상으로 등장한 코로나 19는 전 세계를 향하여 이전과 다른 삶의 방식을 제시하고 있으며 그 권위는 저항하기 어려운 상태가 되었다. 인간은 물질적 탐욕의 결과로서 무분별한 개발을 일삼았다. 그 개발의 여파는 세계적 빈부격차의 심화, 환경의 파괴와 오염, 기후의 급격한 변동과 물의 부족, 지역 간의 갈등 심화, 그리고 디지털 게임을 닮아있는 전쟁, 사막화되는 지표면 등을 결과하였다. 이로 인하여 우리 시대는 이루 말로 설명하기 어려운 난경에 처해 있다. 그럼에도 불구하고 현 시대의 질서와 문명은 진지한 반성과 멈춤이 없었기에 새로운 권위가 필요한 것이었다고 현 상황을 해석한다면 지나친 일인가? 결과적으로 이 모든 난제들로 인하여 야생의 순수와 문명의 질서 사이의 경계선을 파괴된 것이다. 그리고

SARS와 AI(조류독감) 그리고 COVID 등의 인수공통감염병들은 인간의 탐욕을 꾸짖기라도 하듯 우리들 곁에 자리 잡았다. 괴이한 시대의 도래, 이점에서 인문학이나 철학에 대한 검토는 긴요한 일이 되고 있다. 이글에서는 기본적 검토방법으로 불교와 인도철학과 관련된 종교적 의미 지평의 토대를 바탕으로 위에서 제기한 문제점들을 정리하고자 한다.

2. 샹카라, 베단타 철학의 거장!

철학에 대한 접근이나 연구 자세에 대하여 인도철학 특히 우파니샤드를 중심으로 펼쳐지는 베단타 철학에서는 다음과 같은 기본적 전제를 설정하고 있다. 첫째로 학습자 또는 수행자는 "진리가 나의 생명의 실상"[5]이라는 맹세를 바탕으로 하는 믿음에 따르는 서원(誓願, praṇidhāna)을 할 필요가 있다. 서원 이후 갖추어야 할 첫째 요소로 진리의 가르침을 들어야(śravaṇa) 할 필요가 있다. 두 번째로 경전의 가르침을 검토하며 논리적으로 분석하고 사색(manana)하여야 한다. 이러한 과정을 통하여 '생명의 실상'[6]을 체득하고 자각(Gītā, IV.39.)할 수 있다. 나아가 참선(dhyāna)이나 요가(yoga)의 원리에 따라 세 번째 요소인 명상(nididhyāsana)을 하는 것이 바람직하다.[7] 그러나 이러한 태도는 힌두전통은 물론 문사수(聞思修)[8]로 대표되는 불교 철학 일반에 적용되는 문제이다.

---

5) *Muṇḍaka Upaniṣad*, III.1.6. ; "satyam eva jayate."
6) *Bṛhadaranyaka Upaniṣad*, 1.4.10. ; "Ahaṃ Brahmāsmi."
7) 김선근(2005), 『인도 정통철학과 대승불교』, 서울: 동국대학교 출판부, pp39,40.
8) 조나단 베이더, 박영길 역(2011), 『샹까라의 베단따 철학과 명상』, 여래사, p115 샹까라가 『천개의 가르침』에서 제시하는 문사수의 행법은 BṛU.2.4.5에 기반하고 있다. "들어야만 한다, 숙고해야만 한다, 깊이 명상해야만 한다.(śrotavyo mantvyo nididhyāsitavyo)" 이 문사수śravana-manana-nididhyāsana의

베단타 최고의 천재인 샹카라(Śaṅkara)에 대해 흥미로운 이야기를 하고자 한다. 그는 8살에 강물에서 목욕하다가 악어에 물리고 나서야 출가를 허락받았단다. 출가 이후 샹카라의 단명의 운명을 안타까워 한 성자들이 그의 수명을 8년 연장시켜주었다. 또 나르마다(Narmadā) 강가에서 스승을 만나 가르침을 배운다. 홍수로 인한 강물의 범람을 잘라카르사나 (jalākarṣaṇa)의 만트라(mantra)를 읊조림으로 막는 신통을 부리기도 하였단다. 그의 수명은 다시금 연장된다. 비슈누의 화신 비야사가 노인으로 변신하여 샹카라 앞에 나타났다. 즉 비슈누 신과의 논쟁에서 승리하였기에 그는 수명이 16년 연장되는 축복을 받았다. 이러한 과정을 거치고서야 전 인도 지역 순례하여 영적인 정복(dig-Vijaya)을 하였다. 그는 수명이 연장되었다 하여도 요절하였기에 진정한 천재가 된다.9) 샹까라의 천재성은 브라흐만에 대한 정의를 sat-cit-ānanda로 정형화하여 제시하였다는 데 있다. 브라흐만은 유일무이(ekameva-advitīya)한 실재(tattva)이다. 따이띠리야 우파니샤드(Taittirīya-upaniṣad 2.1)에 의하면 브라흐만은 순수존재, 순수지식, 무한(satya jñāna ananta)이다. 물론 후대 베단타 학자들은 기존의 정의에서 무한을 순수환희와 등치시켜 새로운 해석을 가능10)하도록 하였다. 기존의 브라흐만에 대한 이해를 전복시킨 샹카라가 제시하는 수련법인 빠리샹키야나(parisaṃkhyāna)는 거룩한 경전(聖典)을 배우고 익히며, 스승과의 질의와 응답을 거쳐 도달한 결론을 그 요점만을 뽑아 궁리하는 일종의 명상(US.3.1)11)이다. 이

전통적 방법은 제식 행위의 동기가 되는 그릇된 관념을 제거하고자 한 것이다. 샹까라의 원문은 BṛU.-Bh 2.4.5.으로 "śrtavyaḥ pūrvam ācāryata āgamataś ca / paścān mantavyas tarkataḥ / tato nididhyāsitavyo niścayena dhyātavyaḥ."

9) T.M.P. 마하데반 김석진 역(2007), 『인도 10명의 성자들』, 산띠, pp131- 160 참조.
10) Sadānanda, 박효엽 역(2006), 『베단따의 정수(Vedantasāra)』, 지식산업사, p24.
11) 이종철(2006), 『천가지 가르침』(Upadaśasāhasrī), 소명, p290.

점이 간화선에 있어서 그 핵심적 요점만을 제시하는 공안과 화두의 관계와 유사하다고 할 수 있다. 그러므로 우피니샤드에 바탕을 둔 문사수의 전통은 인도의 수행전통에서부터 불교의 선종에서 강조하는 좌선의 실참에 이르기까지 일관되게 흐르는 정신적 자세라는 점이 입증된다. 그러나 이러한 고전적 수련들에 대하여 우리 시대의 시선은 회의적이며, 곱지 않은 눈길로 바라본다. 일반 시중에서는 요가와 명상이 건강과 미용과 관련되어 상업적으로 유행하고 있을 뿐이다. 위에서 검토한 종교문화적 배경 아래에서 숭고하게 준수해야 하는 덕목들은 퇴색한 이미지로 남겨져서 뒤로 물러나게 되었다.

3. 현실? 인공지능, 씁쓸한 예측

2016년 3월 이세돌은 구글 딥마인드가 개발한 인공지능 '알파고' 와의 대국에서 네 번 지고 한 번 이겼다.[12] 이 사건을 계기로 적어도 한국적 문맥에서는 국내 인공지능산업의 본격화가 마련되는 전기가 된 것이다. 3년이 지난 2019년 12월 반상(盤床)의 천재 이세돌은 36세의 청년의 나이에 은퇴를 선언하였다. 은퇴 기념 대국으로 국내에서 개발된 바둑 인공지능(AI) '한돌'과 마지막 대결을 펼쳤다. '바둑'을 즐기는 동양 문맥에서는 인간과 인공지능의 대결은 이로써 무의미한 일이 된다. 고도의 지능적 기능이 발휘되는 바둑을 통하여 인간의 직관이 인공적 기계를 능가하리라는 어설픈 희망은 더이상 무의미한 일이 된 것이다. 바둑은 단지 오락이라는 것을 확인시켜 주었을 뿐 아니라 인간들 간의 유

---

12) 인류의 첫 승리로 기억될 4번째 대국에서 이세돌은 178수로 알파고를 무너뜨렸다. 이때 거둔 1승은 지금까지도 인간이 AI를 상대로 거둔 마지막 승리로 남아 있다.

흥이 아니라 인공지능이 각 개인의 수준에 맞추어 유흥의 대상으로 자리하게 되었다는 것이다. 이제 현대인에게는 더 이상 세계가 존재하지 않는다. 사회적 동물로서의 그 공동체적인 규약을 지키는 대신, 육체와 성, 생식과 지속 등 그 규약들로부터 탈출하고자 하는 열망으로 가득 차 있다. 세계 없이 또는 역설적인 이 '비우주적인 세계' 속에서 인간의 미래는 무엇인가?[13] 패역함과 무도함이 횡행한다는 것이다. 나아가 리얼돌(real doll), 즉 섹스인형의 등장으로까지 발달하고 있다. 인간 스스로 인간에 대한 대체물을 요구하기에 이른 것이다. 이는 극단적 인간소외의 국면이며 스스로 소외를 요청하는 시대가 된 것이다. 이처럼 불안의 원인은 그 능력과 정체의 파악이 어려운 인공지능의 등장 때문이다. 중세의 역사를 전공한 유발 하라리는 이 사건에 대하여 보다 본질적 입장을 보여 준다. "인간과 인공지능 간의 경쟁이 아니라 인공지능들 간의 결정적인 이정표가 세워진 사건의 기념일은 2017년 12월 7일이었다. 체스에서 컴퓨터가 인간을 이겼을 때가 아니라, 구글의 알파제로 프로그램이 스톡피시 8 프로그램을 꺾은 순간이었다." 그리고 "알파제로는 인간으로부터 배운 것이 없었기 때문에, 시합에서 승리했을 때 알파제로가 구사한 수와 기술의 상당수가 인간의 눈에는 파격적이었다. 완전히 천재적이지는 않아도 충분히 독창적이다. 알파제로가 백지 상태에서 체스를 학습하고 스톡피시를 상대로 한 시합을 준비하며 자신의 천재적 재능을 개발하는 데 걸린 시간은 네 시간이었다."[14] 이 신기한 능력과

---

13) 로제 폴 드르와, 박언주 역(2013), 『위대한 생각과의 만남』, 시공사, p146.
14) 유발 하라리, 전병근 역, 위의 책, pp62,63.
　　"스톡피시 8은 2016년 세계 컴퓨터 체스 챔피언이었다. 수백 년 동안 체스에서 쌓아온 인간의 경험은 물론 수십 년간 누적된 컴퓨터의 경험에 접속할 수 있었고, 초당 7,000만 수를 계산할 수 있는 프로그램이었다. 반면 알파제로는 불과 초당 8만 수의 계산을 수행했을 뿐이었다. 인간 창조자는 알파제로에게 어떤 체스 전술도 가르쳐주지 않았다. 심지어 표준 오프닝(standard

기록들은 경악과 함께 불안을 가져온다. 물론 인공지능과 관련된 저 깊은 속내를 올바르게 파악하지 못하면 장밋빛 미래를 볼 수도 있다. 우주 개발에 대한 거대한 프로젝트들에서 많은 사람들은 환호하고 있다. 최근에 대두된 비트코인 등 가상화폐 관련 기술과 블록체인 등 첨단기술에 거는 기대는 하루가 다르게 높게 평가되고 있다. 또 자동주행과 관련된 전기자동차의 개발에 대해서도 기대를 걸고 있다. 이 모두 코로나 19의 문명 세계로의 돌입 이후에 이루어진 일들이다.

4. 인식? 인간의 현실, 철학의 효능!

이러한 급속도의 변화 속에서 "인간은 가축화한 여타의 동물들과 흡사해지고 있다. 우리는 거대한 데이터 처리 메커니즘 속에서 막대한 양의 데이터를 생산하며 효율적인 칩으로 기능하는 길들여진 인간을 만들어 내고 있다."[15] 길들여진 인간이 스스로를 해방하고 나설 수 있는 길은 서두에서 얘기한 문사수의 행로를 걷는 것이다. "자기 몸과 감각, 물리적 환경에서 멀어진 사람들은 소외감을 느끼고 방향감각을 잃기 쉽다. 소외의 느낌을 종교적, 민족적 유대감이 퇴조한 것으로 해석하지만, 사실은 자기 몸과의 접촉을 잃어버린 탓이다."[16] 기반으로서의 감각을 잃어버린 '전면적 상실의 시대'에 철학자란 무엇인가? 라는 질문 앞에

---

opening, 게임을 시작할 때 둘 수 있는 표준적인 수)조차 알려주지 않았다. 그 대신 알파제로는 최신 기계 학습 원리를 자가 학습 체스에 적용해 자신을 상대로 한 시합을 반복했다. 그럼에도 신참 알파제로는 스톡피시를 상대로 모두 100회의 시합을 벌여 28승 72무를 기록했다. 패한 적은 한 번도 없었다."
15) 유발 하라리, 전병근 역, 위의 책. p121.
16) 유발 하라리, 전병근 역, 위의 책. pp142-143.

다가서게 한다. 그러나 달리는 전철 앞에 놓인 아이 한 명을 구하느냐? 아니면 여러 명의 노동자를 구하는 '트롤리 문제'와 윤리에 대한 논의보다 실천 문제의 중요성을 검토한 '선한 사마리아인' 문제는 철학사의 오랜 전통이 되어 왔다. 그러나 이 논쟁들은 중요 쟁점이기는 하지만 인간에 대한 근본적 문제라기보다는 효율성과 본질 사이의 갈등 해결이라는 부차적 문제이다. 위기의 순간에 인간은 철학적 견해보다는 감정과 직관을 따르기 때문이다.[17] 철학자의 자리를 찾아보고자 했던 심리 실험 결과는 참담한 것으로 결론이 나게 된 것이다. 왜냐하면 본질과 기능의 저울질이라는 최초의 변수를 잘못 설정하였기 때문이다. 이제 인간은 인간 자신에 대하여 물어야 한다. 그래야만 정직한 설정이 될 수 있다. 이것이 포스트코로나 시대의 기괴한 난경에 대한 기본적 설정이며, 인공지능의 도입과 관련된 인간의 극단적 소외 국면에 대한 진지한 입장이 된다. 인간이 인간이고자 한다면 스스로 질문하는 능력을 발휘하여 현시점에 주어지는 기본 값들 모두를 재검토하여야 한다는 것이다. 종교학자인 배철현은 에리히 프롬을 인용하며 우리시대의 물신숭배에 대하여 다음과 같이 나지막이 소곤거린다. "현대인들은 인간의 세 가지 근본 열망을 주로 소유를 증대시키는 방식으로 충족시키고 있다. 사람들은 자신이 많은 부를 소유하고 있으면 많은 사람들의 사랑을 받을 것이라고 생각하고 고독감에서 벗어날 수 있다고 생각한다. 또한 돈이 최고의 힘을 갖는다고 생각하면서 부자가 됨으로써 무력감에서 벗어나려고 한다. 이와 함께 돈이 신처럼 숭배되고 있으며 황금만능주의라는 새로운 종교가 지배하고 있다."[18] 이 소곤거림은 결코, 결코 소음이 아니다. 오래전 까뮈는 『시지프의 신화』에서 '부조리는 세상의 비이성적 침묵과

---

17) 유발 하라리, 전병근 역, 위의 책. p101.
18) 배철현 외(2016), 『낮은 인문학』, 파주: 21세기 북스, p303.

인간의 요청이 맞닥뜨릴 때 생겨난다.'고19) 선언하였다. 이러한 읊조림은 시대를 감시하고 그 누군가의 눈 가리개를 벗기고자 함이다. 즉 한낮에 횃불을 들어야 하는 철학의 사명인 것이다.

시대를 진단하는 철학의 사명과 관련하여 시대의 흐름을 분석하여 본다면 전근대 사회는 규범사회로 정의할 수 있다. 이 규범사회의 질서는 그 규범에 순응하지 못한 사람들에게 범죄자나 비정상인으로 낙인을 찍으며 통제하고자 하였다. 질병에 걸린 환자들은 일종의 범죄자로 여겨지곤 하였다. 그리하여 환자들을 위한 병동은 감옥의 형태로 건설되어 운영되곤 하였다. 이렇게 감시와 처벌의 명목으로 사회적 약자들이 규제되었다. 근대 사회 이후의 질서는 성과사회로서, 인간의 능력을 바탕으로 과학기술에 힘입어 과도한 개발과 성장을 구가하였다. 이 흐름에서는 과도한 경쟁 구도 속에서 인간들은 능력 유무에 따라 분리되곤 한다. 그리하여 과로한 사회의 흐름은 적합한 인간과 무능력자로 나뉘어지고, 함께 어울려 밥상을 차려 먹고 나누는 인간의 미덕은 뒤로 물러나게 되었다. 이처럼 인간은 사회성을 서서히 박탈당하는 지경에 이른 것이다. 이 근대 이후 디지탈 문명의 성과 중시 사회에서는 적합성을 상실한 인간들을 요양원으로 보내고자 하는 경향이 있었다. 즉 사회가 요구하는 필요를 충족하지 못하는 사람들은 잉여인간으로 규정되며, 이들을 별도로 관리하고자 시도하는 것이 복지사회의 이면에 도사리고 있다. 그런데 최근의 질병들은 규범과 성과의 이중적 처분이 가능하도록 작동되고 있다. 감옥을 닮은 요양병원의 운영에서 전근대 사회의 감시체계가 작동하며, 일상에서의 집합금지와 곳곳에 설치된 CCTV는 적합성 여부를 계산하며 개인적인 성과를 강요하고, 인간들 상호 간의 대면을

19) 로제 폴 드르와, 박언주 역, 위의책, p205.

금지하고 있다. 일상생활의 감시는 심지어 등산을 하면서도 마스크 착용 여부를 서로 감시하기에 이르렀다. 또 백신개발과 관련한 성과의 강요는 속도경쟁을 유발하며, 제약회사들에게 부작용과 관련한 책임으로부터 면책되도록 정책을 허용하기에 이르렀다. 규율사회의 감시와 성과사회의 속도라는 이중의 통제 방식은 이렇게 코로나 19의 도래와 함께 유입된 것이다. 불교적 시선으로는 애욕의 결과로 가족이 구성된다고 설명할 수 있으나. 전통적인 가족은 친밀한 관계를 바탕으로 한다. 이 가족관계조차도 불온함을 넘어 죽음을 가져올 수 있다고 의심되는 상황이기에 이제는 명절이나 휴가를 가족과 함께 보내기가 어려워지고 있다.

5. 대안! 번뇌로서 감정, 동양적 가치에서 직관은?

인공지능에 대한 당면한 문제를 거론하고 철학사의 논쟁으로 발걸음을 옮겨 보았다. 이제 동양적 가치에 대한 이야기로 넘어가면, 과학이 보여주는 저 철저한 논리가 아니라 감정과 직관의 영역이 나타난다. 동양철학의 바탕에 존재하는 인간적인 삶의 모델들은 쇄락(灑落)적 삶에 대한 가능성을 검토하며 그 신선한 이미지를 적극 보여 주고 있다. 거칠고 황폐한 삶의 국면으로부터 한발 물러난 은사(隱士)나 퇴은(退隱), 뜻이 높은 고사(高士)는 세속과 일정한 거리를 두면서 삶을 영위하고자 하였다. 대범함과 깨끗함, 고상함과 소박함이란 독특한 품격을 지닌 탈속한 은사들은 벼슬을 하지 않는 것을 하나의 특징으로 삼고, 정신의 독립과 세속으로부터의 초탈이라는 이상적인 삶을 추구했다. 이들은 앞서 거론한 경쟁심리에 바탕을 둔 체스나 바둑에 관심을 두기보다는 우주의 음률과 관련된 음악에 마음을 두었다. 이들의 심오한 태도는 음악을 대하는

태도에서 확인되는데, 그 실례로 『예기』(禮記)의 「락기」(樂記)에서 다음과
같이 확인 할 수 있다.

> 음악이라는 것은 소리로부터 나오는 것이다. 그리고 그 근본 바탕이
> 되는 것은 인간의 마음이 외물에 감응하는 것에 있다. 이러한 이유로 해
> 서 슬픈 마음의 감정이라는 것은 그 소리가 쓸쓸하며 애절하다. 즐거운
> 마음의 감정은 그 소리가 느리고 여유롭다. 기쁜 감정은 그 소리가 흩어
> 지며 활기차게 피어난다. 분노의 감정은 그 소리가 사나우며 거칠다. 공
> 경하는 감정은 그 소리가 청렴하며 곧다. 사랑의 감정은 소리가 부드러
> 우며 조화롭다. 이 여섯 가지는 타고난 본성이 아니며, 외물(외부자극)에
> 감응하여 움직이는 것이다.[20]

정서에 대한 인용문의 내용들은 익히 우리들도 일상에서 경험할 수
있는 것들이다. 동양적 정서와 직관의 세계에 대하여 『예기』를 통하여
검토를 하였으니, 이제는 인도대륙에서의 동일한 정서는 어떻게 설명되
는지 알아볼 시간이다.

6. '라사'? 뭣? 멋과 맛

위에서 일별한 정감과 관련된 삶의 태도와 대비되는 인도의 문맥에서는
학습과 수행을 통하여 성취되는 것으로 이해한다. 인도의 극론(劇論)인
『나티야 샤스트라』는 아리스토텔레스의 극론과 비교되기에 충분한 인

---

20) 『禮記』「樂記」, : 樂者音之所由生也, 其本在人心之感於物也, 是故, 其哀心感者,
   其聲噍以殺, 其樂心感者, 其聲嘽以緩, 其喜心感者, 其聲發以散, 其怒心感者, 其
   聲粗以厲, 其敬心感者, 其聲直以廉, 其愛心感者, 其聲和以柔, 六者非性也, 感於物
   而後動.

도의 고전이다. 이 『나티야 샤스트라』에서는 '라사'는 기반이 되는 감정
으로부터 시작되며, 일시적인 감정을 유발하고 마지막으로 감정의 표출
이라는 순서에 따라 정서의 흐름이 진행된다고 설명한다. 기반이 되는
정서(sthāyibhāva)는 해당 라사가 어떤 것인지를 결정해 주는 중요한 요
인이다. 일시적인 정서(vyabhacāri, sañcāribhāva)와 정서 표현(sattvaja,
sāttvika)은 그에 부수적으로 따르게 된다.[21] 연정(Śṛṅgāra), 해학(Hāsya),
비애(Kaurṇa), 분노(Raudra), 영웅적 기개(Vīra), 공포(Bhayānaka), 혐오
(Bībhatsā), 놀람(Adbhūta) 등(NS 6.15)[22]의 여덟 가지 라사는 기반정서
에는 좋아함(rati), 유쾌(hāsa), 슬픔(śoka), 성냄(krodha), 의욕적임(utsāha),
두려움(bhaya), 싫어함(jugupsā), 경악(vismaya) 등으로 표출되며 감동을
일으킨다. 인도의 연극 감상에서 배우들의 다양한 정서의 표출을 감상
함으로써, 관객들은 자신의 기반정서에 자극을 받게 되고 부수적 정서에
공감하게 되어 결과적으로 라사를 맛보게 되는 것이다. 즉 라사는 기반
정서(sthāyibhāva), 부수적 정서(vyābhicarībhāva), 표출정서(sattvikabhāva)
의 총체적인 결과로 만들어지는 것이다.

　'라사' 용어의 등장은 『리그베다』(Ṛgveda)로 소급되는 것으로, 소마
(soma)의 '즙'을 가리킨다. 또한 '맛'의 의미는 『샤타파타 브라마나』
(Śatapathabrāhmaṇa)에서 확인된다. 이 라사의 의미전환은 우리 말의
'맛'과 '멋'으로 변천되었음을 다석(多夕) 유명모(柳永模, 1890-1981)의 언
급 이래 여러 차례 밝혀진 바 있다. 나아가 이뭣고!?의 화두에서도 '뭣'

---

21) 류현정(2017), 「희곡 『나가난다』(Nāgānanda) 연구」(동국대학교 박사학위논
　　문), p68.
22) śṛṅgārahāsyakaruṇā raudravīrabhayānakāḥ /
　　bībhatsādbhutasaṃjñau cetyaṣṭau nāṭye rasāḥ smṛtāḥ //
　　BhN_6.15. Bṛhadāraṇyakopaniṣad 2.4.11.에서는 "…그와 같이 [아트만의]
　　모든 [종류의] 맛들이 모이는 곳인 혀[와 같고,]…"(… evaṃ sarveṣāṃ
　　rasānāṃ jihvaikāyanam…,

은 '무엇'이 간략화 된 것이라 할 수 있다. 긴밀히 따지면 정신적 각성을 유발하는 '맛'이나 자기만의 개성을 지칭하는 '멋'과 상통한다는 것이다. 인도의 전통 극론에서는 여러 가지 재료에 다양한 양념으로 요리한 음식의 맛을 즐기듯이, 관객들은 자신의 기반정서에 부수적 정서와 표출정서가 결합하여 만들어진 연극의 멋(라사)을 마음으로 즐기게 된다. 이 감동은 아이스테시스(aesthesis)로서, '심미적 인지'를 의미한다. 독일 철학자 바움가르텐은 아이스테시스를 '심미적 경험이 해방된다'는 뜻으로 재해석하였다.23) 이점에서 서구적 미적 해방의 정서는 수행적 차원의 인도의 가르침과 연결된다.

7. 공감과 감성! 언어가 위로를 준다?

현대 산업사회의 인간은 불안하다. 이 불안한 시대를 극복하기 위해 개발된 인공지능은 오히려 인간에게 치욕을 안겨주었다. 인간 스스로 초래한 자승자박의 곤경에서 고전들의 가치는 상당한 위안을 준다. 수행과 시의 미학을 동시에 살피기 위해 남송의 강서시파 후기 멤버였던 조장천(趙章泉)은 다음과 같이 표현한다.

> 시를 배움은 참선을 배우는 것과 너무 닮았다
> 초년과 함께 말년을 다스려서 알아야 한다.
> 빼어난 장인인들 어찌 썩은 나무에 조각할 수 있으며
> 요원의 불길인들 어찌 꺼진 재를 다시 불사르랴.24)

---

23) 권성훈(2015), 『폭력적 타자와 분열하는 주체들』, 파주: 교유서가: 문학동네, p17.
24) "學詩渾似學參禪, 識取初年與暮年, 巧匠曷能雕朽木, 燎原寧復死灰燃."
　　南宋 趙蕃也有論詩 絕句三首(明 都穆의 〈南濠詩話〉)

인용문이 얘기하듯이 참선과 시를 배우는 것이 동일한 등급이므로, 적어도 동양의 정신에서 수행은 마음의 흥취를 동시에 탁마시키는 것에 속한다. 조장천은 썩은 나무로는 그 누구라도 조각하기 어렵다고 선언한다. 또 꺼져 버린 재에서는 그 누구도 불을 일으키기 어렵다는 것이다. 그러므로 최초의 원점을 잘 설정해야 한다는 것이다. 수미상관(首尾相關)이므로 초년과 말년이 동일해야 한단다. 애초 될 성부른 나무는 다르다는 선언이니만큼 각오하고 시를 배우든 선을 수행하든 하자는 서늘함이 도사린 조장천의 글이다. 이러한 문맥으로 어디선가는 선가의 수행 가풍에 대하여 벽력치듯 일갈하는 힘이 있다. 선승들의 고함은 대체 어떠한가? 나고 죽는 생멸의 처절한 과정을 그 어떤 감정도 없이 관조하면서 중생에 대한 자비심을 늘 가지고 있는 사람들이 대체로 선승들이다. 특히 인연들이 흩어져서 사라지는 순간에 해방의 맛을 본다. 이 점에서 불교의 '깨침'은 상식적인 논리 이해에 그치지 않고 매우 강력한 감성 요소를 내포한다. 나와 만물을 상대화시키는 데 성공한 그 순간에는 묘사하기 어려운 희열이 쏟아져 나온다. 그 희열로 선사들이 오도송(깨침의 시)을 쓰는 것25)이라 여겨진다. 따지고 보면 깨침이라는 것이 선승들의 전유물은 아니다. 신비주의자들의 언설도 깨침의 오도송과 흡사하니까 말이다.

> 내가 동반자로 삼고 있는 임금
> 그가 누구인지 당신이 어찌 아는가?
> 나의 황금 얼굴을 응시하지 마라,
> 나는 철각(鐵脚)을 달고 간다.26)

25) 박노자, 에를링 키텔센 공역(2013), 『모든 것을 사랑하며 간다: 한중일 승려들의 임종게』, 서울: 책과함께, p13.
26) 루미의 임종게

위의 인용문은 잘랄 앗 딘 알 루미(Jalāl ud-dīn Muhammad Rūmī, 1207~1273)의 임종게에 해당한다. 루미의 말후구에서도 알 수 있듯이 신비주의자들의 언어는 선승들의 그것과 닮아 있다. 그러므로 세계에 대한 고정관념의 전복, 즉 원리전도몽상의 세계관이 내재되어 있다. 또한 나와 세계의 상대화를 통한 죽음에 대한 공포로부터의 해방이 역력히 나타난다. 깨침의 언어란 선불교만의 전유물이 결코 아니다. 이 점에 대하여 박노자는 신랄하게 지적하기를 "사실 선불교가 전복적 성격이 강한 만큼 그 선불교를 굳이 물신화시켜 '세계 종교 발달의 최상'이라고 할 것도 없다. 같은 방향으로 갔던 신비주의적인 경향들을 다른 고등 종교에서도 아주 쉽게 발견"27)하다고 단언한다. 그 증거로 선불교와 거의 동시대를 살았던 중세 이슬람계의 신비주의자(수피즘)인 루미의 시를 제시한 것이다. '신과의 합일(타위히드)'은 선불교 세계의 깨침과 유사한 경지를 지칭하는 것이다. 물질과 의식의 세계는 신의 빛이 만들어낸 그림자처럼 상대적이다. 이슬람 신비주의자들 또한 죽음에 대하여 차분함을 넘어서 냉정하고 도도한 태도를 보여주곤 하였다. 이제 선어록의 구절을 통하여 선종의 대표인 임제종의 가풍을 살펴보아야 한다.

> 맨손에 단칼로 살불살조하며 고금의 현요를 가려내고 주인과 손님으로 용과 뱀을 증험해내며 금강보검을 쥐고서 대와 나무에 붙은 정령을 쓸어버리며 사자의 위엄을 떨쳐 여우와 이리의 심담을 찢어버린다. 임제 종풍을 알고자 하는가? 청천에 벽력치는 소리 우렁차고 평지에 파도가 일어난다.28)

---

27) 박노자, 에를링 키텔센 공역, 위의책, p14.
28) 臨濟宗 明機用 임제종풍에 대하여 기와 용을 밝힌 해석 인용문은 김호귀(『선리연구』, 하얀연꽃, 2015, p.46)의 글이며, 원문은 "赤手單刀。殺佛殺祖。辨古今於玄要。驗龍蛇於主賓。操金剛寶劍。掃除竹木精靈。奮獅子全威。震裂狐狸心膽。要識臨濟宗歷。靑天轟霹靂。平地起波濤"(『선가귀감』(H138, p.644c05-c09)과 『禪

임제의 가풍에서 가능한 일들이란 다음과 같은 것들이다. "나무 사람 고개에서 옥피리 부니, 돌여자가 시냇가서 춤을 추노라.(향곡 혜림)-무기물인 나무나 돌이 인간이 되어 즐거워 한다는 것은, 생사를 초탈한 사람이 죽는 순간에 느끼는 절제된 환희심의 표현이다. 깨침과 사랑이 무기물과 유기물의 경계도 무너뜨릴 수 있다는 상징적인 이야기다."29) 선승들과 시인들 사이에서 선시를 통하여 본래의 면목을 드러내는 풍조가 일어난 것은 상당히 옛일이다. 매실이 아주 잘 익었다는 대매선사의 일화에 대한 공안30)에 대하여 간옹경(簡翁敬) 선사는 염정(艶情)의 정서를 표현한 다음의 게송을 남긴다.

> 사내 마음 나뭇잎처럼 얇은데 여인은 얼음처럼 맑아
> 사내가 황금으로 꼬드겨도 여인은 대꾸가 없다
> 어쩌다 미소라도 주고받았더라면
> 외로운 등불로 반평생 지켰다 누가 믿으랴.31)

간옹경은 미묘한 염정의 정서를 역설적으로 표현하고 있다. 갈대 끝을 맴도는 듯한 것, 그 가벼운 마음은 늘상 여인네들의 것이었으나 선사는 사내의 마음이란다. 여인은 오히려 평생 절개를 간직하듯 그 마음은 얼음장처럼 굳어있고 냉랭하다. 그쯤이어야 외로운 등불 아래서 마음과 몸을 바친 사내를 떠나서 외로이 남아 있는 반생을 지키며 날을 샌다는 것이다.

門五宗綱要』(H193, p.459c04-c09)에 있다.)
29) 박노자, 에를링 키텔센 공역, 위의책, p20.
30) 『禪宗頌古聯珠通集』卷5, (X65, p.677b18-24), "明州大梅法常禪師(嗣馬祖)住山後馬祖令一僧到問曰和尚見馬祖得个什麼便住此山師曰馬祖向我道即心是佛我便向這裏住曰馬祖近日佛法又別師曰作麼生別曰近日又道非心非佛師曰這老漢惑乱人未有了日任汝非心非佛我只管即心即佛僧回舉似馬祖祖曰大衆梅子熟也"
31) 『禪宗頌古聯珠通集』卷5, (Q4, p.677c4-6), "郞心葉薄妾冰清 郞說黃金妾不應 假使偶然通一笑 半生誰信守孤燈(簡翁敬"

8. 사랑? 인간에게 욕망 너머 사랑이 가능한가?

수행자와 여인 사이는 얼음판 위에 뒹구는 낙엽처럼 황량하다. 그렇다고 해도 저 농염한 글발에서 동양화의 한 폭 그림같은 연정의 정서가 애잔하게 나타난다. 불우한 우리 시대에 최고의 위로는 역시 사랑에 대한 이야기이다. 『나티야 샤스트라』에서 연정(Śṛṇgāra)의 라사는 좋아함 (rati)의 기반정서와 직결된다고 밝힌다. 그렇다면 불가적 수행에서는 어떻게 나타나는가? 원효성사는 무열왕의 딸이었던 요석공주와의 연애 사건에서 놀라운 글 하나를 남긴다.

> 그 누가 자루 없는 도끼를 주겠는가
> 나는 하늘 받칠 기둥을 만들련다.[32]

간옹경(簡翁敬) 선사의 염정(艷情)의 정서로 가득한 시와 원효성사의 선시 사이에는 상당한 차이가 벌어져 있다. 사실 우리말 '사랑'은 범어 연정의 음가 '슈릉'과 닮아 있다. 그래서 원효성사의 글이 더욱 적극적으로 표현되었다고 주장하면 억측일까? 이러한 흐름은 성애(性愛)의 나라일본에서 더욱 노골화된다. 잇큐쇼준(一休宗純, 1394-1481)의 선시 「盲」은 이를 잘 표현해 준다. 우선 무명과 연결시킬 수 있는 맹목적 숭배에 대한 꾸짖음을 들어보자.

> 애꾸눈 나귀는 영산의 기약을 받지 못하네
> 서천의 28조사와 중국 6대조사는 모름지기 꼭두각시이네
> 어찌 빛있는 곳에 떨어져 그림자 언저리를 받드는가
> 청동 눈동자 쇠 눈 모두 함께 참여함이네.   -「盲」-[33]

---

32) "誰許沒柯斧 我斫支天柱" ; 김달진 편역(2011), 『한국선시의 새벽』, 서울: 서
    정시학, p.19.

역대 조사에 대한 존경이야 당연하지만, 자신이 무명 속에 떨어져 있다면 눈먼 나귀일 뿐이라는 벽력을 지른 것이다. 이러한 방식을 일러서 스승이 제자의 슬기를 탈취하는 적기어법(賊機語法)이라고 한다. 즉 깨달음의 세계로 돈입시키는 법문이며, 간화선의 최상승 방편이다. "적기법문에 대한 라깡식 표현은 몰이해이며 데리다의 방식은 난경(難境, Aporias)이다. 이는 실재와 비실재, 존재와 비존재 같은 비대립의 공황상태에 직면한 상태이며 결국 포월(包越)에 의한 반상합도(反常合道)로 직입하여 수승한 세계(歡待의 場)로 재현되는 심리적 공간이다."34) 破天荒의 선객인 이큐의 적기어법은 다음처럼 이어진다.

> 미친 구름(狂雲)이 미친 바람에 어울리는 줄 누가 알리
> 아침에는 산속이요 저녁에는 시장이네
> 내가 만일 방(棒)을 휘두르고 할(喝)을 쓴다면
> 덕산과 임제는 부끄러워 얼굴조차 들지 못하리. -「自山中歸市中」-35)

미친바람이 불어 일반적 상식들이 비틀려지고 시끄러웠으나 사실 우주의 질서에서는 한 치의 오차도 없는 것이었다. 잇큐의 광폭한 바람은 구름을 일으키며 방과 할을 휘둘렀기에 적기어법의 전형이 된 것이다. 또한 그의 삶은 반상합도적 가풍으로 도배가 된다.

---

33) 「盲」 "瞎驢不受靈山記 四七二三須愧偏 豈墮在光影邊事 銅睛鐵眼是同參."
　一休宗純 撰; 殷旭民 點校(2008), 『一休和尙詩集』, 上海: 華東師范大學出版社, p14.
34) 송준영(2015), 『禪, 언어로 읽다』, 서울: 소명출판. p15 각주 2,3 참조.
35) 「自山中歸市中」, "狂雲誰識屬狂風 朝在山中暮市中 我若當機行棒喝 德山臨濟面通紅"

9. 선승? 도발적 인간 잇큐! 선사의 면목을 적기어법으로 치다.

선사들의 얼굴을 들지 못하게 만든 잇큐의 생애는 처절한 삶이었다. "정치적 풍란 속에서 천황의 서자로 태어나 여섯 살 때부터 엄마 품을 떠나 출가한 그의 기행은 매우 다양했다. 스승이 준 인가증, 즉 선가 최고의 자격증을 불태워 없애버린 일부터 죽기 전까지 장님인 한 여성과 동거 생활을 하면서 그 여성의 '풍만한 몸매와 잠든 얼굴, 수선화의 향기에 감싸인 듯한 허리'를 글로 찬미한 일에 이르기까지, 그를 전설적인 인물로 만든 많은 이야기"36)로 가득하다. 이러한 가풍을 지닌 잇큐의 임종게는 기존의 방식과 전혀 다르다.

> 십 년 동안 꽃 아래서 부부언약[芳盟] 잘 지켰으니
> 한 가닥 풍류는 무한한 정취여라
> 그대 무릎 베고 누워 이 세상을 하직하나니
> 깊은 밤 운우(雲雨) 속에서 삼생을 기약하네.-「辭世詩」-37)

잇큐의 임종게에 대하여 석지현은 "대부분의 선시는 다들 너무 청정했고 아름다웠다. 그러나 왠지 허전한 느낌이 남는 것은 이성에 대한 애증의 정서가 결여되었기 때문이다. 그러나 여기 잇큐의 시에 와서 우린 비로소 선시의 그 허전한 구석을 마음껏 채울 수 있게 되었다."38)고 평가한다. 나아가 「원앙의 꿈」(夢閨夜話)에 대하여 "부처의 깨달음마저, 선의 경지마저 넘어가 버린 사람. 잇큐, 이 영원한 반항아, 미친 구름. 그가 있었기에 오늘은 내가 한 잔의 물을 마음 놓고 마실 수 있나니. 그대

36) 박노자, 에를링 키텔센 공역, 위의책, p247.
37) 「辭世詩」, "十年花下理芳盟　一段風流無限情　惜別枕頭兒女膝　夜深雲雨約三生." 一休宗純 撰 殷旭民 點校(2008), 『一休和尚詩集』, 上海 華東師范大學出版社, p.218.
38) 석지현 편역(1997), 『禪詩鑑賞事典 : 중국.일본편』, 서울: 민족사, p.621.

들이여, 감사하라. 이 미친 구름에게 감사하라."39)고 찬탄한다.

> 어느 때는 강 바다(江海)40)요, 어느 때는 산이니
> 세상 밖의 도인에게 명리는 쓸 데 없네
> 밤마다 선탑(禪榻)41)을 이불삼아 원앙의 꿈 꾸나니
> 풍류와 밀어로 내 생애는 넉넉하네.   -「夢閨夜話」-42)

잇큐에 대한 평가는 "선승이라 하기엔 너무 거칠고, 도인이라 하기엔 너무 망나니 같은 선승, 그러나 이렇게 멋진 한 인간을 만나기란 그리 쉬운 일이 아니다. 그는 깨달음의 인가장(認可狀)마저 불태워 버린 사내다. 선승들이 제 목숨보다 더 소중히 여기는 그 깨달음의 증명서"43)를 불에 사르고 세상의 부귀영화를 휴지조각보다 못하게 여겼다는 것이다. 이러한 잇큐는 스스로를 찬탄하며 평가하기를 다음과 같이한다.

> 미친 나그네 미친바람 일으키며
> 술집과 사창굴을 제 집처럼 드나드네
> 깨달았다고 으스대는 그대들이여, 누가 나와 맞서리
> 남북으로 동서로 바람같이 다니네.   -「自讚」-44)

자신을 일컬어 '미친 구름(狂雲)'이라 하며, 수행자들의 가증스러움에 대하여 일침을 아끼지 않았고 나아가 세속의 음탕을 역설적으로 칭찬하기조차 하였다.

---

39) 석지현, 위의책, p623.
40) 강과 바다. 이 세상
41) 좌선할 때 앉는 의자
42) 「夢閨夜話」, "有時江海有時山 世外道人名利間 夜夜鴛鴦禪榻被 風流私語一身閑."
43) 석지현 편역, 위의 책, p633.
44) 「自讚」, "風狂狂客起狂風 來往淫坊酒肆中 具眼衲僧誰一拶 畫南畫北畫西東."

입으로는 진리를 지껄여대는 이 속임수여
권력자 앞에서는 연신 굽신거리네
이 막된 세상에서 진짜 스승은
금란가사를 입고 앉아 있는 음방의 미인들이네. -「婬坊頌以辱得法知識」-45)

따지고 보면 그는 "파계승도 성인도 아닌, 정상적인 선승이었다. 선이
란 그 자체는 정신적인 혁명 행위다. 우리의 통념을 모조리 죽이는 것부
터가 선의 출발점이다. 그러므로 선 자체였다. 멋지고 정열적으로 살다
가 즐겁게"46) 죽음을 맞이한 것이다. 진정 한 줄기 바람이었다. 노골적
인 황음(荒淫)의 바람 하나를 더 읽어보자.

미인과의 운우 속에 애하(愛河)47)는 넘치나니
누자노선(樓子老禪)48)이 누 위에서 신음하네
그대 안고 빨고 핥는[嘬吻]49) 이 흥취여
무간지옥이나 화탕지옥으로 이 몸과 마음 드나든들 어떠리. -「題婬坊」-50)

애하(愛河)를 잡문(嘬吻)하겠다는 노골적 성애의 묘사! 우리 시대의 영상
물들은 이러한 내용들을 잘 드러내고 있다. 이름하여 막장드라마들이다.
상당히 거칠고 의심스러운 내용들이 불안하고 패역한 시대를 살면서

---

45) 「婬坊頌以辱得法知識」, "舌頭古則長欺漫 日用折腰空對官 榮術世上善知識 妓坊
　　兒女着金襴."
46) 박노자, 에를링 키텔센 공역, 위의 책, p248 ; "사람을 죽이는 칼만이 사람을
　　살린다고 하지 않았던가? 사람을 죽이는 게 문제가 아니라, 사람 머릿속에
　　든 온갖 쓰레기를 치우는 게 문제다. 선의 세계에서 까마귀가 우는 소리를
　　듣다가 갑자기 깨닫는 이의 눈빛 이상의 자격증은 없다. 필요도 없다. 다르
　　게 이야기하면 대처냐 비구냐 같은 무의미한 이분법이라는 쓰레기 말이다."
47) 흥분한 여성의 음부에서 흐르는 분비물
48) 靑樓(사창가)에서 노는 늙은 선승
49) 잡문(嘬吻) : 빨고 핥다. 애무하다.
50) 「題婬坊」, "美人雲雨愛河深 樓子老禪樓上吟 我有抱持嘬吻興 竟無火聚捨身心."

지친 인간들에게 잠시나마 현실을 벗어나게 하는가? 아니면 수행이란 무엇인가 되묻게 하는가? 모든 수상한 것들은 스스로의 근간을 흔들어 불안을 가져온다. 그러므로 이 시대를 '불안의 시대'라고 서두에서 밝혔다. 이 시대를 부끄럽게 여겨야 하는 이유는 불안한 자신을 위한 최후의 보루로서 참회의 태도로 연결되기 때문이다. 나아가 신경증에 가까운 태도이기도 하다. 이 점에서 실연의 고통으로 잠 못 이루는 자는 철학을 하기에 적합하다. 환락과 풍요의 극에 다다른 이 시대로부터 실연당한 사람들은 일차적으로 철학자의 자질을 부여받은 것이다. 시대로부터 실연당한 사람을 기꺼이 철학자라고 한다면, 이들에게 더 험악한 또는 도전적인 내용을 소개하여야 한다.

> 은밀하게 고백하며 속삭이나니
> 풍류의 신음소리 파하고 삼생을 언약하네
> 이 몸 산 채로 짐승길에 떨어졌으니
> 위산의 뿔난 소보다 그 정취가 더하네. -「吸美人婬水」-51)

〈미인의 음수를 빨며〉를 읽어보니, 철들지 않은 청맹과니처럼 당대의 현실과 어울리지 못하는 자들이 누구인지 알 수 있음직하다. 시대 상황을 외면한다고 그것이 사라지는 것은 아니다. 그렇다고 대낮에 횃불을 든다는 것은 용기가 필요하다. 깃발을 흔드는 것도 편치 않다. 촛불과 태극기 부대가 코로나19와 함께 횡행한 것이 작금의 현실이다. 저 황음의 정서를 표출한 잇큐쇼준의 삶이, 그리고 원효의 씁쓸한 나날들이 왜 탐미적 무정부주의로 진행하였었는지 고개가 끄떡여진다면 우리시대의 종교와 문화가 철학적인지 아니면 막장 가까이 다가서고 있는지 알 수 있다.

---

51)「吸美人婬水」, "密啓自懃私語盟 風流吟罷約三生 生身墮在畜生道 絶勝潙山戴角情."

『나티야 샤스트라』와 선어록과의 상호텍스트성은 인도 대륙과 동아 시아 대륙 간의 문맥을 연결시키는 바탕이 된다. 우파니샤드의 주인공 들이 선어록의 선사들과 함께 영웅의 이미지를 갖는 것은 단순한 종교 적 주술성에 대한 극복 때문만은 결코 아니다. 여기에는 나부끼는 깃발 과 바람을 넘어서는 마음의 중요성에 대한 강조가 있다. 마음의 본성 가 운데 하나가 인식이라면 간화선의 종장들이나 우파니샤드의 영웅들도 참된 인식에 대해 노력을 아끼지 않았기 때문이다. 나아가 도발적 성애 의 묘사에서도 '문사수'와 관련되는 수행의 기운이 스며져 있다. 그러므 로 수행이라는 연속성에서 잇큐를 읽는 것은 무리가 아니다. 불온한 시 대에 잇큐를 거론하여 신선한 연찬으로 격외적 내면 탐색이 가능하도록 권면의 일침이 가능한 심리적 공간이 필요하다는 이야기다. 이 이야기 들이 문화적으로 펼쳐지고 종교적으로 해석되어야 한다. 그 위험하고 미묘한 새로운 장소(topos noema)는 현실의 패역함을 넘어서 아름다움 의 세계이므로 탐미적이어야 하고, 어떠한 권위도 이를 제압하거나 강 제함이 없어야 하나니 무정부주의적이어야만 한다. 아주 새로운 것? 그 것들이 세상을 소란하게 한다고 이 글의 서두에서 밝혔으나 정작 얘기 하고픈 새로움이란 무엇인가? 새로운 장소(topos noema)에서 들려옴 직 한 내용은 고한희언(孤閑熙彦, 1561-1647)의 임종게를 예로 들 수 있다.

> 공연히 이 세상에 와서
> 지옥 쓰레기 하나 만들고 가네.
> 내 유골을 숲 속 산기슭에다 뿌려
> 산짐승이나 잘 먹이게![52]

---

52) 『大覺登階集』 卷之二(H165, p.331c17-c18), '空來世上 特作地獄滓矣 命布骸 林麓 以飼鳥獸.'

죽음이 온전히 애도되지 못하는 시대이다. 코로나 팬데믹 이후, 가족들에게조차 임종의 순간을 대면하며 작별하는 것이 허락되지 않았다. 그리고 폐기물 또는 위험물처럼 시신들이 처리되기도 하였다. 그 시신들은 조만간 우리 자신임에도 우리들은 내일의 자신을 저버린 것이다. 물론 자의는 아니지만, 살아남은 자들을 위한다는 명목으로 천인무도함이 자행되는듯하다. 이 패역함에 견주어 본다면 고한희언의 임종게가 차라리 인간적이다. 자신의 몸뚱어리를 개사료로 써도 좋다는 막말이 오히려 위로가 된 세상! 무엇에 의지할 것인가? 이 시점에서 철학은 무엇을 하는 것인가? 아주 역설적으로 극복의 대상으로 여겨지던 번뇌를 옹립하여, 번뇌의 덩어리인 인간 정서에 대한 긍정이 필요한 시대라고 할 만하다. 무엇이라도 외쳐볼 필요가 있다. 그것이 사유를 바탕으로 하는 인문학이면 더욱 좋고 시와 연관되는 예술이라면 더할 나위 없다.

참고문헌

『大覺登階集』(H165, 한국불교전서).

『禮記』「樂記」

『禪家龜鑑』(H138, 한국불교전서).

『禪門五宗綱要』(H193, 한국불교전서).

『禪宗頌古聯珠通集』(X65 ; 卍新纂大日本續藏經, Manji Shinsan Dainihon Zokuzōkyō).

Bṛhadaranyaka Upaniṣad.

Muṇḍaka Upaniṣad.

Sadānanda, 박효엽 역(2006), 『베단따의 정수(Vedantasāra)』, 지식산업사.

T.M.P. 마하데반, 김석진 역(2007), 『인도 10명의 성자들』, 산띠.

권성훈(2015), 『폭력적 타자와 분열하는 주체들』, 파주: 교유서가: 문학동네.

김달진 편역(2011), 『한국선시의 새벽』, 서울: 서정시학.

김선근(2005), 『인도 정통철학과 대승불교』. 서울: 동국대학교 출판부.

김호귀(2015), 『선리연구』, 하얀연꽃.

로제 폴 드르와, 박언주 역(2013), 『위대한 생각과의 만남』, 시공사.

류현정(2017), 「희곡 『나가난다』(Nāgānanda) 연구」, 동국대학교 인도철학과 박사학위논문.

박노자, 에를링 키텔센 공역(2013), 『모든 것을 사랑하며 간다: 한중일 승려들의 임종게』, 서울: 책과함께.

박치완, 김윤재(2017), 『공간의 시학과 무욕의 상상력』, 서울: HUEBOOKS: 한국외국어대학교 지식출판원.

배철현 외(2016), 『낮은 인문학』, 파주: 21세기북스.

석지현 편역(1997), 『禪詩鑑賞事典 : 중국.일본편』, 서울: 민족사.

송준영(2015), 『禪, 언어로 읽다』, 서울: 소명출판.

유발 하라리, 전병근 역(2018), 『21세기를 위한 21가지 제언』. 김영사.

이종철(2006), 『천가지 가르침』(Upadaśasāhasrī), 서울: 소명출판.
一休宗純 撰; 殷旭民 點校(2008), 『一休和尚詩集』, 上海: 華東師范大學出版社.
조나단 베이더, 박영길 역(2011), 『샹까라의 베단따 철학과 명상』. 여래사.